Andreas Faber-Kaiser   Jesus lebte und starb in Kaschmir

Andreas Faber-Kaiser

JESUS

lebte und starb in Kaschmir

Jesu Grab in Srinagar?

Edition Esteve

Originaltitel: Jesús vivió y murió en Cachemira

© 1976 by Andreas Faber-Kaiser

© 1986 für die deutsche Ausgabe
   by Esteve Economics and Econometric S.A.
   35, Avenue du Léman, CH-1005 Lausanne

Gesamtherstellung:
Keller & Co AG, Druckerei und Verlag, CH-6002 Luzern

Printed in Switzerland

ISBN 2-88240-000-4

für Monika

Danksagung

Ganz besonderen Dank möchte ich Professor Hassnain aussprechen, der uns immer wieder und mit Freude stundenlang all' die Dinge und Daten erklärte, die wir von ihm wissen wollten. Er hat uns literarisches und grafisches Material zur Verfügung gestellt, das für die Erstellung dieses Buches von unschätzbarem Wert gewesen ist.

Meine allergrösste Dankbarkeit gilt auch Herrn Sahibzada Basharat Saleem, der so freundlich war, uns während unseres Aufenthaltes seine ungeteilte Aufmerksamkeit zu schenken.

Besonderen Dank schulde ich ebenso Herrn A. Fida, dem Sohn von Professor Hassnain, der bei den Studienreisen und -besuchen, die wir auf dem Boden Kaschmirs durchführten, unser Führer, Ratgeber und Freund war.

Schliesslich möchte ich mich noch bei folgenden Herren bedanken: Klaus Liedtke, Redakteur bei der Wochenzeitschrift «Stern»; Jay Ullal, Fotograf bei derselben Wochenzeitschrift; Dr. N. Klein von der Deutsch-Indischen Gesellschaft; Herrn Horst G. Saud Steinhauser von der Ahmadija-Mission in Hamburg und Herrn F. I. Anweri, Iman der Ahmadija-Bewegung in Deutschland.

Inhaltsverzeichnis

Vorwort zur Ausgabe von 1984 13

Einführung 27

Vorwort 33

Das Jesuskind und Jesus Christus:
Ein und dieselbe Person? 41
  Das Schweigen der Evangelien 41
  Die Entdeckung von Nikolai Notowitsch 43
  Jesus erste Reise nach Indien 64

Vom Kreuz nach Kaschmir 77
  Pilatus sympathisiert mit Jesus 77
  Jesus starb nicht am Kreuz 80
  Das Turiner Linnen 83
  Jesu verlässt lebendig die Grabstätte 95
    Liste der Bücher, die den «Balsam für Jesus»
    erwähnen 98

Das zweite Leben von Jesus 101
  Auf der Suche nach den vertriebenen
  Stämmen Israels 115
    Bücher, die den israelitischen Ursprung von
    Afghanen und Kaschmirern bezeugen 121
    Linguistische Entsprechungen zwischen der Bibel
    und Kaschmir und angrenzenden Ländern 123

Jesu-Ziel: Kaschmir 135

   Maria, in Pakistan begraben 144
   Die Jesuswiese, das Tor nach Kaschmir 147
   Jesus, in Kaschmir ansässig 150
   Der Dialog zwischen Jesus und dem König
   von Kaschmir 152
   Jesus, der Familienvater 154
   Der Tod von Jesus in Kaschmir 161
   Das Grab von Jesus in Kaschmir 163
   Der offizielle Gesetzeserlass zu «Rozabal» 170
   Ladakh, das Land von Jesus und den Christen ... 172
   Die Kreuzigung von Sandiman 178
   Chronologische Überprüfung 180

Moses, in Kaschmir begraben 195

   Das Grab von Moses 199
   Orte in Kaschmir, die den Namen
   von Moses tragen 206
   Der «Stein von Moses» 207
   Der Stab von Moses 210

Jesus und Buddha, parallele Persönlichkeiten 213

Jesus und die Mayas 221

Die Ahmadija-Bewegung 227

*Personen, die mit dem Thema dieses Buches
zu tun haben* 231

«Ich lege Zeugnis ab» 233

Reisebeschreibung 243

Anhang 245

Anhang 1: Der Weltkongress in London 245

Anhang 2: Prophet oder Gott? 251

Literatur 273

Bemerkungen 283

Quellennachweis der Abbildungen 287

Vorwort zur Ausgabe von 1984

Im September 1976 veröffentlichte ich zum erstenmal die Dokumentation bezüglich der Hypothese, dass Jesus nicht am Kreuz gestorben ist, sondern dass er lebendig von ihm herabstieg, seine Wunden ausheilte und aus den römisch besetzten Gebieten flüchtete, um sich auf der Suche nach den Überresten der vertriebenen zehn Stämme Israels nach Osten aufzumachen. Seitdem hat sich die breite Öffentlichkeit immer mehr mit der Möglichkeit vertraut gemacht, dass Jesus nach seiner Kreuzigung weiterlebte, woraus schliesslich eine nicht nur in Spanien, sondern in der ganzen Welt sehr verbreitete Hypothese geworden ist.

Die ersten Auflagen waren schnell vergriffen. Das Buch wurde in Spanien zu einem Bestseller. Es folgte ein breites Echo in den Medien, in denen dieses Thema in den Fernsehkanälen, Radioprogrammen und Zeitschriften verschiedener Länder diskutiert wurde. Eine bekannte französische Zeitung sah in der Publikation ein Zeichen für die Öffnung Spaniens, das die ersten Versuche einer Demokratisierung unternahm. Mehrere Konferenzen wurden abgehalten, und die Originalstudie wurde mittlerweile in sieben Sprachen übersetzt. Auf der Grundlage dieses Buches sind bereits zwei weitere Bücher von anderen Autoren erschienen sowie ein drittes, das sich ausführlich auf dieses bezieht und ausserdem zahlreiche Artikel in Publikationen von den Vereinigten Staaten bis Australien. Deshalb glaube ich, dass sich die Anstrengungen und der Mut des damals gemachten Schrittes gelohnt haben.

Die Bücher, die sich auf meine Studien beziehen, sind folgende: «Jesus Christus, der grosse Unbekannte», ernsthaft und kritisch, von Diego Rubio Barrera; «Jesus und der Betrug von Kaschmir» (zunächst unter dem Titel «Jesus und der Bluff von Kaschmir» veröffentlicht), fanatisch und verächtlich geschrieben von Juan Barceló Roldán, der sagt: «Eines Tages rief mich der Herr, und seitdem lese, schreibe und spreche ich nur noch von dem Evangelium der Erlösung, aus dem mein Leben besteht.» Er bezeichnet mich abwechselnd als unwissend, unverschämt, einfältig, falsch, tendenziös, wahnsinnig und versponnen. Schliesslich treibt er seine Anschuldigungen auf die Spitze und beschreibt mein Buch als Teufelswerk, wobei er feststellt, dass «es sich zweifellos um einen plumpen Streich des Vaters der Lüge handelt (so nannte Jesus den Teufel im Johannes-Evangelium), der darauf ausgerichtet ist, Gott zu töten, wenn es ihm nur möglich wäre.» Ausserdem lügt er in einfältiger Weise, wenn er von den Vorsätzen, die mich zum Schreiben dieses Buches bewegten, und den Quellen, auf die ich mich gestützt habe, spricht. Andererseits erschien 1983 in Deutschland das Buch «Starb Jesus in Kaschmir?».

Der Autor dieses Buches ist Siegfried Obermeier, der es weder für nötig hielt, nach Kaschmir zu reisen, noch mit mir einige Gesichtspunkte auszutauschen (auch Barceló Roldán hielt dies nicht für nötig). Dieser Siegfried Obermeier bedient sich (ausser einiger nichtssagender Agenturfotos) meiner Arbeit, der Quellen, die ich in meinem Buch angebe, und sogar meiner eigenen Pläne, um sich sein eigenes Buch zu dem Thema zusammenzubasteln. Dennoch trägt dies zur weiteren Verbreitung des Gedankenguts bei. Je mehr Meinungen auftauchen, desto besser wird das kritische Denken des Lesers gefördert, und als Folge davon ergeben sich neue Gesichtspunkte.

Sehr heftig wurde mein Buch von bestimmten Vertretern der evangelischen Kirche angegriffen. Sie versuchten blitzartig zu verhindern, dass eines ihrer Schafe der Versuchung erliegen könnte, eigenständig zu denken, und so wiederholten sie eifrig die alten Thesen, und zwar auf gezielt einberufenen und – wie auch anders! – beleidigenden Kongressen, denen natürlich das entsprechende Gerede auf der Strasse jeweils vorausging. Aber dem Fanatismus fehlt das Kalkül, und so erreichten sie auch nichts weiter, als zur Verbreitung der Hypothese beizutragen, dass Jesus seine Qualen am Kreuz überlebte.

Natürlich habe ich unmittelbar nach der Veröffentlichung meines Buches auch Freunde verloren. Ihnen war nicht klar geworden, dass ich ihre Ansichten nicht teilte, was für sie von grosser Bedeutung war. Erst der Glaube, dann die Freundschaft! Auf ihre Freundschaft verzichte ich gern, habe ich doch gerade aufgrund dieser Veröffentlichung eine Menge neuer Freundschaften geschlossen.

Eine meiner grössten Befriedigungen im Zusammenhang mit der Verbreitung der Hypothese, dass Jesus in Kaschmir lebte und starb, erfuhr ich durch die Feststellung, dass mein Buch häufig ein Anlass war, Freundschaften zu schliessen und gemeinsame Forschungsarbeiten zu leisten, bei der sich Menschen verschiedener, gegensätzlicher Glaubensrichtungen näherkamen.

Ich beziehe mich hier insbesondere auf die fleissigen Juden und Mohammedaner, die angesichts dieses Themas ihre Meinungsverschiedenheiten begruben und sich an den Tisch der Verständigung setzten. Es war der Triumph der menschlichen Feinfühligkeit über die Starrheit des Glaubens, was sich, wie gesagt, häufig zeigte. Aber selbst wenn dies nur einmal der Fall gewesen wäre, so hätte dieses bereits die Mühe gelohnt, das Buch zu schreiben.

Am Schluss meiner damaligen Darstellung des Themas stellte ich fest, dass ein endgültiger Beweis noch fehle. Dass es nötig sei, noch viel mehr alte Schriftstücke zu vergleichen und das Thema aus noch viel mehr Blickwinkeln zu erforschen und zu studieren. Ich schlug, um der wissenschaftlichen Objektivität willen, die Einberufung eines Weltkongresses vor, an dem Experten für biblische Texte, Orientalistik, Islam, alte Geschichten und nicht zuletzt Linguisten teilnehmen sollten, um gemeinsam die Wahrheit über das «zweite Leben» von Jesus herauszufinden, das ich für sehr wahrscheinlich halte.

Jedenfalls steht ebenso noch der Einstieg in die unterirdische Kammer von «Rozabal» an, die Grabkammer, in der sich – wenn sie sich in Kaschmir befinden – die leiblichen Überreste von Jesus und alles, was mit ihnen dort begraben worden ist, befinden müssten.

Bis heute ist die damals begonnene Arbeit fortgesetzt worden. Die Formalitäten zur Erlangung der Erlaubnis, in die erwähnte unterirdische Kammer einzudringen, sind weiterhin in Bearbeitung. Bereits im Juni 1978 fand in London der erste Weltkongress zur Problematik «Jesu Rettung vom Kreuz» statt. Wie auch immer, es ist mindestens noch ein weiterer durchzuführen, diesmal unter einer aktiveren Beteiligung von Experten nichtmohammedanischen Glaubens sowie von konfessionslosen Experten, die zwar in London anwesend waren, offiziell jedoch nur als Beobachter. Dies ist alles noch in der Schwebe, und die Ergebnisse der laufenden Untersuchungen werden der Öffentlichkeit in einem entsprechenden populärwissenschaftlichen Dossier vorgestellt. Dennoch wird die Erstausgabe sowie meine eigene Haltung zum Thema in der vorliegenden Ausgabe zunächst einmal auf den neuesten Stand gebracht.

Im Anhang wird ein ausführlicher Bericht über den wiederholten internationalen Kongress über «Jesu Rettung vom Kreuz» angefügt, der, wie gesagt, 1978 in London stattfand, sowie der vollständige Text des Referats, das von dem Präsidenten des Kongresses und ehemaligen Präsidenten des Internationalen Gerichtshofes von Den Haag vorgetragen und in dem die Göttlichkeit Jesu verneint wurde. Ausserdem wurde die Anspielung auf die Funde von Nikolai Notowitsch hinsichtlich der angeblichen ersten Reise Jesu nach Indien und zum Himalaja ausführlich bearbeitet. Dabei muss ich jedoch darauf aufmerksam machen, dass ich den vollständigen Text des Werkes «The unknown life of Jesus Christ» (Das unbekannte Leben Jesu Christi) von Notowitsch in den letzten drei Nummern – 73, 74 und 75 (Juli, August und September/Oktober 1982) – der spanischen Zeitschrift «Mundo Desconocido» veröffentlicht habe.

Die Fragen, die mir seit der Veröffentlichung der Hypothese von Jesu Tod in Kaschmir am meisten gestellt wurden, sind es ebenso wert, hier öffentlich beantwortet zu werden. Wie bereits gesagt, hat man mich in diesen gut sieben Jahren angegriffen, man hat mich verteidigt, man hat mich beleidigt und mich beglückwünscht. Glücklicherweise sind auch im Zeitalter der Roboter die Geschmäcker noch verschieden. Aber es steht fest, ich sage es noch einmal, dass dieses Thema grosses Interesse auf internationaler Ebene geweckt hat. Gerade wegen dieses Interesses halte ich es für nötig, einige Punkte zu klären, über die man mich wiederholt um meine Meinung gebeten hat.

Erstens möchten viele Leute erfahren, wer mich gekauft hat, damit ich dieses Buch schreibe, und sie wollen wissen, wie mir die Idee dazu kam und der Verdacht, dass Jesus nicht am Kreuz gestorben sei. Zunächst wiederhole ich hier zum x-tenmal, dass sich hinter diesem Buch nicht irgendein geheimes Interesse verbirgt, sondern lediglich mein persönlicher Forscherdrang. Ich war dabei, Unterlagen zusammenzustellen, um ein Buch zu schreiben, das Jesu Tod und seine Wiederauferstehung unter dem Gesichtspunkt der aktuellen – wissenschaftlichen, übernatürlichen usw. – Kenntnisse analysiert, da dem Verdacht offensichtlich nichts im Wege steht, dass Jesus kein göttliches, sondern nur ein dem menschlichen in verschiedener Hinsicht überlegenes Wesen war. Damit will ich sagen – und ich wiederhole das noch einmal –, dass sich zwischen der vermeintlichen göttlichen und der fühlbar menschlichen Ebene noch andere Ebenen vermuten lassen, woher Jesus stammen könnte. Jemand, der von meiner Dokumentationsarbeit wusste, machte mich auf die Existenz eines Grabes von Jesus in Indien aufmerksam. Ich war sehr überrascht, aber um der wissenschaftlichen Strenge gerecht zu werden, musste ich erforschen, was an diesem Grab wahr sein konnte. Ein Grab, das zu beweisen schien, dass Jesus nicht am Kreuz gestorben war, dass deshalb auch keine Wiederauferstehung stattfand und es folglich auch keinen Aufstieg in den Himmel gab. Ein Grab, das den göttlichen Jesus durch einen menschlichen ersetzt. So begann ich also, in dieser Richtung weiterzuarbeiten, und die Ergebnisse schienen mir wichtig genug zu sein, um sie der Öffentlichkeit bekanntzugeben.

Damit ich zur Polemik des Buches Stellung nehme, fragte man mich, ob mir irgendeine Reaktion seitens der christlich-orthodoxen Kirche bekannt sei. Natürlich lehnen die christlich-orthodoxen Theologen die Möglichkeit einer derartigen Verlängerung des Lebens Jesu ab.

Von fortschrittlichen Theologen wird sie jedoch angenommen, die behaupten, dass nicht der Tod Jesu für die Erlösung der Menschheit entscheidend ist, sondern dass das Opfer seines Blutes ausreiche. Andererseits argumentieren sie, dass die wahrhafte Wiederauferstehung nicht die seines leiblichen Körpers sei, sondern die Tatsache, dass es heute überhaupt noch möglich ist, dass eine Kirche Jesu Prinzipien und Lehren pflegt und verbreitet (ein Umstand, den ich mir, mehr als gerechtfertigterweise, zu bezweifeln erlaube). Wenn die grosszügige Meinung dieser Theologen auch lobenswert ist, so kann man sich dennoch des Eindrucks nicht erwehren, dass sie mit allen Mitteln versuchen, die Prinzipien mit dem von den neuen Entdeckungen gesteckten Rahmen in Einklang zu bringen. Ich bevorzuge schliesslich einen dritten Standpunkt, und zwar den derjenigen Theologen, die über die Möglichkeit der Existenz Gottes meditieren, ohne auf die Figur Jesus zurückgreifen zu müssen. Die Frage, ob er am Kreuz gestorben ist oder nicht, stört sie nicht im geringsten. Damit – wie von mir bereits im Vorwort des Buches «Die Schatzhöhle» erwähnt – kommen sie gefährlich dem Gedanken des Direktors der Presseagentur Nowosti in Madrid, Dr. Tschekoulis, nah, der mir vor kurzem erklärte, dass der Mehrheit der Russen, in der miserablen Welt, in der sie lebten, die Einzelheiten des Lebens dieses Herrn (Jesus), an dem sie ausserdem ernsthaft zweifelten, am wenigsten den Schlaf rauben. Er benutzte andere Worte, aber es hörte sich genauso an. Er hat ja auch völlig recht. Zumindest wenn man einmal in Betracht zieht, wenigstens als vorläufige Hypothese, dass die miserable Welt, die wir heute ertragen müssen, eine Folge – auch das wiederhole ich hier – derselben Programmierung ist, die dem Phänomen Jesus vor zwanzig Jahrhunderten die Tür öffnete.

Andere möchten gerne wissen, ob denn der Heilige Vater, sei es Paul VI., Johannes Paul I. oder Johannes Paul II., das Buch gelesen habe. Ich weiss es nicht, obwohl anzunehmen ist, dass es den Vatikan – eher als den Papst – in irgendeiner Weise berühren muss, wenn eine solche Hypothese zum erstenmal den begrenzten Kenntnisbereich von Forschern und Sektenmitgliedern verlässt, um der Masse eines unbefangenen Publikums ins Bewusstsein zu dringen.

Was den Kardinal Gracias Valerian und die Gründe für seine Angst vor der Veröffentlichung dieser Daten angeht, so handelt es sich hierbei um das logische Interesse eines hohen Vertreters der römischen Kirche, der versucht zu verhindern, dass sich der Zweifel an der Authentizität des festesten traditionellen Stützpfeilers der Kirche – die ruhmreiche Wiederauferstehung und die Himmelfahrt Jesu – ausbreiten könnte.

Drohungen? Nein, ich habe keine ernsthaften erhalten. Lediglich den einen oder anderen Erpressungsversuch mit der Androhung einer Anzeige.

Greift das Buch mit seinen spektakulären Enthüllungen irgendein Dogma des christlichen Glaubens an? Das Buch will weder irgendetwas angreifen noch verteidigen. Ich habe vor, weder Religion noch Antireligion zu machen. Das ist etwas, was mich überhaupt nicht interessiert. Das Buch gibt die historische Studie einer wichtigen Persönlichkeit wieder. Wenn folglich dieser Versuch, die Biographie von Jesus bis in den letzten Winkel zu vervollständigen, den christlichen Glauben schädigen kann, so liegt das Problem in den Voraussetzungen dieses Glaubens, in keiner Weise aber an meinem Buch.

Man hat mich auch gefragt, ob ich denn keine Angst vor der Verantwortung hätte, den romantischen Mythos von Christi Himmelfahrt, seiner Wiederauferstehung usw. zu zerstören. Ich glaube, je klarer man die Dinge sagt, desto mehr trägt man dazu bei, Missverständnisse und Verwechslungen zu beseitigen. Aufgrund der einfachen Tatsache, dass ich diese Kaschmir-Geschichte von Jesus kennenlernte, sah ich mich dazu verpflichtet, sie den anderen mitzuteilen. Wenn ich damit irgendeinen Mythos zerstöre, besaß dieser Mythos wohl ein sehr schwaches Fundament.

Die ersten Exemplare der spanischen Ausgabe dieses Buches trugen ein Band mit der Aufschrift: «Das grösste Rätsel der Menschheitsgeschichte!» Man fragte mich, ob wir es mit einem der grössten Rätsel der Menschheitsgeschichte zu tun hätten. Der Satz und die Behauptung sind selbstverständlich nicht von mir, sondern sind ein Teil der in der Werbung üblichen Lockmittel, deren sich der Herausgeber bedient, um Leser zu gewinnen. Natürlich ist Jesus – und das ist jetzt wieder meine Meinung – ein grosses Rätsel. Er ist ein bestimmter Keim, den jemand, der mit uns allen spielt, in die Geschichte der Menschheit eingepflanzt hat. Aber ich glaube, dass es andere, grössere Rätsel gibt und dass sie uns weitaus mehr beschäftigen müssten als dieses.

Jemand wollte mich von der Absicht, das Buch zu veröffentlichen, dadurch abbringen, dass er mir mit der Exkommunikation drohte; viele andere wollten aus guter Quelle wissen, dass ich Mohammedaner sei, dass das Buch von den Ahmadijas finanziert wurde, und es gibt ähnliche willkürliche Behauptungen. Ich gehöre weder als praktizierendes noch als getauftes Mitglied irgendeiner Religion an, das heisst, selbst wenn man wollte, könnte man mich nicht mehr exkommunizieren. Es reicht mir, das Bewusstsein zu haben, dass ich ein aktives Element in der Gesamtheit des Universums bin. Alles andere sind Schreckgespenster, die mir weder nützen noch helfen, noch mich bestimmen, noch werde ich sie jemals fördern.

Ich bin öfter gefragt worden, wer Jesus, im Lichte meiner Erfahrung und meiner Funde besehen, war. Für mich ist noch nicht klar, wer Jesus in Wirklichkeit war. Ich weigere mich einfach zu glauben, dass er ein göttliches Wesen sei. Ich bin jemand, der die Dinge nicht versteht, bis er sie klar sieht. Und die Persönlichkeit von Jesus ist eines der unklarsten Phänomene, die in der Menschheitsgeschichte aufgetaucht sind. Und auf diese geringe Klarheit – eine schwerwiegende Sache – ist ein ganzes Religionssystem, ein Kirchenimperium aufgebaut worden; und was noch schlimmer ist: Seine vermeintliche ruhmreiche Wiederauferstehung nährt den Glauben von Millionen und Abermillionen menschlicher Wesen. Das einzige, was ich im Moment über Jesus zu sagen wage, ist, dass er anscheinend ein aussergewöhnlicher Wegbereiter war, eine für eine konkrete Mission besonders vorbereitete Person. Wahrscheinlich das Endprodukt einer sorgfältig ausgearbeiteten und fortgeschrittenen genetischen Alchemie. In dem vermeintlichen Kaschmir ist er jedoch eine Figur, die der menschlichen Ebene näher steht als der göttlichen. Jedenfalls besteht für mich – als Arbeitshypothese – die Möglichkeit, dass unter dem Gesamtbegriff Jesus vielleicht mehrere Personen gleichzeitig gewirkt haben, womit wir – wie ich bereits an anderen Stellen vermerkte – von den frühesten Anfängen an eine Jesus-Bewegung, und nicht ein isoliertes Individuum Jesus hätten. Aber das ist erst der Beginn der Untersuchung, die noch einen weiten Weg von Überprüfungen und Beweisen vor sich hat.

Kann man die Wunderkraft Jesu auf der Grundlage bekannter Erfahrungen der Parapsychologie wissenschaftlich untersuchen und erklären? Meiner Meinung nach beherrschte Jesus allem Anschein nach Kräfte, die in der damaligen Zeit nur als Wunder interpretiert werden konnten. In dem Masse jedoch, wie unsere Kenntnisse und unser Studium der übernatürlichen Phänomenologie fortschreiten, werden wir sicherlich irgendwann den Umstand erklären können, dass er es so gut verstand, weite Fähigkeitsbereiche auf diesem Planeten zu nutzen, ohne dabei auf den Joker des Wunders zurückgreifen zu müssen.

Man behauptet auch, dass einer der heikelsten Punkte meines Buches Jesu Ehe mit Marjan sei. Ich bin immer wieder gefragt worden, worauf sich diese Behauptung stütze. Ich muss dazu erklärenderweise sagen, dass es sich dabei natürlich nicht um eine Ehe im heutigen gesellschaftlichen Sinn handelte. Es scheint jedoch eindeutig festzustehen, dass er mit einer Frau in einer gemeinsamen Wohnstätte zusammenlebte und dass sie Kinder von ihm bekam. Es gibt einen alten Text, der die Geschichte des Königs Shalewahin von Kaschmir erzählt, der zu Jesus sagte, dass er Frauen brauche, die sich um ihn kümmern, die von ihm bewohnte Wohnstätte pflegen, seine Wäsche waschen und für ihn kochen sollten usw. Der König bot Jesus fünfzig Frauen an. Aber Jesus antwortete, dass er keine einzige brauche und dass niemand für ihn arbeiten müsse. Aber der König beharrte so sehr darauf, dass Jesus schliesslich eine Frau nahm, die sich um ihn kümmern sollte. In demselben Text wird behauptet, dass diese Frau, namens Marjan, von Jesus Kinder bekam.

Ob man mir in Kaschmir Steine in den Weg legte, als ich Jesu zweites Leben erforschte? Nein, denn wir haben dazu auch keinen Anlass gegeben. Damit will ich sagen, dass wir uns dort nicht als großartige Forschungsexpedition dargestellt haben, sondern wir sind dorthin gegangen, wie ich es für angemessen halte: Wir waren nur zu zweit und haben uns von Anfang an unter die Leute in Kaschmir gemischt. Wir lebten mit ihnen zusammen, passten uns an ihre Sitten an, und von Anfang an waren wir sicher, ihr Vertrauen auf direktem Wege zu gewinnen. Wir versuchten nicht, uns von ihnen zu unterscheiden, sondern lediglich ihre Freunde zu sein. Bei allen unseren Untersuchungen begleiteten uns höchstens ein oder zwei Freunde aus Kaschmir, so dass wir niemals verdächtig erschienen, was uns die Türen zu unserer Arbeit verschlossen haben könnte. Wir haben dann auch zu verstehen gegeben, dass wir uns für das Thema Jesus sowie für andere Themen interessieren, wie zum Beispiel die Sitten, die Politik oder einfach die Alltagssorgen dieses beeindruckenden und vielschichtigen Volkes.

Ich bin öfters nach den Tatsachen, Gewohnheiten und Beweisen materieller Art gefragt worden, die ich – zur Erhärtung meiner Behauptungen – in Kaschmir gefunden habe.

Da wäre an erster Stelle die physische Existenz der Grabstätte selbst. Die Existenz der sogenannten «Jesuswiese» oder Yusmarg, das Tal, durch das Jesus nach Kaschmir kam, und das Heiligtum von Aishmuqam, was soviel wie «Raststelle von Issa (Jesus)» bedeutet; zwei konkrete Orte in Kaschmir, die bis auf den heutigen Tag mit ihrem Namen das Andenken daran wahren, dass Jesus sich in dieser Gegend aufgehalten hat. Was Texte angeht, so sind besonders zwei zu nennen: der Tarikh-i-Kashmir, der – in bezug auf die Restaurierungsarbeiten der Grabstätte, die als Thron von Salomon bekannt ist – erzählt, wie Jesus seinerzeit in Kaschmir erschien; und der Bhavishja Mahapurana, der von Jesu Begegnung mit dem damaligen König von Kaschmir, dem bereits erwähnten Shalewahin, erzählt.

Warum behaupte ich, daß Jesus nicht am Kreuz gestorben ist? Weil der Tod am Kreuz eine Strafe war, die sich gewöhnlich bis zu einigen Tagen hinziehen konnte, und weil Jesus nur einige wenige Stunden an ihm hängenblieb. Andererseits scheinen die wissenschaftlichen Analysen des sogenannten «Turiner Grabtuchs» zu beweisen, dass Jesu Körper lebte, nachdem er vom Kreuz heruntergenommen war, und dass ausserdem der Lanzenstoss, den ihm der Römer Zenturio versetzte, niemals sein Herz erreichte, was die Kirche bis heute immer wieder behauptet.

Wie und von wem wurden Jesu Wunden geheilt? Sie wurden von dem Arzt Nikodemus mit einer Marham-i-Isa genannten Salbe geheilt, die in diesem Zusammenhang zum Beispiel in der berühmten arabischen Abhandlung zur Medizin erwähnt wird, die wir als Kanon von Avicena kennen.

Wie wurde Jesus unter den älteren Einwohnern Kaschmirs aufgenommen? Wie ein Heiliger, ein Prophet, wobei viele Einwohner Kaschmirs seine Lehren annahmen.

Warum ging Jesus nach Kaschmir? Er zog in die nordindischen Gebiete, weil sich dort die überlebenden zehn vertriebenen Stämme Israels niedergelassen hatten. Selbst heute ist die Bevölkerung Kaschmirs noch rein israelitisch, wobei die Mehrheit Mohammedaner sind, von denen aber praktisch alle ursprünglich israelitischer Rasse sind, die zum Islam bekehrt wurden.

Das Buch beschränkt sich nicht nur allein auf Jesus. Es bezieht sich auch auf das Grab von Moses an einem bis heute unbekannten Ort. Was dies betrifft, so hat man mich immer wieder gefragt, ob das nicht eine Einbildung sei. Welche Beweise kann ich erbringen, und wer sind die Juden des Yusmarg wirklich? In Wirklichkeit ist das Grab des Moses – von einer winzigen israelitischen Gemeinde gepflegt – auf einem Berggipfel in Kaschmir aufgefunden worden. Die Einbildung müsste demnach sehr tiefgreifend und jahrhundertealt sein, in die eine grosse Anzahl von Personen verstrickt ist. Wali Reshi, um nur ein Beispiel zu nennen, ist der derzeitige Leiter oder Kopf der kleinen Gemeinde von Israeliten, die seit Jahrhunderten das Grab des «Propheten des Buches», das Grab von Moses pflegen. Völlig isoliert von der Zivilisation und sogar vom restlichen Kaschmir und vom allernächsten Nachbardorf, wusste Wali Reshi nicht – und weiss noch immer nicht –, dass Hitler nicht mehr lebt und dieser für ihn große Führer einen Grossteil seiner Rasse ausgerottet hat. Andere waren überzeugt davon, dass Kaschmir sich im Süden Indiens befinde und dass Ceylon (Sri Lanka) im Norden liege. Trotz dieses Ballasts von Unwissen wussten sie, dass Moses dort vor etwa 3500 Jahren begraben wurde. Das Datum ist genau und stimmt mit den biblischen Zeugnissen überein. Eine weitere isoliert lebende ethnische Gruppe stellen die Juden, oder besser, die Israeliten des Yusmarg dar. Eine Gruppe von reinen Israeliten, die auf der «Jesuswiese» leben, weil Jesus dort vorbeigekommen ist. Und aus diesem einzigen, aber jahrhundertealten Grund werden ihre Familien dort nicht wegziehen. Sie sind davon überzeugt, auf heiligem Boden zu leben.

Millionen von Menschen in der ganzen Welt sind überzeugt, dem Sohn Gottes zu dienen. Aber, frage ich noch einmal, wenn das nicht so wäre? Wenn sich schliesslich alles erklären liesse, ohne auf die Vorstellung eines Gottes des Anfangs und des Endes zurückgreifen zu müssen? Ich werde nicht aufgeben in meiner Suche nach der Wahrheit, denn die, die wir vorfabriziert übernommen haben mit Antworten, die nichts klären, nützt mir nichts.

Andreas Faber-Kaiser
Barcelona, 7. Januar 1984

Einführung

«Was sucht ihr den Lebenden bei den Toten?»

(Lukas 24,5)

Jesus wurde freitags gegen Mittag gekreuzigt. Vor Einbruch der Nacht wurde er – bereits tot – vom Kreuze genommen und sein Leichnam in die Grabkammer von Josef von Arimatäa gelegt, deren Eingang mit einem Felsbrocken verschlossen wurde. Am darauffolgenden Sonntag war der Körper von Jesus auf unerklärliche Weise aus dem Inneren der Höhle verschwunden. Die biblische Prophezeiung hatte sich erfüllt: er war von den Toten auferstanden. Nach einem kurzen Aufenthalt auf der Erde, bei dem seine Jünger Kontakt zu ihm hatten, stieg er zum Himmel auf, wo er zur Rechten des Vaters sitzt.

Das ist das Glaubensdogma der christlichen Religion.

Andererseits aber liegt Jesu Körper in einer Krypta begraben, die unter dem Namen «Rozabal» bekannt ist und sich im Bezirk Khanyar von Srinagar, der Hauptstadt Kaschmirs, befindet.

Wie ist es zu erklären, dass Jesus im Himmel sitzt und gleichzeitig in Kaschmir begraben liegt? Irgendetwas – ausser der wahren Tatsache, der Kreuzigung – passt da nicht zusammen.

Jesu Kreuzestod steht auf wackeligen Füssen. Weil es keine Geschichtsdaten gibt, die diesen Tod garantieren. Der Auferstehung hat auch niemand beigewohnt.

Im Gegensatz dazu gibt es historische Indizien für einen Mann mit identischen Ideen und Lehren, der in jenen Jahren in Richtung Osten geht und Zeugnisse seines Lebens und Handelns hinterlässt. Ein Mann, der sich auf den Weg nach Kaschmir macht, sich in diesem Lande niederlässt und dort stirbt.

Auf diesen Pfeilern aufbauend, setzen sich die folgenden Seiten mit der Vermutung auseinander, dass Jesus nicht am Kreuz gestorben ist, sondern dass er, auf der Suche nach den zehn vertriebenen israelitischen Stämmen, nach Osten flüchtete, nachdem er die von der Kreuzigung verursachten Wunden ausgeheilt hatte. Diese Stämme hatten sich viele tausend Kilometer östlich von Palästina angesiedelt. So verlässt Jesus in Begleitung von Maria – auf bestimmten Abschnitten seiner Wanderung auch von Thomas begleitet – das Land seines biblischen Wirkens und unternimmt eine Reise, die ihn nach Kaschmir bringt, das sogenannte «Paradies auf Erden». Maria, die die Mühen der langen Reise nicht aushält, stirbt unterwegs in Pakistan, wenige Kilometer vor der Grenze Kaschmirs. Das Grab Marias wird heute noch als Grab von Jesu Mutter verehrt. Was diesen betrifft, so beginnt er in Kaschmir ein neues Leben und stirbt – in sehr hohem Alter – eines natürlichen Todes. Als er starb, stand ihm Thomas zur Seite, der später wieder in die Nähe von Marias Grab zurückkehrt, um von dort aus seine Reise endgültig in den Süden Indiens fortzusetzen, wo er später auch stirbt.

Kehren wir aber zu Jesus zurück, dem zentralen Thema dieses Buches. Eine feststehende Tatsache ist, dass sein Grab heute in Srinagar, der Hauptstadt Kaschmirs, verehrt wird.

Legenden, Traditionen und alte Schriftstücke weisen auf dieses zweite Leben von Jesus im Norden Indiens hin. Aufgrund dieser Dokumente wissen wir, dass Jesus in Kaschmir Kinder hatte und dass – als Ergebnis seiner Verbindung mit einer Frau – heute ein Mann, Basharat Saleem, behaupten kann, dass er ein lebender Nachkomme von Jesus ist.

Es gibt Zeugnisse, die uns vermuten lassen, dass Jesus genau diesen einen Ort in der ganzen Welt ausgesucht hat, um die zweite Etappe seines Lebens zu beginnen, zumal er während seiner Kindheit schon einmal dort war. Die Heilige Schrift berichtet weder über seinen Aufenthaltsort noch über sein Tun an diesem Ort. Tatsächlich hat ein russischer Reisender, Nikolai Notowitsch, gegen Ende des vergangenen Jahrhunderts im Lamakloster Hemis, in Ladakh, im Grenzgebiet zwischen Tibet und Kaschmir, Kopien von Geschichtstexten gefunden, die jahrhundertelang von den Lamas des Himalaja aufbewahrt worden waren und von Jesu erster Indienreise in seinen Jugendjahren berichten. Es sind genau die achtzehn Jahre, über die sich die Bibel bezüglich des Aufenthaltsorts ihrer Hauptperson ausschweigt. Eine grosse Lücke von achtzehn Jahren, die, wenn wir auf den biblischen Text vertrauen, die wirkliche Identität des Kindes Jesus mit dem Mann Jesus, der zentralen Figur des Neuen Testaments, ernsthaft in Frage stellt.

Aber nicht nur das Neue, sondern auch das Alte Testament ist eng mit Kaschmir verbunden. Das fruchtbare Tal in Kaschmir scheint tatsächlich ein schon viel früher mit der Heiligen Schrift verbundenes Land gewesen zu sein: Abgesehen von den Gräbern von Jesus und Maria, pflegt eine kleine jüdische Gemeinde, abgeschlossen in den Bergen Kaschmirs lebend, seit ungefähr 3500 Jahren das Grab ihres alten Führers und Propheten Moses. Auch hier vervollständigt die Kaschmir-Hypothese eine beträchtliche Lücke des biblischen Textes. Der Bibel nach weiss niemand, wo sich die Grabstätte des Führers des jüdischen Volkes befindet. Alle in der Bibel gegebenen Hinweise sind nicht zu gebrauchen, da die aufgeführten Namen in der wirklichen Geographie nicht aufgefunden werden konnten. Sämtliche Namen tauchen jedoch im Tal von Kaschmir auf. Und genau dort wird seit mehreren tausend Jahren Mose Grab verehrt.

Aber Jesus und Moses haben der Nachwelt in Kaschmir nicht nur ihre Gräber hinterlassen. Eine Unmenge von Eigennamen der Einwohner Kaschmirs und eine Unmenge von Ortschaften, Enklaven, von Dörfern, von einfachen Wiesen oder Tälern erzählen uns von Jesu und Mose Durchreise auf dem Boden Kaschmirs.

Diese Themen sind nicht unbekannt. Die persische Geschichte und die Kaschmirs haben sie uns bis heute überliefert. Auch der Volksmund Kaschmirs hat sie über die Jahrhunderte hinweg bis heute bewahrt. Seit dem Ausgang des vergangenen Jahrhunderts hat sich eine islamische Sekte, die über den gesamten Erdball verstreut lebt, mit dem Thema von Jesu Grab auf dem Boden Kaschmirs beschäftigt, wobei man aufgrund der Tatsache, dass es sich um eine Sekte handelt, vorsichtig an die Sache herangehen muss. Diese Sekte hat mehrere Bücher zu diesem Thema veröffentlicht. Gegenwärtig ist ein führender Archäologe (Professor Hassnain, Direktor der Archive, Bibliotheken und Denkmäler der Regierung von Kaschmir) dabei, die Wahrscheinlichkeit der Hypothese eines zweiten Lebens von Jesus und Moses in Kaschmir gründlich zu erforschen. In der Hauptstadt dieses Landes verwahrt Basharat Saleem, der direkte Nachkomme von Jesus, den Familienstammbaum, der bei Jesus ansetzt und lückenlos bis zu ihm selbst reicht.

Eine Tatsache, von der nur einige wenige, auf der ganzen Welt verstreut lebende Personen aus dem Bereich der Forschung und der Sekten wissen, die aber der grossen Mehrheit der Öffentlichkeit nicht bekannt ist und von der ich glaube, dass es an der Zeit ist, sie bekanntzugeben, dass Jesus wahrscheinlich nicht am Kreuz gestorben ist, sondern dass er, nachdem er eine zweite Etappe seines Lebens in fernen Landen verbracht hat, in hohem Alter eines natürlichen Todes gestorben ist. Damit hätte er tatsächlich die

Mission, für die er auf die Erde geschickt worden war, erfüllt: nämlich die aus Israel vertriebenen Stämme Israels zu finden und zu ihnen zu predigen.

Die folgenden Seiten stellen eine Zusammenfassung dar, in der das, was heute über das zweite Leben von Jesus – und den ebenso wahrscheinlichen Tod Mose – in Kaschmir bekannt ist, beschrieben wird. Die folgenden Seiten sind also eine Ergänzung des biblischen Textes und überbrükken – mit Hilfe der Logik – offensichtliche Lücken, die der biblische Text aufweist.

Damit dieses Buch richtig gelesen und verstanden wird, weise ich darauf hin, dass die Namen Yusu, Yusuf, Yusaasaf, Yuz-Asaf, Yuz-Asaph, Issa, Issana und Isa, die in den Texten, Legenden und Andenken Kaschmirs vorkommen, allesamt Übersetzungen des Namens Jesus sind. Wenn ich also auf den folgenden Seiten von Jesus spreche, so kann ich mich jeweils auf eine der Übersetzungen seines Namens in die Sprache Kaschmirs, ins Arabische oder ins Urdu beziehen. Auf Jesu Namen beziehen sich auch die Anfangssilben von Ortsnamen wie Yus-, Ish- oder Aish. Im Gegensatz dazu ist der Musa der arabische Name, unter dem man in Kaschmir auch Moses kennt.

Zum Abschluss dieser kurzen Einführung möchte ich noch von vorneherein klarstellen, dass dieses Buch weder ein Ahmadija-Buch ist – die Ahmadija stellen eine islamische Bewegung dar, die Jesu Grab in Srinagar verehren –, noch dass es von irgendeiner Art Sekte, Bewegung oder Gruppe gefördert, bezuschusst oder unterstützt worden ist. Es ist einfach das Ergebnis einer individuellen Arbeit, die mit dem Ziel angegangen wurde, einige vorliegende Tatsachen zu erforschen, um einige dunkle Etappen des Lebens von Jesus zu erforschen.

Andreas Faber-Kaiser
Juli 1976

Vorwort

Jesus Christus ist eine derartig grossartige Persönlichkeit, über die schon soviel geschrieben wurde und noch viel mehr geschrieben werden wird, da die Forschungen über ihn von Tag zu Tag umfangreicher werden. Für einige ist er Gottes Sohn, während andere meinen, dass er selbst Gott sei. Viele glauben, dass er die Menschwerdung Gottes war, und viele andere meinen, dass er einer der grössten Propheten war, den der Allmächtige auf die Erde geschickt hat, um uns zu retten. Es gibt viele Sünder auf dieser Welt, die glauben, dass er gekommen ist, um uns von den Strafen˟ zu erlösen. Und es gibt viele gute Leute, die meinen, dass Jesus Christus gekommen ist, um uns den rechten Weg zu weisen. Das Ergebnis war, dass Jesus in aller Munde ist, ob es sich nun um Christen oder Anhänger einer anderen Glaubensgemeinschaft handelt.

Jesu Leben, so wie es die Evangelien ausmalen, verkündet, dass Maria vor ungefähr zweitausend Jahren als Jungfrau einen Sohn gebar. Sie wurde schwanger vom Heiligen Geist, der selbst Gott war, und Christus verwandelte sich in einen Menschen und lebte unter uns auf der Erde. Er war der einzige Sohn Gottes, der Messias und Erlöser. Josef wanderte mit dem Neugeborenen und Maria nach Ägypten aus und blieb dort, bis Herodes starb. Nach dessen Tod kehrten sie nach Israel zurück und lebten in Nazareth. Er wurde von Johannes getauft, der sagte, dass niemand Gott gesehen habe, dass dieser aber sein einziger Sohn sei, der gemeinsam mit seinem Vater herrsche. Aufgrund der Wunder, die er wirkte, liessen sich viele Leute davon überzeugen, dass er wirklich der Messias sei.

˟ und Einsteins „kosmische Religion" Strafen gehören zur Furchtreligion des grausamen Jehowa „Trinität" ein Begriff, der in mehreren Religionen vorkommt und „Unbegreiflichkeit" signalisieren soll.

Jesus reiste durch ganz Galiläa und sagte dabei:

Selig, die hungern und dürsten nach Gerechtigkeit, denn sie werden gesättigt werden; selig die Barmherzigen, denn sie werden Erbarmen finden; selig, die rein sind im Herzen, denn sie werden Gott schauen; selig die Friedensstifter, denn sie werden Söhne Gottes genannt werden; selig, die Verfolgung leiden um der Gerechtigkeit willen, denn ihrer ist das Himmelreich.

Jesus zog von Ort zu Ort, da er Judäa fernbleiben musste, wo die jüdischen Führer seinen Tod beschlossen hatten. Jesus ging in die Tempel und predigte. Er behauptete, dass die Lehren nicht von ihm selbst stammten, sondern dass Gott sie ihm gesandt habe. Die Pharisäer und Hohepriester sandten Soldaten, um ihn festnehmen zu lassen. Sie nahmen ihn in der Nähe des Olivenhains fest, setzten ihm die Dornenkrone auf und schlugen ihn mit ihren Fäusten. Sie brachten ihn aus der Stadt und kreuzigten ihn. Sein Körper wurde in ein Leinen eingewickelt, mit hundert Pfund Balsam beladen und ins Grab gelegt. Zwei Tage später, am Sonntagmorgen, wurde entdeckt, dass der Felsbrocken, der den Eingang versperrt hatte, beiseite geschafft worden und das Grab leer war. Acht Tage darauf versammelten sich wieder seine Jünger, und Jesus Christus nahm wieder Kontakt mit ihnen auf. Er sagte ihnen, dass die Frohe Botschaft von Jerusalem in alle Welt hinausgetragen werden müsse:

Allen, die zu mir kommen, werden ihre Sünden vergeben.

Dann führte er sie alle auf den Weg nach Bethanien, hob seine Arme zum Himmel und segnete sie.
Dem Gesagten kann man entnehmen, dass die wunderbare Geschichte vom Leben und von den Lehren Jesu

Christi viele Mysterien enthält. Daher versuchen auch so viele Gelehrte aus aller Welt, diese Mysterien zu enthüllen. Der Gegenstand der Auseinandersetzungen sind dabei das Datum, der Ort und die Art und Weise seiner Geburt. Es ist noch genau zu bestimmen, ob er im Dezember oder im Juni geboren ist. Wir müssen seinen Geburtsort finden. War es Bethlehem oder Nazareth, wobei letzteres eine Ortschaft in Tamil Nadu in Indien ist? Der Talmud sagte voraus, dass der Prophet, der kommen werde, im Zeichen des Fisches komme, was als Sternkreiszeichen unter dem Namen Fische bekannt ist. Damit wäre die Spanne für seine Geburt für zwischen Februar und März festgelegt. Deshalb ist es wohl gerechtfertigt, das genaue Geburtsdatum astronomisch zu bestimmen. In diesem Zusammenhang müssen wir den Stern von Bethlehem, der erschien und seine Geburt ankündigte, in Betracht ziehen.

Andererseits gibt es Unterschiede zwischen den vier Evangelien, und man müsste durch eine Analyse feststellen, welches von ihnen das älteste ist. Diese Evangelien erzählen uns nichts Wesentliches von Jesu Kindheit bis zu seinem zwölften Lebensjahr, als er sich nach Jerusalem aufmachte, um dort das Osterfest zu feiern. Ebensowenig weiss man etwas über die Zeitspanne vom 13. bis zum 29. Lebensjahr, wo er mit der Durchführung seines Auftrags beginnt. Hat er während dieser Zeit seines Lebens Palästina verlassen, um die grossen Religionszentren im Indus-Tal, in Tibet und in Indien zu besuchen? Hat er den Buddhismus erlernt, oder war er selbst ein Bodhisattva? Erlernte er in Benares in Indien Yoga, oder studierte er die Sutras in dem Lamakloster Hemis in Ladakh?

Die grössten Kontroversen bestehen jedoch über seinen Tod. Starb er am Kreuz, oder überlebte er und ging nach Kaschmir, wo sich sein Grab in einen heiligen Ort für die

Gläubigen verwandelte? All diese Mysterien müssen aufgeklärt werden.

Hatte Jesus einen Bruder, und war dieser Jakobus? Denn der Sinn der Stelle Johannes 19, 25–28 ist sehr unklar. Demzufolge sind bei der Kreuzigung drei Marias zugegen. Ist eine von diesen Marias mit Jesus nach Indien geflüchtet?

Ebenso sind Jesu letzte Worte ein Mysterium:

Eli, eli, lama sabachthani.

Warum hat der erste griechische Übersetzer der Evangelien diese Worte unübersetzt gelassen? Das Wort «la» hat im Arabischen negative Bedeutung, und wenn wir diesen Punkt gelten liessen, hiesse die Übersetzung:

Mein Gott, mein Gott, du hast mich nicht verlassen.

Hinzu kommt, dass die ägyptischen Pharaonen eine andere, geheime Sprache besassen, die von der übrigen Bevölkerung nicht verstanden werden konnte. Der Geheimsprache der ägyptischen Pharaonen nach wäre die Übersetzung des Satzes wie folgt:

Eli, eli, du befreist mich.

Das Wort Eli ist ein heiliges Wort, das auch von dem Hindu-Gott Krishna im Mahabharata-Krieg gebraucht wurde. Buddha gebrauchte dieses Wort auch, wenn er auf seine Feinde traf.

Es ist nicht nötig, dass ich hier alle strittigen Ereignisse aufzähle, die noch einer aufmerksamen Analyse seitens der hervorragenden Gelehrten der ganzen Welt bedürfen. Johannes beobachtete sehr treffend:

Jesus tat so viel, dass es, wenn man alles aufschriebe, auf dieser Welt wahrscheinlich nicht genug Platz für die Bücher gäbe.

Es handelt sich um eine Prophezeiung von Johannes, und die Gelehrten dürfen nicht nachlassen, die ungeklärten Ereignisse aus dem Leben Jesu Christi zu erforschen. Ich frage sie: «Warum haben Sie Angst, diese Mysterien zu erforschen?»

Zufälligerweise musste ich im Winter 1965 in Leh, der alten Hauptstadt Ladakhs, bleiben. Ich stiess dort auf die umfangreichen Tagebücher, die von zwei deutschen Missionaren geschrieben worden waren. Aus diesen um 1890 geschriebenen Tagebüchern ist zu entnehmen, dass ein russischer Reisender namens Nikolai Notowitsch die tibetischen Manuskripte übersetzte, die von Jesu Odyssee in Indien und in Ladakh berichteten und in dem Lamakloster von Hemis aufbewahrt werden.

Das brachte mich dazu, ein altes Manuskript zu suchen, das Mahabhavishja-purana, geschrieben 180 n. Chr., das folgende Einzelheiten über die Begegnung zwischen Jesus und dem Radscha von Kaschmir wiedergibt:

Der Heilige hatte eine weisse Hautfarbe und trug weisse Kleider. Der Radscha fragte ihn, wer er sei, worauf dieser antwortete:

«Man kennt mich als den Sohn Gottes und von einer Jungfrau geboren; ich bin Anhänger und Prediger der Wahrheit. Wegen mir mussten die Sünder leiden, und auch ich habe unter ihnen gelitten; ich lehre die Menschen, Gott zu dienen, der im Zentrum der Sonne und der Elemente ist; Gott und die Sonne werden ewig existieren.»

Meine folgenden Untersuchungen brachten mich zum Grab von Yuz-Asaf, in Srinagar in Kaschmir gelegen, das als Grab des Propheten bekannt ist, der vor etwa zweitausend Jahren den Bewohnern Kaschmirs gesandt wurde. In dem königlichen Erlass, der zugunsten der Grabwächter ausgestellt wurde, ist die Rede von dem Propheten Yuz-zuasaf. Im Inneren des Grabes fand ich ein Holzkreuz, von dem in der deutschen Wochenzeitschrift «Hörzu» im Dezember 1975 und im Januar 1976 Fotografien innerhalb einer Artikelserie erschienen waren, die von dem weltberühmten Autor Erich von Däniken veröffentlicht wurde.

Bei nachfolgenden Untersuchungen fand ich einen Steinblock mit den Fussabdrücken von Jesus Christus, wobei das Besondere dieser Abdrücke darin liegt, dass einer ein Loch und der andere Spuren der Wunde aufweist, die Jesus am Kreuz zugefügt wurde.

Ebenso fand ich Kreuze, die von den ersten Christen, die sich nach Ladakh geflüchtet hatten, in riesige Felsen eingemeisselt worden waren.

Es wurde auch bekannt, dass die berühmte heilige Grabstätte in Srinagar eine unterirdische Zelle besitzt, die viele Reliquien beherbergt. Ich schlug deshalb vor, diese Zelle zu öffnen und so den Streit für immer zu beenden. Aber meine Idee löste nicht nur im In-, sondern auch im Ausland eine Welle des Widerspruchs aus. Dies rief eine Besprechung des 00000 in der Londoner Zeitschrift «Weekend» im Juli 1973 hervor, in der zwei Bischöfe meine Idee unterstützten, während sich zwei andere gegen sie stellten. Ich bin davon überzeugt, dass bei Öffnung des Grabes Abdrücke von Nägeln in den Händen und Füssen des dort begrabenen Propheten gefunden werden.

Von den Gelehrten, die zurzeit an diesem Thema arbeiten, muss ich folgende nennen:

Dr. Franz Sachs aus Koblenz, Deutschland;
K. Kanailis aus Birmingham, England;

*Dr. Ladislav Filip aus Podebrady, Tschechoslowakei;
Rolf Schettler aus Hattorf am Harz, Deutschland.*

Im vergangenen Frühjahr gelangten Andreas Faber-Kaiser und seine Frau Mercedes aus Spanien nach Kaschmir. Sie sind beide ausserordentlich begabt, was die Erforschung von Mysterien der Natur angeht. Natürlich haben die beiden mit mir ausgiebige Diskussionen über das unbekannte Leben von Jesus Christus geführt.

Und er trat bei ihr ein und sprach: «Sei begrüsst, Begnadete, der Herr ist mit dir.» Sie aber erschrak bei diesem Wort und dachte nach, was dieser Gruss bedeute. Der Engel sagte zu ihr: «Fürchte dich nicht, Maria, denn du hast Gnade gefunden bei Gott. Siehe, du wirst empfangen und einen Sohn gebären und seinen Namen Jesus nennen. Dieser wird gross sein und Sohn des Allerhöchsten genannt werden; Gott der Herr wird ihm den Thron seines Vaters David geben.»

(Lukas 1, 28–32)

Wie kann eine Jungfrau ein Kind kriegen? Haben dabei kosmische Wesen eingegriffen? Handelt es sich um einen Fall künstlicher Befruchtung oder um eine echte Vereinigung? Diese und ähnliche Fragen kamen bei uns als Diskussionsthemen auf.

Wir behandelten auch andere Aspekte, die mit den Indienbesuchen von Jesus als dreizehnjähriger Junge und als Erwachsener zu tun hatten. Wir besuchten wiederholt das Grab und besprachen die verschiedenen darüber vorhandenen Theorien. Es sind genau diese Aspekte, die eine ernsthafte Betrachtung und gründliche Untersuchung erfordern. Ich schlug vor, dass es wohl das beste sei, wenn einige von uns ihre Studien kombinieren würden, und zwar von Israel ausgehend, um in Kaschmir, wo Jesus zuletzt lebte, zu enden. Dass wir ein Team von Linguisten, Historikern und anderen Wissenschaftern bilden müssten, damit wir unsere Studien koordinieren und unser Forschungsprojekt innerhalb eines Jahres vervollständigen könnten. Die Organisation einer solchen Untersuchung bedarf einer sorgfältigen Planung. Sollten die Studien des Teams in einer Monografie zusammengestellt werden, oder ist es vorzuziehen, dass wir unsere Untersuchungen in Form einer Anthologie veröffentlichen? Wir sprachen immer wieder über diese Aspekte und gelangten schliesslich zu dem Schluss, dass die individuellen Untersuchungen weitergehen müssten, solange wir nicht mit irgendeiner Organisation rechnen können, die für ein Seminar oder für das eigentliche Projekt einen Zuschuss gewähren würde. Ein engerer Kontakt zwischen den einzelnen Forschern wäre jedoch angebracht.

Ich bin sehr froh darüber, dass sowohl Andreas als auch Mercedes ihre Untersuchungen fortgesetzt haben und sie in Form eines Buches veröffentlichen werden. Ich wünsche ihnen bei diesem riskanten Unternehmen viel Erfolg. Beide haben in ihren Studien Ernsthaftigkeit bewiesen, und ich hoffe, dass ihre ehrlichen Bemühungen in Form positiver Resultate Früchte tragen. Mit diesem Wunsch warte ich auf das Buch über Jesus Christus, das zweifellos zum Nachdenken zwingen wird.

Prof. F. M. Hassnain
Direktor der Staatlichen   M. A., LL. B., D. Arch., D. Ind.
Geschichtsabteilungen
von Kaschmir   Juni 1976
1 Gogji Bagh
Srinagar, Kaschmir, Indien

Das Jesuskind und Jesus Christus: ein und dieselbe Person?

Das Schweigen der Evangelien

Die vier kanonischen Evangelien schweigen sich über die Aktivitäten von Jesus von seiner Geburt an bis nach dem zwölften Lebensjahr aus.

Alles, was wir über das Messiaskind erfahren, beschränkt sich auf:

Der Knabe aber wuchs heran und erstarkte, erfüllt von Weisheit, und die Gnade Gottes war auf ihm. Seine Eltern gingen Jahr für Jahr nach Jerusalem zum Paschafest. Als er zwölf Jahre alt wurde und sie der Festsitte gemäss nach Jerusalem hinaufzogen und die Tage beendet hatten, blieb der Knabe Jesus, während sie heimkehrten, in Jerusalem, ohne dass seine Eltern es merkten. In der Meinung, er sei bei der Pilgergruppe, legten sie eine Tagesreise zurück und suchten ihn unter den Verwandten und Bekannten. Da sie ihn nicht fanden, kehrten sie nach Jerusalem zurück und suchten ihn. Nach drei Tagen geschah es, da fanden sie ihn im Tempel, wo er mitten unter den Lehrern sass, auf sie hörte und sie befragte. Alle, die ihn hörten, staunten über sein Verständnis und seine Antworten. Als sie ihn sahen, waren sie sehr betroffen, und seine Mutter sagte zu ihm:

× wenn er doch vom Hl. Geist gezeugt war, was der Engel ihr ja mitteilte!

> «Kind, warum hast du uns das getan? Siehe, dein Vater?
> und ich haben dich mit Schmerzen gesucht!» Er antwortete
> ihnen: «Warum suchtet ihr mich? Wusstet ihr nicht, dass
> ich in dem sein muss, was meines Vaters ist?» Doch sie be-
> griffen nicht, was er mit dem Wort zu ihnen sagte. Und er
> zog mit ihnen hinab, kam nach Nazaret und war ihnen un-
> tertan. Seine Mutter aber bewahrte alle diese Dinge in ih-
> rem Herzen. Jesus nahm zu an Weisheit und Alter und
> Gnade bei Gott und den Menschen. Wieso bei den Men=
> schen, wenn man ihm in Judäa nach dem Leben trachtete?
>
> (Lukas 2, 40–52)

Am überraschendsten ist jedoch, dass die Bibel Jesus nach dieser Begebenheit, die sich in seinem zwölften Lebensjahr ereignete, nicht wieder erwähnt, bis er bereits 30 Jahre alt ist.

> Jesus war bei seinem ersten Auftreten ungefähr dreissig
> Jahre alt und war, wie angenommen wurde, der Sohn des
> Josefs des Eli, ...
>
> (Lukas 3, 23)

Zwischen diesem und dem vorangehenden Bibelzitat sind 18 Jahre vergangen. 18 Jahre Schweigen, die eine Lücke in der biblischen Darstellung vom Leben Jesu darstellen. Wir sollten uns mit diesem Schweigen jedoch nicht zufriedengeben. In solch einem Fall wäre es ohne weiteres zulässig, sich ernsthaft die Frage zu stellen, ob dieser Mann, der als Dreissigjähriger an die Öffentlichkeit tritt, wirklich das in Bethlehem geborene Jesuskind ist.

Die Entdeckung von Nikolai Notowitsch

Bei unserem ersten Besuch im Haus des Professors Hassnain in Srinagar (Foto 3) erzählte uns dieser, wie und warum er sich für das Thema der Reisen Jesu nach Kaschmir zu interessieren begann.

Als er sich in einem rauhen Januar in Ladakh, einem bergigen Grenzgebiet zwischen Kaschmir und Tibet befand, hielt ihn der Schnee in dessen Hauptstadt Leh fest.

Um die Zeit totzuschlagen, beschäftigte sich Professor Hassnain mit der Durchsicht alter Texte und Manuskripte, die in den Bibliotheken der Lamaklöster von Leh aufbewahrt wurden.

So stiess er auf die 40bändigen Tagebücher der deutschen Missionare Dr. Marx und Dr. Francke, die einer religiösen Gruppe angehörten, die die abgelegenen Orte der Welt bereisten. Sie gingen nicht in die Hauptstädte wie Neu Delhi oder Srinagar, sondern zu entfernteren Punkten wie z. B. Leh in Ladakh. Das Tagebuch datierte aus dem Jahr 1894. Doktor Hassnain, der kein Deutsch, die Sprache, in der das Tagebuch geschrieben war, lesen konnte, wurde dennoch neugierig auf dieses Manuskript und begann es durchzublättern. Dabei stiess er auf einen Namen, der in Rot geschrieben war: San Issa. Ausserdem fiel ihm der Name Nikolai Notowitsch auf. Da Professor Hassnain den Text nicht lesen konnte, entschloss er sich dazu, die beiden Seiten des Manuskripts, auf dem diese Namen erschienen, zu fotografieren. Wie auf der Fotografie 43 zu erkennen ist, sind es die Seiten 118 und 119 des Manuskripts.

Nach seiner Rückkehr nach Srinagar liess sich Professor Hassnain diese beiden Blätter übersetzen. Auf diese Weise erfuhr er, dass sich die Missionare Dr. Marx und Dr. Francke in ihrem Tagebuch auf Manuskripte bezogen, die Notowitsch in dem Lamakloster Hemis, 38 Kilometer südöstlich von Leh gelegen, gefunden hatte (Foto 44). Nach diesen von Notowitsch gefundenen Manuskripten ist Jesus in Indien und in den nördlicheren Regionen von Tibet und Ladakh gewesen, und zwar genau während der 18 Jahre, in denen die Bibel keine Auskunft über seinen Verbleib gibt. Die deutschen Missionare schenkten den Berichten Notowitschs keinen Glauben. Ebensowenig glauben die Verantwortlichen der Ahmadija-Bewegung an diese erste Reise Jesu nach Indien. Im Gegensatz dazu ist Professor Hassnain von der Echtheit des Zeugnisses von Notowitsch überzeugt und glaubt, dass Jesus – nach der Rettung vom Kreuzestod – gerade deshalb nach Kaschmir geflüchtet sei, weil er dort schon einmal gewesen war.

Aber gehen wir zu Notowitschs Text über. Nikolai Notowitsch war ein russischer Reisender, der gegen Ende der achtziger Jahre des vergangenen Jahrhunderts die Nordgebiete Indiens erforschte und dabei bis nach Kaschmir und Ladakh – auch bekannt als das «kleine Tibet» – vorstiess. Nachdem er Leh, die Hauptstadt Ladakhs, besucht hatte, setzte Notowitsch seine Reise zu dem Lamakloster von Hemis fort, einem der wichtigsten der Region, das ausserdem eine umfassende Bibliothek von heiligen Schriften beherbergt. Aber lassen wir Notowitsch selbst seine Motive darstellen, die ihn ursprünglich dazu bewegten, auf asiatischem Boden zu reisen:

«Nach der Beendigung des russisch-türkischen Krieges (1877–1878) unternahm ich eine Reihe von Reisen durch den Orient. Nachdem ich alle mehr oder weniger interessanten Orte auf der Balkanhalbinsel besucht hatte, überquerte ich den Kaukasus in Richtung Zentralasien und

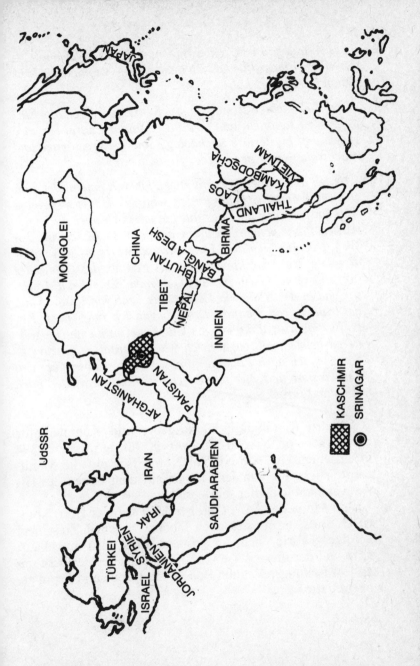

Die Lage Kaschmirs und seiner Hauptstadt Srinagar auf der Asienkarte.

Persien und zog 1887 nach Indien, dem aussergewöhnlichsten aller Länder, für das ich mich schon von jüngsten Jahren an interessiert habe.»

«Das Ziel meiner Reise war es, Kenntnisse über die Einwohner zu sammeln und ihre Sitten, ihren Charakter, ihre grosse und mysteriöse Archäologie und die grossartige und prachtvolle Natur des Landes zu studieren.»

«Als ich ohne einen vorgefassten Plan von einem Ort zum anderen wanderte, gelangte ich schliesslich in das bergige Afghanistan; von dort aus machte ich mich über die malerischen Pässe von Bolan und Guernia nach Indien auf den Weg. Nachdem ich dem Indus stromabwärts bis Rawalpindi gefolgt war, durchquerte ich das Punjab, das Gebiet der fünf Flüsse, und besuchte den Goldenen Tempel von Amritsar und in der Nähe von Lahore das Grab von Ranjit Sing, des Königs von Punjab. Dann begab ich mich nach Kaschmir, dem «Tal des ewigen Glücks». Um meine Neugierde zu befriedigen, begann ich wieder unstet herumzuwandern, bis ich nach Ladakh kam, wo ich beschloss, über den Karakorum und das chinesische Turkestan wieder nach Russland zurückzukehren.»

Virchard R. Ghandi, Herausgeber und Kommentator des Werkes von Nikolai Notowitsch, führte im Juni 1894 im einzelnen aus, wie Nikolai Notowitsch auf die Manuskripte stiess, die von Jesu Leben auf dem Boden des Himalayas erzählen. Hier sein Bericht:

«Am Morgen des 27. Oktober 1887 verliess Herr Notowitsch Srinagar, um sich nach Tibet zu begeben. Zu seinem Gefolge gehörte auch ein grosser Hund, den er gekauft hatte und der diese Reise vorher als Begleiter der berühmten Entdeckungsreisenden Bon Valot, Capus und Pepin gemacht hatte.»

«Nachdem sie bei der Bergkette angelangt waren, die das Kaschmir-Tal und das Sind-Tal voneinander trennt, sah sich die Gruppe gezwungen, fast den ganzen Weg – bis zu einem 1000 Meter hohen Gipfel – auf allen Vieren zu kriechen; die Träger waren aufgrund der Last und wegen der Angst, den steilen Abhang hinunterzurutschen, völlig erschöpft.»

«Beim Abstieg kamen sie durch die Dörfer Chokodar, Dras, Karghil usw., in denen sie nur anhielten, um sich auszuruhen oder um Ersatzpferde zu besorgen. Karghil ist eine Bezirkshauptstadt und sein Panorama ist wirklich malerisch. Sie liegt dort, wo sich die beiden Flüsse Suru und Wakha vereinigen, deren linkes Ufer dem Reisenden eine sehr überraschende Aussicht bietet.»

«Hier konnte Herr Notowitsch Ersatzpferde bekommen und setzte seinen Marsch über eine Route fort, die ausserordentlich beschwerlich war. Manchmal musste er sehr gefährliche Wege gehen, eine wacklige Brücke überqueren, die, wie soviele in Kaschmir, aus zwei Bündeln langer Stämme gebaut war, die in Felsspalten befestigt wurden, über eine Reihe Steine klettern, die im Fluss lagen oder über Baumstämme balancieren, die über den Fluss gelegt und mit Erde bedeckt waren.»

«Beim Überqueren dieser Stellen musste der Reisende zittern, wenn er nur daran dachte, dass einer der Steine sich möglicherweise bewegen oder einer der Stämme abgleiten könnte, denn dies hätte sicherlich die gesamte Konstruktion in den Abgrund gestürzt, der sich darunter auftat.»

Die Gruppe von Wanderern überquerte die Grenze von Ladakh oder Klein-Tibet und war sehr überrascht, dort sanftmütige, glückliche Menschen anzutreffen, die weder wussten, was ein Streit ist noch Gefallen daran fanden.»

«Die Stämme der Hochländer, die die Vielmännerei praktizieren, sind isolierte Lebensgemeinschaften, die keine soziale Bindung zu den Hindus haben. Auch in den Regionen des Transhimalaya wird diese Sitte seit Menschengedenken gepflegt. Die Polyandrie gab es bereits, lange bevor der Buddhismus im Land aufkam. Diese Religion verdrängte schrittweise diese Praktiken, die heute in den höheren und gebildeten Klassen kaum noch vorkommen. Aus den von Herrn Notowitsch gegebenen Beschreibungen geht deutlich hervor, dass er sich, wie andere ausländische Reisende auch, seine eigene Meinung über die Leute bildete, wobei er sich auf die Personen stützte, mit denen er in Kontakt kam. Ich weiss zu gut, wie schwierig es für einen Ausländer ist, Zugang zu den höheren Schichten der orientalischen Gesellschaft zu bekommen.»

«Nur wenn man Beziehungen zu einem Einheimischen oder einem Mitglied der Oberschicht hat, ergibt sich die Gelegenheit, diese Gesellschaftsschicht kennenzulernen, was ausserordentlich selten der Fall ist.»

«Aber lassen wir die Polyandrie und begleiten wir unseren Wanderer auf seiner Reise. Von Karghil aus wandte er sich nach Surghol, was zwanzig Meilen davon entfernt an den Ufern des Wakha liegt.»

«Nachdem er Surghol mit frischen Pferden verlassen hatte, machte er als nächstes in der Stadt Wakha Halt. Auf einem vereinzelten Felsen, der die Stadt überragt, erhebt sich das Kloster Moulbek, zu dem er sich in Begleitung eines Dolmetschers und eines schwarzen Dieners aufmachte und die engen, in den Stein geschlagenen Stufen hinaufkletterte. Man konnte dort die kleinen Gebetsmühlen sehen, die, senkrecht in Felsnischen aufgebaut, wie kleine fellbespannte Trommeln aussahen. Diese werden in der Senkrechten von einer Achse durchquert, und sie fangen bereits an sich zu drehen, wenn die leichteste Brise sie streift. Im allgemeinen werden mehrere Mühlen in einer Reihe aufgestellt, die grösseren etwas getrennt von den anren, aber alle mit einem ähnlichen Fellbezug bespannt, der den mystischen Spruch «Om mani padme hum» enthält, was soviel bedeutet wie: «Om, Juwel der Lotusblüte, Amen.»

Am Kloster angekommen, wurde der Reisende von einem Lama begrüsst, der die übliche gelbe Mönchskleidung und eine Kopfbedeckung aus dem gleichen Stoff trug. Er hielt in seiner rechten Hand eine Gebetsmühle aus Kupfer, die er von Zeit zu Zeit in Drehung brachte, ohne die Unterhaltung zu unterbrechen. Der Lama führte den Besucher durch längliche und niedrige Gemächer und Säle, bis sie zu einer offenen Terrasse gelangten, wo sie sich setzten und mit Erfrischungen bewirtet wurden.

Dort wurde Tibetisch gesprochen, eine Sprache, die nur in den Klöstern ihre ganze Reinheit behält. Die Lamas haben lieber Europäer als Mohammedaner zu Besuch. Der Grund für diese Bevorzugung wurde dem Reisenden so erklärt:

«Die Mohammedaner haben keinen gemeinsamen Nenner mit unserer Religion. In ihrer kürzlichen und erfolgreichen Kampagne zwangen sie viele Buddhisten mit Gewalt dazu, sich zum Islam zu bekehren. Nun wird eine grosse Anstrengung notwendig sein, um den Nachkommen ehemaliger Buddhisten den Glauben an den wahren Gott zurückzugeben. Bezüglich der Europäer liegt die Sache völlig anders: sie bekennen sich nicht nur offen zu den grundlegenden Prinzipien des Monotheismus, sondern sie gehören auch – fast mit dem gleichen Anspruch wie die tibetischen Mönche – zu den Bewunderern Buddhas. Der einzige Fehler der Christen ist, dass sie sich, nachdem sie die grosse Lehre Buddhas angenommen hatten, völlig von ihr lösten und einen anderen Dalai Lama schufen. Nur der unsrige hat die göttliche Gunst, Buddha von Angesicht zu Angesicht

zu sehen, und die Fähigkeit erhalten, als Mittelsmann zwischen Himmel und Erde zu dienen.»

«Wer ist dieser Dalai Lama der Christen, von dem sie soeben gesprochen haben?» fragte Herr Notowitsch den Lama, «wir haben einen Sohn Gottes, an den wir unsere frommen Gebete richten, und an ihn halten wir uns, damit er für uns bei unserem einzigen und unteilbaren Gott Fürbitte einlegt.»

«Das ist nicht unser einziges Problem, Sahib. Wir respektieren auch denjenigen, den die Christen als Gottes Sohn anerkennen, aber wir betrachten ihn nicht als solchen, sondern als den Besten aus allen Auserwählten. Buddha ist mit seinem Geist in der heiligen Person Issa wahrhaftig Fleisch geworden. Und Issa kam ohne die Hilfe von Feuer und Schwert auf die Welt, um unsere grosse und wahre Religion zu verbreiten. Aber ich beziehe mich auf euren Dalai Lama, den, der sich als Vater der Kirche bezeichnet. Darin liegt die grosse Sünde: kann er die Sünder retten, die sich auf dem Irrweg befinden?» sagte der Lama und setzte dabei seine Gebetsmühle in Gang.

«Sie haben mir gerade erzählt, dass eigentlich ein Sohn Buddhas, nämlich Issa, auserwählt wurde, um seine Religion in der Welt zu verbreiten. Und ich frage: wer ist er?» antwortete Herr Notowitsch.

Den Lama verwunderte die Frage, aber er antwortete: «Issa ist ein grosser Prophet, einer der ersten nach den zweiundzwanzig Buddhas. Er ist grösser als alle Dalai Lamas, weil er einen Teil von Gottes Geistigkeit ausmacht. Er ist derjenige, der ihnen gepredigt hat; der die verlorenen Seelen auf den rechten Weg bringt, Gott kennenzulernen; der sie würdig macht, die Segnungen des Schöpfers zu empfangen; der jedes Wesen mit der Kenntnis des Guten und des Bösen ausgestattet hat. Sein Name und seine Taten sind in unseren Heiligen Schriften aufgezeichnet, und wenn wir von seinem grossen Leben lesen, das er zwischen irrenden Leuten verbracht hat, dann beklagen wir die schlimme Sünde jener Heiden, die ihn umbrachten, nachdem sie ihn den grausamsten Foltern unterzogen hatten.»

Herr Notowitsch war von diesen Worten des Lama und den Kenntnissen seitens der Buddhisten über das Christentum beeindruckt. All das liess ihn mehr an Jesus Christus denken, und er bat den Dolmetscher, kein Wort seines Gesprächspartners auszulassen. Dann fragte er den Lama, wo denn diese Heiligen Schriften zu finden seien und wer sie geschrieben habe.

«Die wichtigsten Schriftstücke», sagte der Lama, *«wurden in Indien und im Nepal in unterschiedlichen Epochen – je nach dem Verlauf der Ereignisse – zusammengestellt und sind in Lhasa zu finden. Ihre Anzahl kann auf einige Hundert beziffert werden. In einigen der grossen Klöster gibt es auch Kopien, die von den Lamas, auch in unterschiedlichen Epochen, während ihres Aufenthalts in Lhasa angefertigt wurden. Sie nahmen sie als Erinnerung an ihren Aufenthalt in Begleitung des grossen Meisters zu ihren Klöstern mit.»*

«Besitzen Sie keine der Kopien bezüglich des Propheten Issa?»

«Nein, wir haben keine. Unser Kloster ist von geringer Bedeutung, und seit seiner Gründung haben die nachfolgenden Lamas nur einige hundert Werke zum Eigengebrauch zusammengetragen. Die grossen Klöster haben Tausende da-

von, aber es handelt sich um heilige Gegenstände und sie würden sie Ihnen nicht zeigen.»

Sie führten ihre Unterhaltung noch einige Zeit fort, und dann zog sich Herr Notowitsch zu seinem Lager zurück und dachte gründlich über die Worte des Lama nach. Issa, der Prophet der Buddhisten! Wie war das möglich? Aufgrund seines jüdischen Ursprungs lebte er in Palästina und Ägypten, und die Schriften enthalten weder ein einziges Wort noch die allergeringste Anspielung darauf, welche Rolle der Buddhismus in Jesu Kindheit gespielt haben könnte.

Er entschloss sich, alle Klöster des Tibet zu besuchen, in der Hoffnung, ausführlichere Informationen über den Propheten zu erlangen und vielleicht Kopien der Dokumente zu finden, die man ihm angedeutet hatte.

So setzte unser Reisender also seine Reise fort und überquerte den Namikulapass in 4300 Meter Höhe. Er kam in der Stadt Lamieroo an und bezog in einer Herberge Quartier, die genau unter den Fenstern eines Klosters gelegen war. Sofort besuchten ihn mehrere Mönche und bedrängten ihn mit Fragen bezüglich der Route, der er gefolgt war, seines Reiseziels usw.

Lamieroo war – und das einige Jahre lang –, wie der Name schon anzeigt, das Hauptquartier der Lamas und ihrer Religion. Auf dem höchsten Teil eines vorstehenden Sattels auf einem Felsvorsprung erhebt sich das alte Kloster. Der eigenartige Steinbau ragt über der Stadt hervor, die sich mehr als hundert Meter darunter befindet, mit ihren hie und da verstreuten, mit Felszinnen hochaufgeschossenen Häusern. Einige Bauten säumen den Weg und stehen – im Stile eines grossen Monuments – in Gruppen von bis zu zwölf oder vierzehn zusammen. Sie sind etwa zwei Meter hoch und, nach Aussage ihrer Bewohner, auf den Gräbern von verstorbenen Lamas und anderen buddhistischen Heiligen errichtet. Aus diesem Grund sind sie in den Augen der Gläubigen heilig, die sich auf sie nur mit respektvollen Ehrerweisungen und unzähligen «Om mani padme hum» beziehen.

Nach einer kurzen Unterredung luden die Mönche Herrn Notowitsch zu einem Besuch in ihrem Kloster ein, worauf der Fremde sofort einging und ihnen auf dem steilen, in den nackten Fels eingeschnittenen Pfad folgte. Auch hier stand eine Gebetsmühle nach der anderen, die so ausgerichtet waren, dass sie sich beim geringsten Kontakt drehten, was unvermeidlich ist, wenn man einen derartig schmalen Weg hinaufgeht.

Der Reisende wurde in ein Zimmer geführt, dessen Wände mit Büchern, Gebetsmühlen und zahlreichen Buddhastatuen ausgeschmückt war. Er fragte nach dem Manuskript bezüglich des Issa, von dem ihm der Lama im Kloster von Moulbek erzählt hatte, aber man antwortete ihm, dass sie in Lamieroo keine der Schriftstücke besitzen. Dennoch gab einer der Mönche zu, viele Kopien eines solchen Manuskripts in einem Kloster in der Nähe von Leh gesehen zu haben, wo er einige Jahre verbracht hatte, bevor er nach Lamieroo geschickt wurde. Trotz dieser Darstellung gelang es dem Besucher nicht, von dem Mönch den Namen des Klosters, wo die Schriftstücke aufbewahrt werden, zu erfahren.

«Die Europäer haben die Beweggründe noch nicht verstanden, warum sich die Mönche und andere Hüter der heiligen Literatur des Orients so widerspenstig zeigen, vollständige Auskünfte über ihre Manuskripte zu geben, während sie mit Vergnügen die Bedeutung anderer heiliger Gegenstände erklären. Ebensowenig verstand Herr Notowitsch, warum die Mönche von Lamieroo sich weigerten, ihm die gewünschte Information über die Schriftstücke bezüglich Jesus Christus zu geben. Dr. Peterson, ein Professor für orientalische Sprachen, machte eine ähnliche Erfahrung. In Cambay (Indien) gibt es eine berühmte Bibliothek von Jaina-Manuskripten. 1885 wollte Dr. Peterson die Manuskripte der besagten Bibliothek untersuchen. Deshalb bat er die dafür Verantwortlichen um Erlaubnis; die Existenz einer solchen Bibliothek wurde jedoch kategorisch geleugnet. Professor Roth aus Tübingen wollte wissen, ob es in der brahmanischen Bibliothek von Gualior ein Manuskript des Atharva Veda gebe, erhielt aber auch keine Auskunft, obwohl der politische Abgeordnete der Region seinen gesamten Einfluss einsetzte, um ihm ein Exemplar des Dokuments zu besorgen. Dr. Bandarkar vom Poona-Kollegium des Dekkan gelang es nur, einige wenige Manuskripte der Jaina-Bibliothek von Patan zu untersuchen, und das nur durch den Einfluss des regierenden Prinzen, seiner Hoheit Gaikwar von Baroda. Dr. Buhler und Dr. Kielhorn aus Wien bzw. aus Leipzig sind so naiv zu glauben, dass sie die komplette Sammlung von Jaina-Manuskripten von Jesalmer untersucht haben; ich weiss jedoch mit Sicherheit, dass die wichtigste Sammlung niemals einem Ausländer gezeigt worden ist. Wie ich bereits gesagt habe, können die Europäer die Gründe dafür, dass sie bei der Suche nach alten Manuskripten auf soviele Hindernisse stossen, nicht verstehen. Für mich jedoch, als Sekretär der Jaina-Gesellschaft Indiens, ist der Grund sehr einfach. Erstens haben die Mohammedaner, die Indien überfielen, zu Hunderten und Tausenden unsere heiligen Manuskripte verbrannt, und zweitens bemächtigten sich die ersten christlichen Missionare einiger solcher Manuskripte, um sich über sie lustig zu machen und ihre Bedeutung herabzuspielen, so wie es selbst heute noch aus dem vielen Unsinn zu entnehmen ist, den sie im Land selbst über die Religionen der Leute veröffentlicht haben. So ist es nicht verwunderlich, dass Hinduisten und Jainas immer dagegen waren, ihre Manuskripte mit den Ausländern zu teilen.

Der Tibet, und im besonderen Ladakh, haben die gleichen Erfahrungen gemacht. Ein alter tibetischer Herrscher namens Landar, auch Langdharma genannt, versuchte im Jahre 900, die buddhistische Lehre abzuschaffen. Er ordnete an, dass alle Tempel und Klöster niedergerissen, alle Bilder zerstört und alle Bücher verbrannt werden sollten. Die Entrüstung, die diese frevelhafte Anordnung hervorrief, war so gross, dass er noch im selben Jahr ermordet wurde. Im 16. Jahrhundert wurden die auf Ladakh bezogenen Geschichtsbücher von den Fanatikern aus Skardu zerstört, die das Land überfielen und dabei Klöster, Tempel und religiöse Monumente abbrannten und den Inhalt mehrerer Bibliotheken in den Indus warfen. Ist es also verwunderlich, dass der Lama des Klosters von Lamieroo gegenüber der ständigen Fragerei des Herrn Notowitsch misstrauisch war?

Nach Lamieroo richtete Nikolai Notowitsch seine Aufmerksamkeit voller Entschlossenheit auf Leh, um die fraglichen Dokumente zu bekommen. Falls nicht, würde er nach Lhasa gehen. In der Folge passierte er wieder schwierige Schluchten, gefährliche Pässe und wunderschöne Täler, und kam dabei auch an der berühmten Festung von Khalsi vorbei, die zu Zeiten der Mohammedanerinvasion gebaut worden war. Dies war der einzige Weg, um von Kaschmir nach Tibet zu gelangen. Durchkreuzt man das Saspula-Tal, kann man – bereits in der Nähe der Ortschaft gleichen Namens – zwei Klöster sehen. Unser Reisender war überrascht, als er beobachtete, dass auf einem der beiden eine französische Fahne wehte, ein Geschenk – das erfuhr er später – eines französischen Ingenieurs, das die Mönche zur Dekoration benutzten.

Herr Notowitsch verbrachte die Nacht in dem Ort und besuchte dann die Klöster. Die Mönche zeigten ihm freudig ihre Bücher, Schriftrollen, Bildnisse von Buddha und Gebetsmühlen und erklärten ihm in aller Höflichkeit und Geduld die Bedeutung der geheiligten Gegenstände. Auch hier erhielt Herr Notowitsch die gleichen Antworten auf seine Fragen; dass zum Beispiel nur die grossen Klöster Kopien besitzen, die von dem Propheten Issa handelten.

Der Reisende machte sich jetzt eilig nach Leh auf; jetzt nur noch mit dem einzigen Ziel, eine Kopie der buddhistischen Schriften über das Leben Jesu Christi zu erlangen. Vielleicht geben diese Auskunft über das gesamte Leben des Besten unter den Menschen und enthalten die Einzelheiten, die uns die Heilige Schrift nur in einer sehr verwirrenden Weise überliefert hat, dachte er.

In Leh angekommen, quartierte sich Herr Notowitsch in einem Bungalow ein, der speziell für die Europäer gebaut wurde, die dort über die Indienroute in der Jagdsaison ankamen.

Leh, die Hauptstadt von Ladakh, ist eine kleine Stadt mit 5000 Einwohnern und ist auf Felsgipfeln gebaut. Von weitem gesehen macht sie vor allem wegen ihres auf einer Erderhebung errichteten Palastes einen überwältigenden Eindruck. Seine siebenstöckige Front misst seitlich 83. Oberhalb des Palastes steht auf einem felsigen Gipfel ein Kloster mit bemalten, mit Fahnen geschmückten Zinnen. Im Stadtzentrum befindet sich der Marktplatz, wo Händler aus Indien, Turkestan, China, Kaschmir und Tibet ihre Waren gegen tibetisches Gold eintauschen.

Der Gouverneur von Ladakh, Vizier Surajbal, der in London den Titel für Philosophie erlangt hat, lebt in einem grossen zweistöckigen Gebäude mitten im Stadtzentrum. Zu Ehren des ausländischen Gastes organisierte er auf dem

Marktplatz eine Polopartie und am Nachmittag andere Spiele und Tänze, gegenüber seiner Terrasse.

Am nächsten Tag besuchte Herr Notowitsch das berühmte Kloster von Hemis, das – etwa 32 Kilometer von Leh entfernt – von einem hohen Felsen mitten im Tal über den Indus herausragt. Hemis ist eines der wichtigsten Klöster des Landes und besitzt eine umfangreiche Bibliothek heiliger Schriften.

Die Eingangstür ist etwa zwei Meter hoch, und man muss ein paar Treppen zu ihr hinaufsteigen. Die breiten, massiven und mit lebendigen Farben bemalten Türen öffnen sich zu einem mit Steinplatten gepflasterten Hof. Im Inneren befindet sich der Haupttempel mit einer grossen Buddhastatue und einigen kleineren Statuen. Links eine Veranda mit einer riesigen Gebetsmühle und rechts – einer neben dem anderen – die Wohnräume der Mönche, die mit heiligen Malereien und Gebetsmühlen geschmückt sind.

Die Fenster des obersten Stockwerks haben an der nach aussen zeigenden Seite keine Fenster, sind aber durch schwarze Gardinen verschlossen, auf die Figuren in Form des lateinischen Kreuzes genäht sind, die aus zwei Stoffstreifen bestehen. Das Kreuz wird in verschiedenen Formen von allen antiken Völkern als mystisches Symbol anerkannt.

Als Herr Notowitsch ankam, fand er alle Mönche des Klosters mit ihrem Vorgesetzten in einer kreisförmigen Aufstellung um die grosse Gebetsmühle herum vor. Unterhalb der Veranda waren einige Musiker mit Trommeln und Trompeten zu sehen. Alle Anwesenden warteten sehnsüchtig und in Ruhe auf den Beginn des grossen Mysteriums – ein religiöses Drama –, das gefeiert werden sollte. Diese religiösen Dramen werden von den Lamas an bestimmten Tagen des Jahres aufgeführt, und sie nennen sie Tambin

Shi, «das Glück der Lehre». Manchmal wird die Vorführung zu Ehren von vornehmen Gästen des Klosters gegeben. Die maskierten Schauspieler stellen ein Traumbild der verschiedenen Stadien der Existenz dar: Geist, Mensch, Tiere usw. Das Fest mit seinen Gesängen, Musik und Tänzen dauerte mehrere Stunden. Am Ende lud der oberste Lama den Besucher ein, ihn auf die Hauptterrasse zu begleiten, wo sie den Chang des Festes tranken (eine Art fades Bier).

Anlässlich dieser Feier erklärte der Lama dem Besucher, dass die gesamte Theatervorführung einem einzigen religiösen Ziel diene, nämlich dem Gläubigen die grundlegenden Prinzipien des Buddhismus nahezubringen. Dies sei ein praktisches Mittel, den Unwissenden zum Gehorsam zu bringen, so dass er seine Liebe dem einzigen Schöpfer schenkt, wie die Eltern ihre kleinen Kinder durch ein Spielzeug in Schach halten. Im Laufe des Jahres feiern diese Klöster mehrere Festspiele, die jeweils in allen Einzelheiten von den Lamas vorbereitet werden. Die Mysterien besitzen eine starke Analogie zur Pantomime, bei der jeder Darsteller fast alle Bewegungen und Gesten nach eigenem Wunsch ausführt, sich jedoch immer nach einer Grundidee richtet. Die Mysterien dieser Pantomimenaufführungen stellen nur die Freude der Götter über die allgemeine Ehrerbietung dar, die den Menschen – als Gegenleistung – die Glückseligkeit ihres Gewissens bringen und von der die Ideen des unvermeidlichen Todes und des zukünftigen Lebens abgeleitet werden. Herr Notowitsch nutzte die erste Gelegenheit, um über die Sache zu sprechen, die ihn interessierte, und sagte dem Lama, dass man ihm bei einem kürzlichen Besuch eines Gonpas von dem Propheten Issa erzählt habe und bat gleich darauf um mehr Information über diese Angelegenheit.

Der Lama antwortete:

«*Der Name Issa wird unter den Buddhisten hoch geachtet. Er ist aber, ausser von einigen wenigen Lamas, wenig bekannt. Jene Lamas sind es auch, die die Schriftrollen über sein Leben gelesen haben. Es gibt eine unzählige Menge von Buddhas, die Issa ähneln, und die existierenden Schriftrollen sind voll von Einzelheiten über sie, aber es gibt nur sehr wenige Personen, die auch nur einen hundertsten Teil dieser Dokumente gelesen haben. Es ist ein festgelegter Brauch, dass jeder Schüler oder Lama, wenn er Lhasa besucht, dem Kloster, dem er angehört, eine oder mehrere dieser Kopien schenkt. Unser Kloster besitzt eine ganze Menge davon; einige enthalten Beschreibungen des Lebens und des Werkes von Buddha Issa, der die heiligen Lehren in Indien und unter den Söhnen Israels predigte. Er wurde von den Heiden zum Tode verurteilt, deren Nachfahren dann den Glauben, den er gepredigt hatte, und der ihrer ist, annahmen. Der grosse Buddha, die Seele des Universums, ist die Inkarnation Brahmas. Er bleibt fast immer unbeweglich, schliesst dabei alle Dinge – vom Ursprung der Wesen an – in sich ein, und sein Atem gibt der Welt Leben. Er hat dem Menschen seinen freien Willen gelassen. Dennoch gibt er manchmal seine Untätigkeit auf und verkleidet sich als Mensch, um seine Kreaturen auf die Probe zu stellen und sie vor der unwiderruflichen Zerstörung zu retten. Im Verlauf seiner irdischen Existenz schafft Buddha unter den verirrten Menschen eine Neue Welt, verschwindet dann wieder von der Erde, verwandelt sich erneut in ein unsichtbares Wesen und kehrt zu seinem Leben voller Glückseligkeit zurück. Vor dreitausend Jahren stellte sich der Buddha als der berühmte Prinz Sakiamuni dar, der die Lehre seiner zwanzig Inkarnationen verteidigte und verbreitete. Vor zweitausendfünfhundert Jahren wurde die grosse Seele der*

Gautama wieder zu Fleisch und begünstigte die Gründung eines neuen Königreichs in Birma, in Siam und auf einigen Inseln. Danach breitete sich der Buddhismus dank der Ausdauer einiger weiser Männer, die sich der Verbreitung der heiligen Lehre widmeten, bis nach China aus. Während der Herrschaft von Ming-Ti, der Honi-Dynastie – etwa um 2500 vor Christus?–, wurden die Lehren von Sakiamuni vom Volk angenommen. Zur gleichen Zeit, wie der Buddhismus in China auftauchte, begann sich die Lehre auch unter den Israeliten auszubreiten. Vor ungefähr zweitausend Jahren kam das vollkommene Sein, das sich noch im Stadium der Untätigkeit befand, in Form eines Neugeborenen einer armen Familie auf die Welt. Es war sein Wille, dass die Lippen dieses Kindes, um es einmal in einem gängigen Bild auszudrücken, die armseligen Menschen über das Leben im Jenseits aufklären und bewirken sollten, dass die Verirrten wieder auf den wahren Weg zurückkehrten. Mit seinem eigenen Beispiel zeigte er ihnen, wie sie am besten zu der ursprünglichen moralischen Reinheit gelangten. Als das heilige Kind ein bestimmtes Alter erreicht hatte, ging es nach Indien, wo es, bis es zum Manne wurde, alle Regeln des grossen Buddha studierte, dessen ewige Ruhestätte der Himmel ist.

Die Schriftrollen bezüglich des Lebens von Issa, die von Indien zum Nepal und von dort nach Tibet gelangt sind, sind in der Pali-Sprache geschrieben. Man kann sie in Lhasa finden, aber es gibt hier eine Kopie in unserer Sprache (tibetisch). Aber das gemeine Volk kennt Issa nicht. Es gibt kaum jemanden, der etwas über ihn weiss, wenn er kein Lama ist, weil diese ihr ganzes Leben damit verbracht haben, die Schriftrollen, in denen von Issa die Rede ist, zu studieren. Da aber seine Lehre keinen kanonischen Teil des Buddhismus darstellt und da Issas Anhänger, die Christen, die Autorität des Dalai Lama des Tibet nicht anerkennen, wird der Prophet Issa – wie andere – nicht als einer der wichtigsten Heiligen angesehen.

Herr Notowitsch fragte dann, ob es eine sündhafte Tat sei, einem Ausländer aus diesen Kopien vorzulesen, worauf der Lama antwortete:

«Was Gott gehört, gehört auch den Menschen. Wir sind dazu verpflichtet, guten Willens an der Verbreitung seiner Lehre mitzuarbeiten. Ich weiss nur nicht, wo sich diese Schriftrollen in unseren Bibliotheken befinden. Wenn Sie irgendwann einmal wieder unsere Gonpa besuchen, wird es mir ein Vergnügen sein, sie Ihnen zu zeigen.»

Darauf erhob sich der Lama und sagte, dass man ihn für die Opfer brauche. Er entschuldigte sich freundlich und verschwand – mit einem Gruss an den Besucher – durch die Tür.

Dem enttäuschten Reisenden blieb nichts weiter übrig, als nach Leh zurückzukehren und einen Plan auszuarbeiten, der es ihm, unter einem guten Vorwand erlauben würde, in das Kloster zurückzukehren. Zwei Tage später schickte er dem ersten Lama als Geschenk einen Wecker und einen Thermometer mit der Mitteilung, dass er dem Kloster wahrscheinlich einen weiteren Besuch abstatte, bevor er sich nach Ladakh aufmache und dass er hoffe, bei der Gelegenheit die gütige Erlaubnis zu haben, die Schriftrollen zu untersuchen.

Herr Notowitsch hatte vor, nach Kaschmir zu reisen und erneut nach Hemis zurückzukehren, um so jeglichen Verdacht zu vermeiden, den sein Beharren bezüglich der Schriftrollen über das Leben von Issa hätte erwecken können. Aber das Schicksal zeigte sich ihm wohlgesonnen, denn als er den Berg überquerte, auf dessen Gipfel sich die Gonpa von Pittak befindet, stolperte sein Pferd und riss unseren Reisenden zu Boden, der sich dabei ein Bein brach. Da er nicht nach Leh zurückkehren wollte, befahl er seinen Trägern, ihn zum Kloster nach Hemis zu bringen, wo er freundlich aufgenommen und behandelt wurde.

Herr Notowitsch erzählt:

«Am Morgen schiente ich das Bein mit ein paar Stöckchen, die ich mit einem Band befestigte. Ich versuchte, keine unnötigen Bewegungen zu machen und konnte bald erste Fortschritte feststellen. Zwei Tage darauf war ich imstande, die Gonpa zu verlassen und eine langsame Reise nach Indien zu unternehmen, um einen Arzt aufzusuchen.

Während ein Junge dauernd die Gebetsmühle in Drehung hielt, die sich in der Nähe meines Bettes befand, unterhielt mich der ehrenwerte Alte mit endlosen Geschichten. Oft nahm er den Wecker und meine Uhr, um mich zu fragen, wie man sie aufzieht und benutzt. Schliesslich gab er meinen eindringlichen Fragen nach und holte zwei gebundene Bücher herbei, deren grosse Papierblätter mit der Zeit schon vergilbt waren. Dann las er mir die Biographie Issas vor, die ich mir sorgfältig in mein Notizbuch mitschrieb, so wie sie mir mein Dolmetscher übersetzte. Das eigenartige Dokument ist in getrennten Abschnitten geschrieben, die oft keine Beziehung untereinander haben.
Am dritten Tag hatte sich mein Zustand derartig gebessert, dass ich meine Reise fortsetzen konnte. Mit dem verbundenen Bein durchkreuzte ich auf dem Weg nach Indien noch einmal Kaschmir.

Seit langer Zeit will ich das Leben von Jesus Christus, das ich in Hemis fand und von dem ich bereits gesprochen habe, veröffentlichen, aber meine zahlreichen Beschäftigungen liessen das nicht zu. Jetzt aber, da ich lange Nächte ruhelos mit dem Sortieren meiner Notizen beschäftigt war, und nachdem ich die Verse der Erzählung entsprechend geordnet und dem Ganzen den Charakter einer gewissen Einheit gegeben habe, habe ich mich dazu entschlossen, dieses eigenartige Dokument zu veröffentlichen.»

Jesu erste Reise nach Indien

Im folgenden werde ich die interessantesten Abschnitte des Lebens Issas so wiedergeben, wie sie uns Nikolai Notowitsch auf der Grundlage der Manuskripte, die er in dem Kloster Hemis in Ladakh auffand, darstellt, die wiederum die Kopie der Originalmanuskripte sind, die in Lhasa, der Hauptstadt Tibets, aufbewahrt werden.
Diese Manuskripte berichten wörtlich folgendes (ab Vers fünf des vierten Abschnitts):

«Kurze Zeit darauf kam im Lande Israel ein wunderschönes Kind zur Welt. Gott selbst sprach durch den Mund dieses Kindes, um die Belanglosigkeit des Körpers und die Grösse der Seele zu erklären.

Die Eltern dieses Kindes waren arme Leute, die aufgrund ihrer Frömmigkeit zu einer geachteten Familie gehörten. Sie hatten ihr weltliches Dasein hinter sich gelassen und huldigten dem Namen des Schöpfers. Sie dankten ihm für das Leiden, das er ihnen zugefügt hatte.

Um diese Familie dafür zu belohnen, dass sie an dem wahren Weg festgehalten hatten, segnete Gott seinen Erstgeborenen und erwählte ihn, jene zu erlösen, die ins Unglück geraten waren, und die Leidenden zu heilen.

Das göttliche Kind, dem der Name Isa gegeben wurde, begann schon als Kind vom einzigen und unteilbaren Gott zu sprechen und forderte die grosse Menge von Verirrten auf, die von ihnen begangenen Fehler zu bereuen und sich von ihnen zu reinigen.

Die Leute eilten von überall herbei, um ihm zuzuhören und wunderten sich angesichts der weisen Worte, die sein kindlicher Mund hervorbrachte. Die Israeliten behaupteten, dass in diesem Kind der Heilige Geist wohne.

Als Jesus das Alter von 13 Jahren erreichte, den Zeitpunkt, an dem ein Israelit sich eine Frau nehmen soll, wurde das Haus, in dem seine Eltern sich durch bescheidene Arbeit ihr Geld verdienten, zum Treffpunkt der Reichen und Noblen, die den jungen Issa zum Schwiegersohn haben wollten, da er aller Orten wegen seiner lehrreichen Reden im Namen des Allmächtigen bekannt war.

Zu jener Zeit verschwand Issa heimlich aus seinem Elternhaus, verliess Jerusalem und machte sich mit einer Händlerkarawane nach Sindh auf.

Er tat dies mit dem Ziel, sich selbst in dem göttlichen Wissen zu vervollkommnen und die Gesetze der grossen Buddhas zu studieren.

Diese Verse beenden den vierten Abschnitt der Originalmanuskripte, die über das Leben des Issa berichten. Wie ich bereits im Vorwort sagte und wie in dieser Erzählung sehr deutlich wird, ist Issa Jesus. Deshalb werde ich jetzt den restlichen Inhalt des von Notowitsch übertragenen Manuskripts zusammenfassen, wobei ich mich aber immer schon auf Jesus beziehe, wenn das Manuskript von Issa spricht.

Das Manuskript der Erzählung von Jesu Leben fährt damit fort, dass er mit vierzehn Jahren den Sindh durchquerte und sich unter den Anhängern Arius' im von Gott bevorzugten Land niederliess. Der gute Ruf des jungen Jesus verbreitete sich schnell in der ganzen Nordregion des

65

Sindh. Als er das Land der fünf Flüsse durchquerte, flehten ihn die Anhänger des Gottes Jaina an, er möge bei ihnen bleiben. Aber er verliess sie und zog nach Jagannath in dem Staat Orissa, wo sich die sterblichen Überreste von Vyasa-Krishna befinden. Dort wurde er mit grosser Freude von den Brahmanenpriestern empfangen, die ihn lehrten, die Weden zu lesen und zu verstehen, sich durch Gebete zu retten, dem Volk die Heiligen Schriften zu erklären, den Geist des Bösen aus dem menschlichen Körper zu treiben und ihm seine menschliche Form wiederzugeben. Jesus lebte sechs Jahre in Jagannath, Rajagriha, Varanasi und anderen heiligen Städten. Alle liebten ihn und er lebte in Frieden mit den Waischjas und Schudras, denen er die Heilige Schrift lehrte.

Im Verlauf seines vierundzwanzigsten Lebensjahres durchquerte der junge Issa, der von Gott Gesegnete, den Sind und liess sich unter den Ariern,[x] im von Gott geliebten Land, nieder.

Der Ruhm seiner wunderbaren Jugend verbreitete sich im gesamten Norden von Sind. Als er das Land der fünf Flüsse und Raiputana durchquerte, baten ihn die Anhänger des Gottes Jaina zu bleiben und mit ihnen zu leben.

Er aber verliess sie und ging nach Jagannath, im Lande Orissa, wo die sterblichen Überreste des Vyasa-Krishna liegen. Dort wurde er jubelnd von den weissen Brahmanenpriestern empfangen.

Er verbrachte fünf Jahre in Jagannath, Rajagriha, Varanasi und anderen heiligen Städten. Alle liebten Issa, weil er mit den Waischjas und Schudras, denen er die Heilige Schrift lehrte, zusammenlebte.

x also jene "Arier" die "von Norden" in Indien einfielen und das bis heute geübte Kastenwesen/System einführten

Jesus rief den ersten Widerstand hervor, als er von der Gleichheit der Menschen sprach, denn die Brahmanen hatten die Schudras versklavt und meinten, dass erst der Tod sie von ihrer Knechtschaft befreien würde. Die Brahmanen forderten ihn auf, den Umgang mit den Schudras aufzugeben und die brahmanischen Lehren anzunehmen. Jesus lehnte dies jedoch ab und ging unter den Schudras gegen die Brahmanen und Kschatrijas vor. Er verurteilte scharf die Lehre, die den Menschen die Macht gibt, anderen Menschen ihre Grundrechte zu rauben, und verteidigte den Glauben, dass Gott keine Unterschiede zwischen den Menschen geschaffen habe, sondern dass er sie alle in gleichem Masse lieben würde.

Er setzte sich ebenso für die Bekämpfung des Götzendienstes ein und verteidigte den Glauben an einen einzigen allmächtigen Gott. Schliesslich verurteilten ihn die Brahmanenpriester wegen seiner Arbeit zugunsten der Schudras zum Tode und liessen ihn mit diesem Vorhaben von ihren Dienern suchen. Aber Jesus, der von den Schudras vor der Gefahr gewarnt wurde, verliess Jagannath bei Nacht, erreichte die Berge und liess sich im Land von Gautamides, in dem der grosse Buddha Shakia-Muni geboren wurde, unter dem Volk nieder, das den einzigen und erhabenen Buddha anbetete.

Aber die Brahmanen und Kschatrijas sagten ihm, dass der grosse Parabrahman ihm verboten habe, sich denen zu nähern, die er aus seinem Leib und seinen Füssen geschaffen habe.

Dass die Waischjas nur an Fest- und Feiertagen den Lesungen der Weden zuhören dürften.

Dass es den Schudras nicht nur verboten sei, den Wedenlesungen beizuwohnen, sondern sogar, sie nur zu sehen. Aufgrund ihres Ranges müssten sie den Brahmanen, den Kschatrijas und auch den Waischjas immer als Sklaven dienen.

«Nur der Tod könne sie von ihrer Dienerschaft befreien, sagte der Parabrahman. Lass sie deshalb und komme mit uns, die Götter anzubeten, denn sie erzürnen sich, wenn du ihnen nicht gehorchst.»

Issa aber schenkte seinen Worten keine Aufmerksamkeit und ging unter die Schudras und predigte gegen die Brahmanen und Kschatrijas.

Er klagte öffentlich die Lehre an, die den Menschen die Macht gibt, ihresgleichen der ihnen zustehenden Menschenrechte zu berauben. In Wahrheit sagte er; «Gott, der Vater, hat keine Unterschiede zwischen den Menschen geschaffen, da er sie alle gleichermassen liebt.»

Issa sprach den Weden und Puranas den göttlichen Ursprung ab, denn er lehrte seinen Jüngern, dass dem Menschen ein Gesetz gegeben worden war, ihn bei seinen Taten zu führen:
«Fürchte Deinen Gott, knie vor ihm nieder, und Deine Gaben sollen nur aus Deiner Arbeit stammen.»

Issa verleugnete das Triburti und die Inkarnation des Parabrahmanen in Vishnu, Shiva und andere Götter, denn er sagte:
«Der ewige Richter, der ewige Geist, stellt die einzige und unteilbare Seele des Universums dar, die ganz allein die Gesamtheit erschafft, enthält und belebt.»

«Nur Er hat geordnet und geschaffen; nur Er existiert seit Ewigkeiten und seine Existenz wird kein Ende haben; es gibt keinen wie Ihn, weder im Himmel noch auf Erden.»

«Der grosse Schöpfer hat seine Macht mit niemandem geteilt und weniger noch mit leblosen Objekten, denn nur er besitzt alle Macht.»

«Es war sein Wille, und es entstand die Welt; durch einen göttlichen Gedanken vereinigte er die Gewässer und trennte die trockenen Teile des Erdballs. Er ist die Ursache des rätselhaften menschlichen Lebens, in dem ein Teil seiner selbst atmete.»

«Er hat dem Menschen die Erde, das Wasser, die Tiere und alles, was er geschaffen hat, zu seinen Untertanen gemacht, und er hält alles in einer unabänderlichen Ordnung und legt dabei die Lebensdauer jedes Dinges fest.»

«Der Zorn Gottes wird bald den Menschen treffen, weil dieser seinen Schöpfer vergessen hat, seine Tempel mit Greueln gefüllt hat und zahlreiche Kreaturen verehrt, über die Gott ihm die Gewalt erteilt hatte.»

«Denn um Steinen und Metallen zu gefallen, opfert der Mensch menschliche Wesen, in denen ein Teil von Gottes Geist wohnt.»

«Weil er diejenigen demütigt, die sich im Schweisse ihres Angesichts abmühen, um die Gunst des Faulenzers zu gewinnen, der sich an luxuriös gedeckte Tische setzt.»

«Denjenigen, die ihren Brüdern ihre göttliche Gabe nehmen, wird sie selbst von ihm genommen werden und die

Brahmanen und Kschatrijas werden zu den Schudras der Schudras, bei denen der Ewige immer sein wird.»

«Denn am Tag des letzten Gerichts wird den Schudras und Waischjas wegen ihrer Unwissenheit verziehen werden, und Gott wird seinen Zorn auf diejenigen niedergehen lassen, die ihre Rechte an sich gerissen haben.»

Die Worte Issas setzten die Schudras und Waischjas in Verwunderung. Sie baten ihn, sie beten zu lehren, um ihr Glück zu erlangen.

Er sagte ihnen: «Verehrt keine Götzen, denn sie hören Euch nicht. Hört nicht den Weden zu, weil in ihnen die Wahrheit verdorben ist. Schafft Euch niemals Herren über die anderen! Demütigt nicht Euren Nachbarn!
Helft dem Armen, unterstützt den Schwachen! Tut niemandem Böses! Begehrt nicht, was andere besitzen und Ihr nicht!»

Die weissen Priester und die Krieger, die die Reden, die Issa an die Schudras gerichtet hatte, kannten, beschlossen seinen Tod und schickten ihre Diener los, um den jungen Propheten zu suchen.

Aber Issa, der von den Schudras vor den lauernden Gefahren gewarnt wurde, verliess Jagannath bei Nacht, erreichte die Berge und liess sich unter den Bewohnern des Landes der Gautamiden nieder, dort, wo der grosse Buddha Sakiamuni geboren wurde, dort, wo man nur den einzigen und erhabenen Buddha verehrte.

Als er die Pali-Sprache perfekt beherrschte, begann er mit dem Studium der heiligen Schriftrollen der Sutras.

Sechs Jahre später war Jesus fähig, die heiligen Rollen tadellos erklären zu können. Dann verliess er den Nepal und die Berge des Himalaya, stieg in das Tal von Raiputana hinab und machte sich nach Osten auf. Auf seinem Weg sprach sich Jesus vor den Leuten für die Abschaffung der Sklaverei aus, während er gleichzeitig die Existenz eines einzigen und unteilbaren Gottes öffentlich verbreitete und das Volk dazu aufrief, die Götzen zu zerstören und den Glauben an die falschen Götter zu lassen.

Als Jesus in Persien ankam, gerieten die Priester in Aufruhr und untersagten dem Volk, seinen Worten zuzuhören. Aber da das Volk ihm dennoch zuhörte, liessen ihn die Priester festnehmen und nahmen einen langen Dialog mit ihm auf. Im Verlauf dieses Dialogs versuchte Jesus sie davon zu überzeugen, den Sonnenkult und den Kult von einem Gott des Guten und einem Gott des Bösen zu lassen, indem er ihnen erklärte, dass die Sonne nur ein von einem einzigen Gott geschaffenes Instrument sei und dass der einzige Gott nur ein Gott des Guten sei, ein Gott des Bösen jedoch nicht existiere. *Nochmals: Teufel gibt's nicht!!*
Nachdem die Priester ihm zugehört hatten, vereinbarten sie, ihm keinen Schaden zuzufügen, aber in der Nacht, als die ganze Stadt schlief, fassten sie ihn und brachten ihn ausserhalb der Stadtmauern, wo sie ihn in der Hoffnung zurückliessen, dass er bald die Beute wilder Raubtiere werden würde. Aber Jesus setzte seinen Weg unversehrt fort.

In den Nachbarländern verbreitete sich schnell die Kunde von den Lehren Issas, und als er nach Persien kam, gerieten die Priester in Aufruhr und untersagten dem Volk, ihm zuzuhören.
Als sie aber sahen, dass er überall mit Freuden begrüsst wurde und man andächtig seinen Predigten zuhörte, liess

man ihn festnehmen und dem Oberpriester vorführen, der ihm folgende Fragen stellte:

«Von welchem neuen Gott predigst du? Weisst du denn nicht, Elender, dass Zarathustra der einzige richtige Mensch ist, dem die Ehre zuteil wurde, Mitteilungen des Höchsten Wesens zu empfangen?»

«Er hat den Engeln befohlen, die Worte Gottes niederzuschreiben und so zu sammeln, damit das Volk sie gebrauchen kann. Diese Worte sind die Gesetze, die Zarathustra gegeben worden sind.»

«Wer also bist du, dass du es wagst, über unseren Gott zu lästern und Zweifel in den Herzen unserer Gläubigen zu säen?»

Und Issa sagte Ihnen: «Ich spreche nicht von einem neuen Gott, sondern von unserem göttlichen Vater, der von Anfang an existierte und nach dem ewigen Ende existieren wird.»

«Er ist es, von dem ich zum Volk spreche, das, wie ein unschuldiges Kind, Gott mit seiner Verstandeskraft allein noch nicht verstehen und ebensowenig in seine geistige und göttliche Erhabenheit eindringen kann.»

«Aber genauso wie ein Neugeborenes in der Dunkelheit den Atem seiner Mutter wiedererkennt, hat Euer Volk, das Ihr mit falschen Lehren und religiösen Feiern auf den Irrweg geführt habt, instinktiv seinen Vater wiedererkannt, dessen Prophet ich bin.»

«Das Ewige Wesen sagt Eurem Volk durch meinen Mund: «Ihr sollt nicht die Sonne anbeten, weil sie nur ein Teil der Welt ist, die ich für den Menschen geschaffen habe.»

«Die Sonne geht auf, um Euch während Eurer Arbeit zu erwärmen, und geht unter, damit ihr Euch ausruht, so wie ich es eingerichtet habe.»

«Einzig und allein mir schuldet Ihr alles, was Ihr besitzt, alles, was Euch umgibt, das von oben und das von unten.»

«Aber», sagten darauf die Priester, «wie kann ein Volk nach Gesetzen der Gerechtigkeit leben, wenn es keine Lehrer hat?»

Issa antwortete: «Als das Volk keine Priester hatte, wurde das Volk von Naturgesetzen regiert und die Menschen bewahrten die Reinheit ihrer Seelen.»

«Ihre Seelen waren bei Gott und wenn sie sich mit dem Vater verständigen wollten, brauchten sie nicht auf einen Götzen, ein Tier oder das Feuer zurückzugreifen, so wie Ihr das jetzt tut.»

«Ihr meint, man müsste die Sonne, den Geist des Guten und den Geist des Bösen anbeten; nun, ich sage Euch, dass Eure Lehre verabscheuungswürdig ist. Die Sonne bewegt sich nicht von selbst, sondern durch den Willen des unsichtbaren Gottes, der sie geschaffen hat.»

«Und dadurch, dass er gewollt hat, dass dieser Stern den Tag erhelle und dabei die Arbeit und den Körper des Menschen erwärme.»

«Der ewige Geist ist die Seele all dessen, was er belebt. Ihr begeht eine grosse Sünde, wenn Ihr ihn in einen Geist des Guten und einen Geist des Bösen aufteilt, weil es keinen anderen Gott als den Gott des Guten gibt.» X

«Der, wie ein Familienvater, seinen Kindern nur Gutes tut und ihre Fehler verzeiht, wenn sie sie bereuen.»

X also gibt es den Teufel nicht!!
(Fr. Hebbel: als R. Wagner Buddhist wurde)
1863 Tagebuchaufzeichnungen
"indische Verführung"!

«Und der Geist des Bösen lebt auf der Erde in den Herzen derjenigen Menschen, die Gottes Kinder vom rechten Weg abbringen.»

«Deshalb sage ich Euch: Fürchtet den Tag des Gerichts, denn Gott wird denjenigen, die seine Kinder gezwungen haben, vom wahren Licht abzukommen und die sie mit Aberglauben und Vorurteilen überhäuft haben, fürchterlich bestrafen.»

«Ebenso diejenigen, die den Sehenden blenden und den Gesunden anstecken, indem sie ihn lehren, Dinge anzubeten, die Gott dem Menschen gegeben hat, damit er sie geniesst und sie ihm bei seiner Arbeit helfen.»

«Deshalb ist Eure Lehre eine Frucht des Irrtums, denn durch Euren Wunsch, Gott näherzukommen, habt Ihr Euch in Wahrheit falsche Götter geschaffen.»

Nachdem sie ihn gehört hatten, beschlossen die Priester, ihm keinen Schaden zuzufügen, aber in der Nacht, als die ganze Stadt schlief, brachten sie ihn nach ausserhalb der Stadtmauern, überliessen ihn seinem Schicksal und hofften, dass er bald von den wilden Tieren gefressen würde.

Aber, von Gott geschützt, setzte der heilige Issa unverletzt seinen Weg fort.

Die von den tibetischen Lamas aufbewahrten Manuskripte erzählen weiter, dass Jesus mit 29 Jahren in das Land Israels zurückkehrt.

Von hier an spielt sich das, was uns Notowitsch aus den tibetischen Manuskripten mitteilt, bereits in Palästina ab. Es ist ein Teil der in den biblischen Texten enthaltenen Geschichte. Die der westlichen Welt von Notowitsch übermittelten Manuskripte sind eine Erklärung für die Taten Jesu während der langen Jahre, über die uns die Bibel nicht das geringste erzählt.

Wir konnten während unseres Aufenthalts in Kaschmir unsere Reise nicht bis nach Leh und dem Kloster von Hemis fortsetzen, so wie wir es uns gewünscht hatten, da wir im April dort waren und Leh nur über Hochgebirgswege und -strassen erreicht werden konnte, die zu jenem Zeitpunkt völlig durch den Schnee blockiert waren. Dennoch kann jeder Wissbegierige die Bibliothek des Klosters von Hemis aufsuchen, um dort die entsprechenden Manuskripte zu suchen. Ich habe sie hier zusammengefasst, damit alle davon Kenntnis haben, da dies auch dem Geist dieses Dossiers in Buchform entspricht: den Leser und über ihn einen weiten Bereich der öffentlichen Meinung über die Traditionen, Legenden und Geschichtsdaten zu informieren, die heute in Kaschmir und seiner Umgebung bekannt sind und darauf abzielen, den populären Glauben zu bestätigen, dass Jesus am Fusse des Himalaya lebte und starb.

Das wäre es also, was ich über Jesu erste Reise in orientalische Länder zusammenbekommen konnte. Eine Reise, die er durchführte, bevor er in Jerusalem predigte, und die folglich auch vor seiner Kreuzigung liegt.

Auf den folgenden Seiten werde ich die Möglichkeit analysieren, dass Jesus die Kreuzesqualen überlebte, seine Wunden ausheilte und eine zweite endgültige Reise unternahm. Wohin? Professor Hassnain nach in die Gegend, die er aufgrund seiner ersten Reise bereits kannte: Kaschmir. Und, aus Gründen der biblischen Geschichte, in die Gegend, wo sich die aus Israel vertriebenen Stämme niedergelassen hatten. Diese Stämme waren, der biblischen Erzählung nach, das endgültige Ziel des Messias auf der Erde.

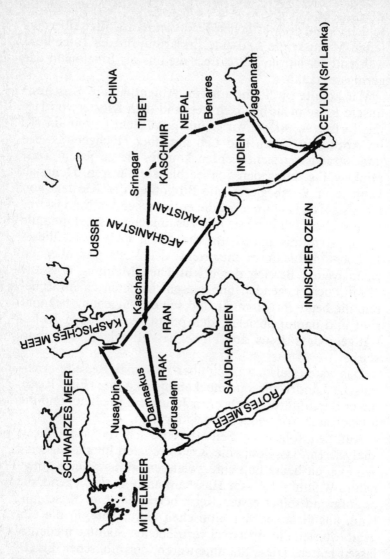

Die Route, die Jesus bei seiner vermeintlichen ersten Reise nach Indien nahm.

Vom Kreuz nach Kaschmir

Pilatus sympathisiert mit Jesus

Bevor ich nun im einzelnen darstelle, warum ich glaube, dass Jesus nicht am Kreuz gestorben ist, und dass er, nachdem er seine Wunden ausgeheilt hatte, in Richtung Osten flüchtete, wo sich die vertriebenen Stämme Israels niedergelassen hatten, halte ich es für angemessen, einmal die Sympathie klar herauszustellen, die Pilatus, der römische Verwalter von Judäa, der sich dazu gezwungen sah, Jesus zum Tode zu verurteilen, für diesen empfand. Es ist nützlich, sich dies noch einmal zu vergegenwärtigen, weil man so die Textstellen, die wir im folgenden neu auslegen wollen, besser versteht. Ich gehe direkt in den biblischen Text und zitiere das Johannes-Evangelium (19, 12):

Daraufhin suchte Pilatus, ihn freizulassen; die Juden aber schrien: «Wenn Du diesen freilässt, bist Du nicht Freund des Kaisers; jeder, der sich selbst zum König macht, widersetzt sich dem Kaiser.»

Im Matthäus-Evangelium (27, 19) lesen wir:

Während er auf dem Richterstuhl sass, schickte seine Frau zu ihm und liess sagen: «Habe nichts zu schaffen mit die-

sem Gerechten; denn ich habe heute seinetwegen viel im Traum gelitten.»

Ein paar Abschnitte weiter lesen wir, wie Pilatus versucht, Jesus vor der Kreuzigung zu retten. Matthäus (27, 24) geht folgendermassen weiter:

Als Pilatus sah, dass er nichts ausrichtete, sondern der Lärm grösser wurde, nahm er Wasser, wusch seine Hände vor dem Volk und sprach: «Ich bin unschuldig am Blut dieses Gerechten. Seht Ihr zu!»

[Marginalie: Kreisky's Politik: Amal schau'n ob's schreib'n werd'n]

Es ist offensichtlich, dass Pilatus Jesus nicht töten lassen wollte. Aber die Juden bezeichneten Jesus als einen Aufrührer, der König werden wollte. Sie warnten Pilatus, dass er dem Kaiser untreu sei, wenn er ihn freilasse. Pilatus wollte weder seinen hohen Posten aufs Spiel setzen noch kam ihm die Feindschaft des Kaisers in irgendeiner Weise gelegen. Und da die Juden den Kaiser sofort benachrichtigt hätten, wenn er Jesus freigelassen hätte, blieb ihm nur die Möglichkeit, Jesus so hinzurichten, dass er, scheinbar tot, trotzdem weiterleben konnte. So legte er zunächst einmal die Hinrichtung auf einen Freitag, wenige Stunden vor dem Sonnenuntergang, und somit kurz vor dem Einbruch der Nacht vor dem grossen Sabbath. Pilatus rechnete damit, dass der Körper von Jesus – so wie das jüdische Gesetz es vorschreibt – nicht bis nach Einbruch der Nacht am Kreuz bleiben durfte. Und so war es dann auch: noch vor Einbruch der Nacht wurde Jesus vom Kreuz genommen. Und es ist sehr unwahrscheinlich, dass Jesus schon gestorben war, während die beiden Diebe noch leben sollten, als die beiden Soldaten ihnen die Beine brachen, obwohl sie zum gleichen Zeitpunkt wie Jesus gekreuzigt worden waren. Ausserdem betritt genau in dem Moment ein Mann na-

[Fußnote handschriftlich: daß lt. Evangelien Jesus nicht die Gebeine gebrochen wurden, stützt die im Untertitel wiedergegebene Meinung]

mens Josef die Szene – ein erklärter Freund von Pilatus und eine in der Stadt angesehene Person –, der heimlich zu den Jüngern Jesu gehört. Dieser Mann bringt den Körper von Jesus an einen Ort, an dem die Juden nichts zu suchen hatten.

Das werden wir jetzt in allen Einzelheiten analysieren.

□ und die „Schächer"? (der rechte und der linke?)

JESUS STARB NICHT AM KREUZ

In der Bibel selbst finden wir eine Stelle, die sich auf die Tatsache bezieht, dass Jesus vor dem Kreuzestod gerettet wurde. So steht in den Briefen des Paulus an die Hebräer in bezug auf Jesus (5, 7):

In den Tagen seines Erdenlebens hat er unter lautem Stöhnen und unter Tränen Gebete und Flehrufe vor den gebracht, der ihn vom Tod erretten konnte, und er fand Erhörung aus seiner Not.

Aber zusätzlich zu diesem Zitat werden wir uns aus mehreren Blickwinkeln genauer mit der realen Möglichkeit befassen, dass Jesus nicht am Kreuz gestorben ist.

Erstens ist dabei in Betracht zu ziehen, dass Jesus nicht stundenlang am Kreuz hing. Er wurde noch am Abend des Tages, an dem das Urteil gesprochen und vollstreckt wurde, vom Kreuz heruntergenommen. So lesen wir in Lukas (23, 44–46):

Es war schon um die sechste Stunde, da trat Finsternis ein über das ganze Land bis zur neunten Stunde, denn die Sonne verlor ihren Schein. Der Vorhang im Tempel riss mitten entzwei, und Jesus rief mit lauter Stimme: «Vater, in Deine Hände befehle ich meinen Geist.» Nach diesen Worten verschied er.

Jesus wurde an einem Freitag gekreuzigt. Samstag ist der jüdische Sabbath. Dieser Umstand zwang dazu, den Körper von Jesus vor Einbruch der Nacht herunterzuholen, da der jüdische Tag mit Beginn der Nacht anfing, was heisst, dass die Nacht des Freitag schon als Samstag zählte. Nach den jüdischen Gesetzen ist es verboten, am geheiligten Tag des Sabbath einen Hingerichteten am Kreuz hängen zu lassen.

Ich wiederhole noch einmal, dass Jesus nur für ein paar Stunden am Kreuz hing, und es war möglich, in diesem schrecklichen Zustand mehrere Tage lang weiterzuleben (1). Der wahre Zweck der Kreuzigung war nicht der sofortige Tod, sondern eine Qual, die sich über drei oder vier Tage erstrecken konnte. Der Tod trat dann gewöhnlicherweise aufgrund von Hunger oder Durst, wegen der ungünstigen Witterung (Kälte oder Hitze) oder wegen der Attakken von Raubvögeln oder anderen Tieren ein. Manchmal wurde der Tod auch beschleunigt, indem man den Missetätern die Beine brach. Es konnte aber auch vorkommen, dass man nach ein paar Stunden oder am Tag nach der Kreuzigung meinte, dass der Schuldige genug darunter gelitten habe, ans Kreuz genagelt worden zu sein, weshalb man ihn dann herunternahm und am Leben liess. Diesbezüglich sollte man sich vergegenwärtigen, dass ein Gekreuzigter, den man rechtzeitig vom Kreuz herabnahm und sorgsam behandelte, sich im allgemeinen wieder erholte und überlebte (2). Man bedenke nun, dass Jesus gemeinsam mit zwei anderen Übeltätern gekreuzigt wurde. Die drei erleiden also die gleichen Qualen, wie wir bei Lukas (23, 40) nachlesen können, wo einer der Diebe zum anderen sagt:

Hast nicht einmal du Furcht vor Gott, der du das gleiche Gericht erleidest?

Als sie aber – gleichzeitig mit Jesus – vom Kreuz genommen werden, erleben die beiden Diebe noch, weshalb ihnen die römischen Soldaten dann die Beine brechen, damit sie endlich sterben. Es ist unwahrscheinlich, dass Jesus, der die gleichen Qualen durchgemacht hat, schon tot war. Ein paar Augenblicke zuvor besass Jesus noch genügend Kraft zum Sprechen, ja fast Schreien. In Matthäus (27, 46) lesen wir:

Und um die neunte Stunde rief Jesus mit lauter Stimme: «Eli, Eli, lema sabachtani?»

Hier ist noch eine andere Tatsache in Betracht zu ziehen: Pilatus nämlich, der aus Erfahrung wusste, wie lange es dauerte, bis man am Kreuz stirbt, wunderte sich darüber, dass Jesus angeblich schon gestorben sei. Als Josef von Arimatäa Pilatus aufsuchte, um sich Jesu Körper aushändigen zu lassen, steht bei Markus (15, 44) wörtlich:

Pilatus wunderte sich, dass er schon tot sei.

Hinreichend bekannt ist auch die Geschichte mit dem römischen Zenturio, der Jesus mit seiner Lanze an der Seite verletzt, um festzustellen, ob er schon tot sei. Aus der Wunde fliesst Wasser und Blut. Aus einem toten Körper aber quellen höchstens ein paar Tropfen dickflüssigen Blutes. An diesem Punkt angekommen, ist es sicherlich interessant, einen Blick auf die vor kurzem durchgeführte Analyse des «Turiner Linnen» zu werfen.

Das Turiner Linnen

Seit 1969 analysiert ein Schweizer Professor und Kriminalistikexperte das Leichentuch Christi mit Hilfe einer Wissenschaft, die sich Palynologie nennt und den Pflanzenpollen untersucht, der an dem Stoff festklebt. Nach zwei Jahren eingehender Untersuchungen erklärte Professor Max Frei – als Mitglied der Wissenschaftskommission, die das Leichentuch mit den modernsten Mitteln analysiert –, dass er die hauchdünne Schicht eines besonderen Staubes unbekannter Herkunft bemerkt habe. Er erhielt schliesslich die Erlaubnis, eine Probe einer Analyse zu unterziehen. Hier ist das Ergebnis: es handelt sich um winzige Körner fossilierten Pollens, der von einer Pflanze stammt, die es nur vor etwa zwei Jahrtausenden in Palästina gegeben hat. Für ihn besteht kein Zweifel: das Turiner Linnen ist echt. Und es ist kein Unbekannter, der das sagt, sondern ein Kriminologe von Weltrang, der Direktor des wissenschaftlichen Labors der Zürcher Polizei, Akademiker mit Staatsexamen in Biologie und Naturwissenschaften und Sprachenkenner. Er fügt hinzu, dass das Linnen zunächst mikroskopisch und dann mit einer Methode, die sich Polynologie nennt, untersucht wurde. Diese Methode gründet sich auf die Struktur des Pollens und seine geografische wie paleobotanische Verbreitung in Form von Mikrofossilien. Hierbei ergab sich, dass die Pflanze aus der Gegend Palästinas stammt. Des weiteren gibt es noch typische Indizien für Pflanzen aus der Region um Konstantinopel, wo das Tuch vom Jahre 438 an ausgestellt war. Dann gibt es noch Staubkörnchen aus dem mediterranen Raum aus dem 14. und 15. Jahrhundert; genau genommen gibt es Pollen von sechs Pflanzen aus Palästina, von einer aus Konstantinopel und von bis zu acht aus dem mediterranen Raum.

Als Zusammenfassung der Ergebnisse – der 1969 auf Wunsch der Kirche hin begonnenen Untersuchungen – erscheint Anfang 1976 in London eine Pressemitteilung, in der es wörtlich heisst:

Nach siebenjährigen Untersuchungen an dem Grabtuch, in das der Körper von Jesus gewickelt war, sind einige Wissenschafter zu dem Schluss gekommen, dass er lebendig begraben wurde. Die Fachleute behaupten, dass sich in dem in Turin aufbewahrten Linnen der Körper eines gekreuzigten Mannes befunden hat, der genau das gleiche Leiden wie Christus ertragen hat, der aber nicht am Kreuz gestorben ist, sondern lebendig begraben wurde. Die achtundzwanzig Blutflecken auf dem Grabtuch bestätigen diese Theorie. Die Forscher versichern, dass es wissenschaftlich unmöglich ist, dass ein Leichnam derartig blutet, wie es der in dem Tuch eingewickelte Körper getan hat. Für sie ist es wissenschaftlich eindeutig und unzweifelhaft erwiesen, dass dieser lebendig begraben wurde, es sei denn, es gäbe einen zweiten Jesus, der das gleiche Schicksal erlitten habe.

Sehen wir uns einmal die Geschichte des sogenannten «Turiner Linnens» an und erinnern wir uns daran, dass vom 9. bis zum 11. Jahrhundert behauptet wurde, es befände sich in Jerusalem, wohingegen es dann jedoch im 12. Jahrhundert in Konstantinopel gefunden wurde. Im 14. Jahrhundert gelangt es auf abenteuerlichem Wege nach Frankreich. Nachdem es sich in der zweiten Hälfte des gleichen Jahrhunderts für kurze Zeit in Belgien befand, gelangt es ab 1474 in den Besitz des Königshauses von Savoyen. 1532 wird es bei einem Brand leicht beschädigt und gelangt drei Jahre später schliesslich nach Turin. Zwischen

1536 und 1578 kommt es nacheinander von Vercelli nach Mailand, von dort nach Nizza, noch einmal Vercelli, Chambéry, um 1706 schliesslich nach Turin zurückzukehren. In jenem Jahr wird es für einen kurzen Zeitraum nach Genua gebracht und dann zur endgültigen Aufbewahrung nach Turin zurückgegeben.

Nach einem 1946 durchgeführten Volksentscheid vertraut es Umberto der Zweite von Savoyen dem Erzbischof von Turin zur Aufbewahrung an, ohne dabei jedoch seinen Besitzanspruch auf das Linnen aufzugeben.

1898 erhielt man die ersten Fotografien von dem Linnen. Die offiziellen Bilder jedoch wurden 1931 von G. Enrie aufgenommen. Von diesem Jahr an beginnt man auch, das Linnen ernsthaft zu untersuchen.

Es ist 1 Meter und 10 Zentimeter breit und 4 Meter und 36 Zentimeter lang. Nach Mr. Ricci – einem Fachmann aus dem Team des Vatikans – zeigt eine detaillierte Analyse der Körperabdrücke auf dem Linnen, dass Jesus 1,62 Meter gross war. Der Bildhauer Professor Lorenzo Ferri hat jedoch die Grösse des in das Grabtuch eingewickelten Körpers auf 1,87 Meter berechnet.

1957 erscheint das Buch «Jesus nicht am Kreuz gestorben» von Kurt Berna. Kurt Berna ist ein katholischer Schriftsteller und Sekretär des Deutschen Forschungskonvents für das Grablinnen Christi in Stuttgart. Dieses Institut hat, seit der Veröffentlichung der Fotografien von Enrie, unter der Leitung von Berna wichtige Studien zu dem Linnen durchgeführt. Die Schlussfolgerungen aus diesen Untersuchungen sind von Kurt Berna in zwei Büchern veröffentlicht worden: eins trägt den Titel «Das Linnen» und das andere ist das bereits erwähnte «Jesus nicht am Kreuz gestorben». Die Entdeckungen, die in diesen Büchern dargestellt werden – besonders im zweiten, wo bewiesen wird, dass Jesus nicht am Kreuz gestorben ist –, riefen seinerzeit natürlich die entsprechenden Reaktionen hervor und erhielten einerseits gute Kritiken, stiessen aber andererseits auf harten Wiederspruch.

Am 26. Februar 1959 richtete Kurt Berna ein Schreiben an Papst Johannes XXIII., in dem er ihn um die Erlaubnis bat, ein Komitee von Ärzten und Wissenschaftlern alles was mit dem Turiner Linnen zu tun habe, untersuchen zu lassen, um die von ihm (dem Linnen) hervorgerufenen Kontroversen zu beenden. Im folgenden gebe ich den erwähnten Brief von Kurt Berna gemeinsam mit dem Antwortschreiben des Vatikan wieder. Es sei hier noch erwähnt, dass der Vatikan zehn Jahre Später, 1969 also, die Gründung eines solchen Komitees erlaubte. Wie wir zu Beginn dieses Kapitels sehen konnten, führten die Arbeiten dieses Komitees ausgerechnet zu der Schlussfolgerung, dass Jesus nicht am Kreuz gestorben ist.

Kommen wir jedoch zum Inhalt des Schreibens von Kurt Berna:

Petition des Deutschen Forschungs-Konvents
für das Grablinnen Christi

Deutschland-Konvent für das Linnen (✕)

26. Februar 1959

Seiner Heiligkeit Papst Johannes XXIII.,
Vatican, Vatican City

Euere Heiligkeit!

Der deutsche Forschungs-Konvent für das in Turin aufbewahrte Grablinnen Christi hat genau vor zwei Jahren, im

März 1957, seine in mehreren Jahren erarbeiteten Forschungsergebnisse dem Heiligen Offizium in Rom und der allgemeinen Öffentlichkeit übergeben. (××)

In den vergangenen 24 Monaten haben mehrere Spezialisten deutscher Universitäten sich bemüht, diese Forschungsergebnisse, diese so ungewöhnlichen Entdeckungen, zu widerlegen.

Aber es kam anders. Diese Kritiker, die mit ihren wissenschaftlichen Voraussetzungen mit Hochgenuss unsere Entdeckungen zunichte gemacht hätten, mussten – sofern sie sich nicht in aller Stille zurückgezogen hatten – die volle Stichhaltigkeit und die weltweite Bedeutung für das Christentum und Judentum anerkennen und bestätigen. Es wäre müssig und diesem Schreiben nicht entsprechend, hierzu auch die übergrosse Anzahl entsprechender Pressekommentare des In- und Auslandes anzuführen.

Nach Lage der Dinge hat nunmehr als unwiderlegbare Forschungsaussage – das ist der öffentliche Anspruch des Konvents – zu gelten:

1. *Das in Turin aufbewahrte, von der Christenheit verehrte, von vielen Päpsten als Grablinnen Christi bezeichnete Turiner Linnen, hat als echt zu gelten. (×××)*

2. *Es sind entscheidende Beweise vorhanden, dass Jesus Christus nach der Hinrichtung, nach Entfernung der Dornenkrone, in dieses heute in Turin aufbewahrte Linnen gelegt wurde.*

3. *Laut dem vorhandenen Beweismaterial ist es nun eine wissenschaftliche Tatsache, dass der Körper des Ge-*

kreuzigten zu diesem Zeitpunkt, als er in das Linnen gelegt wurde und einige Zeit darin lag, im medizinischen Sinne nicht verstorben war, denn zu diesem Zeitpunkt ist eine Herztätigkeit im Körper einwandfrei nachweisbar. Die vorhandenen Blutabdrücke, ihre Lage und Gestalt, das Vorhandensein an und für sich im Linnen, bringen den klaren wissenschaftlichen Beweis, dass die damalige Hinrichtung im juristischen Sinne nicht vollendet wurde. (××××)
Die heutige Lehre für die Christenheit, ebenso die in der Vergangenheit, ist und war in diesem Punkt nicht richtig.

Euere Heiligkeit! Das ist die wissenschaftliche Lage heute. Vor der Aufstellung dieser drei Punkte, die für jeden Christen zwangsläufig bedeutend sind, wurde gesagt, dass es sich um unwiderlegbare Forschungsaussagen handle. Diese Unwiderlegbarkeit hat eine einzige und entscheidende Einschränkung: Alle genannten Entdeckungen wurden im Laufe der letzten zehn Jahre an Hand der von Papst Pius XI. im Jahre 1931 veranlassten, authentischen photographischen Abbildungen des Grablinnens gemacht.

Es gibt noch einen Weg – einen einzigen Weg – alle diese Entdeckungen doch zu widerlegen: Die Fotografien stellten zwar ein sehr gutes Forschungsmaterial dar, was Sinn und Zweck der damaligen Aufnahmen war, aber sie können nicht ersetzen:

a) Eine moderne chemische Untersuchung der im Linnen vorhandenen Blutabdrücke, ferner mikroskopische Untersuchungen und dergleichen.

b) Eine Prüfung des Linnens mit Röntgen-, infraroten und

ultravioletten Strahlen, um nur einige der modernen Möglichkeiten zu nennen.

c) Die Datierung mit Hilfe der Atomuhr, dem sogenannten «Kohlenstoff 14» Verfahren. Für eine exakte Analyse werden dazu vom Grablinnen zirka 300 Gramm benötigt. Diese Menge bedeutet keine nennenswerte Beschädigung des Linnens, denn man benötigt nur je zwei Zentimeter breite Streifen von den beiden 4,36 Meter langen Seitenteilen des Linnens. Es wäre dann statt wie heute 1,10 Meter, 1,06 Meter breit, während die Länge von 4,36 Meter unverändert bliebe. Die wichtigen Teile des Linnens würden dabei nicht im geringsten beschädigt.

Kein Christ dieser Erde, nur Euere Heiligkeit als Papst der Kirche, kann diese Behandlung der Reliquie anordnen.

Diese Entdeckungen zu widerlegen ist nur dann möglich, wenn die oben genannten Untersuchungen durchgeführt werden können. Ebenso können sie ihre endgültige Bestätigung finden. Vielleicht ist auch diese Möglichkeit einer der Gründe, warum solche Untersuchungen am Linnen seit längerer Zeit verhindert werden? Aber hat die Kirche irgend eine Wahrheit zu fürchten, wie immer sie aussehen mag? Doch ohne Zweifel nein!

Ebenso wenig hat der deutsche Forschungs-Konvent eine Widerlegung seiner Entdeckungen zu fürchten, denn er hat mit den vorhandenen Mitteln und Unterlagen eine ehrliche Forschung durchgeführt. Aber niemand und nichts auf dieser Welt kann jetzt diese Entdeckungen widerlegen. Das ist ein öffentlicher Anspruch des Konvents! Nur eine Untersuchung am Objekt direkt könnte noch eine Widerlegung bringen.

Aus allen den genannten überaus ernsten Gründen, wird Euere Heiligkeit von Herzen gebeten, die wenigen notwendigen Worte zu sprechen, damit die Kirche das übrige veranlassen kann. Zahlreiche, der Kirche und anderen Gemeinschaften angehörende Kapazitäten werden zur Verfügung stehen, wenn die Kirche ruft.

Im Auftrag des «Deutschland-Konvent für ‹Das Linnen›», im Interesse zahlreicher Grablinnen-Forscher ausserhalb des Konvents, aber auch als Angehöriger der Römisch-Katholischen Kirche bitte ich Euere Heiligkeit entsprechende Anordnungen zu geben.

Euere Heiligkeit untertänigst grüssend

Kurt Berna

Katholischer Schriftsteller
Geschäftsführender Sekretär
des Deutschland-Konvent

Die Antwort des Vatikans auf die Bitte von Kurt Berna wurde diesem über den päpstlichen Nuntius in Deutschland zugestellt und hat folgenden Inhalt:

*Apostolische Nuntiatur
in Deutschland*

Nr. 12866
Bad Godesberg, 13. Juli 1959

Herrn
Kurt Berna
Stuttgart 1
Postschliessfach 183

Auf Ihre Anfrage bezüglich des Turiner Linnentuches habe ich im Auftrag des Staatssekretariates S. H. mitzuteilen, dass Seine Eminenz Kardinal Maurilio Fossati, Erzbischof von Turin, nicht geneigt ist, dem Ersuchen zu entsprechen.

Hochachtungsvoll

*(Nuntiaturrat Msgr. Guido Del Mestri)
Geschäftsträger a. i.*

In der Folge werde ich hier einige der Schlussfolgerungen wiedergeben, die Kurt Berna in seinem bereits genannten Buch zieht. Mir erscheint es notwendig, diese Zitate zu nennen, bevor ich mit der Darlegung dieses Dossiers fortfahre, das das zweite Leben von Jesus behandelt, das er begann, nachdem die von der Kreuzigung verursachten Wunden ausgeheilt waren.

Kurt Berna sagt, dass die Analyse des Grabtuchs zeigt, dass sowohl der Kopf als auch die Hände von Jesus höher als der restliche Körper gelagert sind. Daraus schliesst er, dass – wenn es sich um einen Toten gehandelt hätte – kein frisches Blut aus diesen Organen geflossen wäre und demnach keine Spuren auf dem Linnen hinterlassen haben könnte.

Andererseits behauptet er, dass das Linnen Spuren von Blut aufweist, das aus den Kopfverletzungen stammt, die Jesus mit der Dornenkrone zugefügt wurden, die ihm die Römer geflochten hatten, um ihn in seiner Eigenschaft als «König der Juden» zu verspotten. Kurt Berna schliesst daraus, dass die von den Stacheln verursachten Wunden erst zu bluten anfingen, als man seinen Körper vom Kreuz genommen und ihm die Dornenkrone abgesetzt hatte. Wenn Jesus schon seit einiger Zeit tot gewesen wäre, hätte sich das gesamte Blut im unteren Teil des Körpers gestaut und wäre dort geronnen. Es ist ein Naturgesetz, dass der Blutkreislauf nur im absolut luftleeren Raum und unter der Bedingung stattfindet, dass dieser Kreislauf vom Pumpen des Herzens verursacht wird. Bei einem frischen Leichnam – mit Herzstillstand – quillt nicht nur nach einer bestimmten Zeit kein Blut mehr aus den Wunden, sondern das Blut zieht sich von selbst in die Adern zurück. Die Blutkapillare unter der Hautoberfläche leeren sich, und der Körper zeigt die Leichenblässe. Deshalb konnte aus den Dorneneinstichen kein frisches Blut fliessen, wenn das Herz nicht – zumindest langsam – schlug. Aus medizinischer Sicht war Jesus zu jenem Zeitpunkt nicht tot.

Es ist natürlich richtig, dass unter bestimmten Bedingungen eine der Todesblässe ähnliche Blässe auftreten kann, und die betroffene Person scheint wirklich tot zu sein, wenn anscheinend die Atmung ausgesetzt hat. In solchen Fällen muss jedoch nicht unbedingt das Herz stehengeblieben sein. Nach einer Asphyxie – verursacht durch Gas oder eine zeitweilige Begrabung im Sand – kann die Atmung aussetzen; wenn man dem fraglichen Individuum aber sofort nach dem Unfall ärztliche Hilfe zukommen lässt, ist die Wahrscheinlichkeit der Lebensrettung gross.

Auf der anderen Seite weisen die Blutspuren auf dem Linnen einen Blutstrahl auf, der entlang der Längsachse des rechten Armes verläuft und aus der Wunde geflossen ist, die der Nagel in der rechten Hand von Jesus verursacht hat. Daraus ergibt sich – dass das Blut frisch war und deshalb das Linnen durchtränkt hat und dass aus besagter Wunde eine ausreichende Menge frischen Blutes quoll, während man Jesu Körper vom Kreuz herunternahm. In jenem Augenblick hing der rechte Arm senkrecht herab, weil man ihn vor dem linken vom Kreuz heruntergenommen hatte, was einen Blutstrahl verursachte, der an der Längsachse des Arms entlanglief. Diese Blutung während der Herabnahme weist eindeutig auf eine Aktivität des Herzens in Jesu Körper zu jenem Zeitpunkt hin.

Dann analysiert Kurt Berna die Wunde, die der römische Soldat mit seiner Lanze verursacht hatte, als er prüfen wollte, ob Jesus wirklich tot war.

Auf der rechten Seite des Brustkorbs erkennt man die Spur von dem Einstich, den der römische Soldat mit seiner Lanze hervorgerufen hat.

Im linken Teil des oberen Brustkorbs erkennt man die Wunde, die mit der Lanzenspitze beim Herausziehen aus dem Körper heraus erzeugt wurde.

Diese Wunden beschreiben den Winkel, in welchem die Lanzenspitze den Brustkorb von Jesus durchquert hat. Zieht man, ausgehend von dem Lanzeneinstich, eine horizontale Linie zur linken Körperseite, so beträgt die Neigung, unter der die Lanze in den Körper eingedrungen ist, 29 Grad in bezug auf die Ausgangswunde. Wenn nun also die Lanze zwischen der fünften und sechsten Rippe eingedrungen ist, so geht die von der Lanze beschriebene Gerade oberhalb des Herzens von Jesus vorbei, das damit von der Lanze des römischen Soldaten nicht beschädigt, ja nicht einmal berührt wurde.

Der Grund, warum Kurt Berna die Tatsache, dass die Lanze das Herz von Jesus nicht erreicht hat, so stark betont, besteht darin, dass – dem Johannes-Evangelium nach – «Blut und Wasser» aus der besagten Wunde floss. Da ein Körper lebt, wenn aus ihm Blut fliesst, sahen sich die christlichen Geschichtsschreiber und Lehrmeister dazu gezwungen zu beweisen, dass die Lanzenspitze eine Herzinnenkammer erreicht hatte, in der sich das Blut ansammelte, und dass dieses Blut es war, das aus der Wunde quoll. Kurt Berna jedoch weist nach, dass das Herz nicht von der Lanze berührt worden ist und dass das Blut aus der Wunde quoll, weil das Herz noch – wenn auch nur langsam – pumpte; dass Jesus also folglich noch lebte.

Der heilige Paulus rief dieses Gedankengut in Erinnerung und übernahm es, dass nämlich Jesus am Kreuz gestorben und später von den Toten auferstanden sei, was zur bestätigten Doktrin der katholischen Kirche wurde.

Jesus verlässt lebendig die Grabstätte

Als Jesus vom Kreuz heruntergenommen war – lebendig, wie wir gesehen haben –, spielten sich eine Reihe von Ereignissen ab, die andeuten, dass man versuchte, ihn zu heilen und dass er auch seine Grabstätte lebendig verlässt. Es ist hier angebracht, an die Zuneigung von Pilatus gegenüber Jesus zu erinnern.

An erster Stelle muss beachtet werden, dass Jesus nicht seinen Feinden, sondern seinen Freunden ausgeliefert wurde. So lesen wir im Johannes-Evangelium (19, 38–39):

Darauf bat Josef von Arimatäa, der ein Jünger Jesu war – im geheimen jedoch, aus Furcht vor den Juden –, Pilatus, den Leichnam Jesu abnehmen zu dürfen, und Pilatus erlaubte es. Er kam nun und nahm seinen Leichnam ab. Es kam auch Nikodemus, der erstmals bei Nacht zu ihm gegangen war, und brachte eine Mischung von Myrrhe und Aloe, etwa hundert Pfund.

Es ist nun eigenartig, wie Jesus zu einem Grab von Josef von Arimatäa gebracht und wie dieses Grab nicht mit Erde ausgefüllt wird, so wie es unter den Juden Sitte ist, sondern nur mit einem grossen Stein oder Felsbrocken abgedeckt wird. Es handelte sich um ein geräumiges Grab, in dem Atemluft in ausreichender Menge vorhanden war. Ebenso merkwürdig ist der Umstand, dass Jesus den Felsbrocken, der den Eingang versperrte, beiseite schaffen musste, um aus dem Grab zu gelangen. Das bedeutet, dass dort ein physischer, menschlicher Körper herausgekommen ist und nicht ein geistiges oder göttliches Wesen, das es nicht nötig gehabt hätte, den Felsbrocken zu entfernen. Mehr noch, Jesus geht seinen Jüngern auf dem Weg nach Galiläa voran. Von der Übergabe des Körpers an Josef von Arimatäa an, lesen wir im Markus-Evangelium (15, 46–47; 16, 1–7):

«*Dieser kaufte Leinwand, nahm ihn ab, wickelte ihn in Leinwand und legte ihn in ein Grab, das in Felsen gehauen war, und wälzte einen Stein vor den Eingang des Grabes. Maria Magdalena und Maria, die Mutter des Joses, sahen zu, wie er beigesetzt wurde. Als der Sabbath vorüber war, kauften Maria Magdalena, Maria, die Mutter des Jakobus, und Salome Öle und Salben, um hinzugehen und ihn zu salben. In aller Frühe am ersten Tag der Woche kamen sie zum Grab, da eben die Sonne aufging. Sie sagten zueinander: ‹Wer wird uns den Stein wegwälzen vom Eingang des Grabes?› Als sie aber hinblickten, sahen sie, dass der Stein weggewälzt war; er war nämlich sehr gross. Und sie gingen in das Grab hinein, sahen zur Rechten einen Jüngling sitzen, umkleidet mit einem weissen Gewand, und sie erschraken sehr. Er sagte aber zu ihnen: ‹Fürchtet euch nicht! Ihr sucht Jesus, den Nazarener, den Gekreuzigten; er ist auferweckt worden, er ist nicht hier; seht, hier ist der Platz, wo sie ihn hingelegt hatten. Doch geht nun hin und sagt seinen Jüngern und dem Petrus: Er geht euch voraus nach Galiläa; dort werdet ihr ihn sehen, wie er euch gesagt hat.›*»

Die Aussage, dass Maria Magdalena, Maria und Salome in das Grab hineingingen, deutet seine Geräumigkeit an. Andererseits gibt es Anzeichen dafür, dass Jesu Wunden von Nikodemus geheilt worden sind. Dieser trug ihm einen Balsam auf, der die Wunden heilte und den freien Blutkreislauf förderte. Der Jesus von Nikodemus aufgetragene Balsam ist unter den Namen Marham-I-Isa («Der Jesus-

Balsam») oder auch Marham-I-Rosul («Der Balsam des Propheten») bekannt und wird in zahlreichen medizinischen Abhandlungen des Orients erwähnt, wobei in vielen auch gesagt wird, dass es sich um den Balsam handle, der Jesus nach der Herabnahme vom Kreuz auf seine Wunden aufgetragen wurde.

Ich gebe im folgenden nur eine kurze Liste von alten Werken und Abhandlungen zur Medizin wieder, in denen dieser Balsam erwähnt wird und ausserdem darauf hingewiesen wird, dass er dazu benutzt wurde, Jesu Wunden auszuheilen. Die bekannteste dieser Abhandlungen ist der berühmte Kanon von Avicena, der in der folgenden Liste an erster Stelle genannt wird.

Liste der Bücher, die das Marham-I-Isa erwähnen und anzeigen, dass dieser Balsam für Jesus zur Heilung seiner Wunden zubereitet wurde

Qanun, von Shaikh-ul-Rais Bu Ali Sina, Bd. III, S. 133 (Im Okzident als «Kanon von Avicena» bekannt).
Sharah Qanun, von Allama-Outb-u-Din Shirazi, Bd. III.
Kamil-us-Sanaat, von Ali-Bin-al Abbas Al-Majoosi, Bd. III., S. 602.
Kitab Majmua-i-Baquai, Mahmood Mohammad Ismail, Mukhatif az Khayan, von Khitab Pidar Mohammad Baqa Khan, Bd. II, S. 497.
Kitab Tazkara-i-Ul-ul-Albab, von Shaik Daud-ul-Zereer-ul-Antaki, S. 303.
Quarabadin-i-Rumi, ungefähr zu Jesu Zeiten zusammengestellt und während der Herrschaft von Mamun-al-Rashid ins Arabische übersetzt; siehe «Hautverletzungen und -schmerzen».
Umdat-ul-Muhtaj, von Ahmad Bin Hasan al Rashidi al-Hakin. In diesem Buch sind das «Marham-I-Isa» und andere Präparate – ausgehend von etwa hundert in französischer Sprache veröffentlichten Werken – zusammengefasst worden.
Qarabadin, in Persisch, von Hakim Mohammad Akbar Arzani – «Hautverletzungen».
Shifa-ul-Asqam, Bd. II, S. 230.
Mirat-ush-Shafa, von Hakin Natho Shah (Manuskript); «Hautverletzungen».
Zakhira-i-Khawarazm Shahi, «Hautverletzungen».
Sharab Qanun Gilani, Bd. III.
Sharab Qanun Qarshi, Bd. III.

Qarabadin, von Ulwi Khan, «Hautverletzungen».
Ilaj-ul-Amraz, von Hakim Mohammad Sharif Khan Sahib, S. 893.
Qarabadin, Unani, «Hautverletzungen».
Tuhfaat ul-Muminee, gemeinsam mit Pakhzan-ul-Adwiya, S. 713.
Muhit Fi-Tibb, S. 367.
Aksir-i-Azam, Bd. IV, von Hakim Mohammad Azam Khan Sahib, Al Mukhatab ba Nazim-i-Jahan, S. 331.
Qarabadin, von Musami-ul-Masum bin Karam-ud-Din-Al-Shustri Shirazi.
Ijala-i-Nafiah, von Mohammad Sharif Dehlavi, S. 410.
Tibb-i-Shibri, auch bekannt als Lawami Shibriyya Syed Hussain Shibr Kazimi, S. 471.
Mañhzan-i-Sulaimani, Übersetzung von Aksie Arabi, S. 599, von Mohammad Shams-ud-Din Sahib von Bahawalpur.
Shifa-ul-Amraz, übersetzt von Maulana Al-Hakin Mohammad Noor Karim, S. 282.
Kitab Al-tibb Dara Shakohi, von Nur-ud-Din-Mohammad Abdul Hakim, Ain-ul-Mulk Al-Shirazi, S. 360.
Minhaj-ud-Dukan ba Dastoor-ul-Aayan fi Aamal wa Tarkib al-Nafiah lil-Abdan, von Sflatoon-i-Zamana wa Rais-i-Awana Abdul-Mina Ibn Abi Nasr-ul-Atta Al Israili Al Harooni, S. 86.
Zubdat-ul-Tibb, von Syel-ul-Imam Abu Ibrahim Ismail bin Hasan-ul-Husaini Al-Jarjani, S. 182.
Tibb-i-Akbar, von Mohammad Akbar Arzani, S. 242.
Mizan-ul-Tibb, von Mohammad auf Akbar Arzani, S. 152.
Sadidi, von Rais-ul-Mutakalimin Imam-ul Mohaqq-i-qin Al-Sadid-ul-Kazrooni, Bd. II, S. 283.
Hadi Kabir, von Ibn-i-Zakariya, «Hautverletzungen».
Qarabadin, von Ibn-i-Talmiz, «Hautverletzungen».
Qarabadin, von Ibn-i-Abi-Sadiq, «Hautverletzungen» (3).

Im Zusammenhang mit der Heilung von Jesu Wunden lesen wir in dem Buch «Der Mythos von der ewigen Wiederkehr» von Mircea Eliade (4):

Zwei angelsächsische Zaubersprüche aus der christlichen Populärmagie des 16. Jahrhunderts, die gewöhnlicherweise beim Suchen der Heilkräuter ausgesprochen wurden, präzisieren den Ursprung ihrer Heilkraft: sie wuchsen zum erstenmal (d. h. ab origine) auf dem Heiligen Kalvarienberg (im Mittelpunkt der Erde): «Gegrüsst seist du, Heiliges Kraut, das du auf der Erde wächst. Zunächst warst du auf dem Kalvarienberg, du bist gut für alle Art von Wunden; ich pflücke dich im Namen des holden Jesus» (1584). «Heilig bist du, Eisenkraut, weil du auf der Erde wächst. Zuerst fand man dich auf dem Kalvarienberg. Du hast unseren Heiland Jesus Christus geheilt und seine blutigen Wunden geschlossen. Ich pflücke dich (im Namen des Vaters, des Sohnes und des Heiligen Geistes).» Die Wirksamkeit dieser Kräuter führt man darauf zurück, dass ihr Prototyp in einem (zu jener Zeit) kosmisch entscheidenden Moment auf dem Kalvarienberg entdeckt wurde. Sie wurden gesegnet, weil sie die Wunden des Heilands geheilt hatten. Die gepflückten Kräuter wirken nur bei demjenigen, der den ursprünglichen Heilungsakt beim Pflücken wiederholt. Deshalb sagte eine alte Zauberformel auch: «Lasset uns Kräuter sammeln und sie auf die Wunden des Erlösers legen.»

Das zweite Leben von Jesus

«Ist aber Christus nicht auferweckt worden, dann ist unsere Predigt sinnlos, sinnlos auch euer Glaube. Dann werden wir sogar als falsche Zeugen Gottes erfunden; denn wir hätten gegen Gott bezeugt, dass er Christus auferweckt habe, den er ja gar nicht auferweckt hat, wenn angeblich Tote nicht auferweckt werden.»

Paulus, 1. Korintherbrief (15, 14–15)

Im weiteren Verlauf werden wir sehen, wie Jesus sich – nach der Heilung seiner Wunden und dem Verlassen der Grabstätte – auf den Weg macht, um vor seinen Feinden zu fliehen, womit er einen neuen Abschnitt seines menschlichen Lebens beginnt. Die Bibel selbst wird uns beweisen, dass das Bild von Jesus – nach dem Verlassen des Grabes – das Bild eines physischen, menschlichen Körpers und nicht das eines göttlichen oder geistigen Wesens ist.

Wir haben im vorhergehenden Teil bereits gesehen, wie Jesus auf gar nicht übernatürliche Weise seine Grabstätte verliess, sondern dass er den Felsbrocken, der den Eingang verdeckte, beiseite schieben musste, um herauszugelangen. Es handelte sich also um einen physischen Körper, der einen physischen Raum brauchte, um sich Durchgang zu verschaffen. Dann wird er zu seinen Jüngern reden, nach Galiläa gehen, Brot und Fisch essen, die Wunden an seinem Körper zeigen, heimlich aus Pilatus Machtbereich fliehen, aus diesem Ort auswandern – wie es unter den Propheten üblich war – und schliesslich in Richtung Osten reisen.

Bevor ich nun fortfahre, ist – meiner Meinung nach – jetzt der richtige Augenblick, das angebliche Phänomen der Himmelfahrt in angemessener Ausführlichkeit zu analysieren. Dazu gehe ich noch einmal die Fundamente durch, auf die das Christentum sich beruft, um den Wirklichkeitscharakter besagten Ereignisses darzulegen.

Damit diese Untersuchung keinen tendenziösen Anstrich erhält, werde ich das Mysterium von der Himmelfahrt nicht selbst analysieren, sondern werde wörtlich einige Paragraphen aus dem «Wörterbuch der Bibel» von Dr. Herbert Haag zitieren. Dieses Buch wurde in Spanien von dem – sehr stark christlich geprägten – Herder-Verlag veröffentlicht.

Unter der Überschrift «Himmelfahrt» ist dort zu lesen:

Der sichtbare Aufstieg Jesu zum Himmel vom Ölberg aus, vierzig Tage nach seiner Wiederauferstehung, wird von Lukas am Anfang der Apostelgeschichte (1, 2 und folgende 9, 10) erzählt und wird auch in zusammenfassender Form am Ende seines Evangeliums (Lukas 24, 51) erwähnt. Es ist nicht möglich, die erste dieser Erzählungen als eine nachträgliche Eintragung zu betrachten, wie es einige Kritiker tun, da der literarische Aufbau der Apostelgeschichte 1, 1–11, genau mit dem Original von Lukas übereinstimmt; es ist auch nicht möglich, aus der Apostelgeschichte 1, 2 und Lukas 24, 51 die Erwähnung der Himmelfahrt einfach herauszustreichen, da die Auslassungen einiger handschriftlicher Fassungen (der westlichen Familie) nicht ursprünglicher Art sind, sondern aus Korrekturen des Textes stammen. Damit ist es also Lukas selbst, der über die Begebenheit am Schluss seines ersten Werkes und am Anfang seines zweiten berichtet. In der zweiten Erzählung wird jedoch der Zeitraum von vierzig Tagen hervorgehoben, von dem in der ersten nicht die Rede ist. Die ge-

naue Ortsangabe in dieser Szene – auf dem Ölberg (Apostelgeschichte 1, 12), in der Nähe Bethaniens (Lukas 24, 50) – lässt klar erkennen, dass es sich für ihn um ein konkretes geschichtliches Ereignis handelt. Die ortsansässige Tradition legte die Erinnerung daran spontan auf den höchsten Punkt des Ölbergs und errichtete dort im vierten Jahrhundert eine Grabstätte.

Dennoch ist Lukas im Neuen Testament der einzige, der Christi Himmelfahrt in dieser – zeitlich und räumlich – sichtbaren und erkennbaren Weise darstellt. Die anderen Autoren des Neuen Testaments stellen lediglich fest, dass Christus, als direkte Konsequenz aus der Wiederauferstehung, sich als Wiederauferstandener im Himmel befindet, wo er in Herrlichkeit zur Rechten Gottes sitzt, an der Seite des Vaters, und dass er von dort zu seiner glorreichen Wiederkehr kommen wird. Dieser Verbleib im Himmel nach einem irdischen Leben lässt natürlich an eine Himmelfahrt Christi denken, die sich jedoch in aller Stille abgespielt hat und selbst diejenigen, die sie erwähnen, legen eher ein Bekenntnis ihres Glaubens ab, als ein von ihnen beobachtetes Phänomen zu beschreiben.

Die Einzigartigkeit des Zeugnisses von Lukas beeinflusst auch die ursprüngliche christliche Tradition, die zunächst unsicher und unbeständig zu sein scheint. Erst im vierten Jahrhundert ist die Erzählung aus der Apostelgeschichte unter den Vätern allgemein bekannt. Vorher wird das Ereignis von einigen überhaupt nicht erwähnt (Klemens von Rom, Didache, Ignazius, Polykarp, Hermas), und selbst diejenigen, die es erwähnen, stellen es unterschiedlich dar, und die zeitliche Einordnung ist nicht eindeutig. Nur einige versuchen wirklich, genauere Angaben über den Ablauf der Himmelfahrt zu machen, aber dies auch nur durch

Ausführungen, die keinerlei geschichtlichen Wert besitzen. Zahlreicher sind die Zeugnisse, die für Christi Himmelfahrt ein Datum angeben, jedoch zeigen sich auch hier bemerkenswerte Unterschiede. Schon Lukas 24, 51 und Johannes 20, 17 scheinen sie auf den Ostertag zu legen. Ebenso verfahren (Petrus Evang. 56, Barn 15, 9; Anhang k zu Matthäus 16, 4; Altes Testament Benj. 9, 5; Apol. Arist., (gr. 15, sir. 2); für andere jedoch vergehen mehr als 18 Monate (AscIs 9, 16; Valentianus und Ofitas, nach Iren. I, 3, 2; 30, 14) und bis zu 12 Jahren (Pistis Sophia I, 2; Buch des Yeu). Schliesslich sprechen einige Väter wie Justinus, Tertullian, Eusebius und Hieronymus bald von einem Aufstieg zum Himmel am Tage seiner Wiederauferstehung, bald von einer Himmelfahrt nach vierzig Tagen.

Dieses Durcheinander in der ersten christlichen Tradition bezüglich der Art und Weise und des Zeitpunkts der Himmelfahrt hat vielen Kritikern einen Vorwand geliefert, sie als eine nachträgliche Legende zu betrachten, die das Ergebnis einer Entwicklung ist, die dem Glauben an Jesu Triumph im Himmel nach und nach eine neue Form gegeben hat.

Dieser wunderbare Sieg über den Tod ist anfänglich rein geistig verstanden worden und hat nur Jesu Seele berührt. In diesem Sinne hat man von einer Himmelfahrt Christi unverzüglich nach seinem Tod gesprochen (23, 43, Paulus Evang.). Erst später hat man aus Gründen der Rechtfertigung versucht, diesem Triumph eine etwas konkretere Form zu geben und man weitete sie auch auf den Körper des Herrn aus; so erklärt sich die Materialisierung der Christus-Träumereien durch das Erscheinen des Wiederauferstandenen, sinnlich wahrnehmbar, in einem fühlbaren Körper, der ass und trank. Darauf folgte die Legende von dem leeren Grab und schliesslich die Szene des sichtbaren Aufstiegs zum Himmel.

Diese Theorien werden jedoch nicht nur dem historischen Wert der Erzählungen des Neuen Testaments nicht gerecht, sondern ihr Hauptfehler besteht darin, dass sie eine Vorstellung von der Unsterblichkeit vermitteln, die sehr viel griechischer als semitisch ist. Für die Semiten, wie es die Apostel ja waren, war Christi Sieg über den Tod ohne den Triumph seines Körpers unbegreiflich, weil der Tod die Strafe für die Sünde ist, die den Körper genauso berührt wie die Seele, oder besser, eher die Seele berührt, aber durch den Körper geschieht; und aufgrund des Sieges über die Sünde, worin eigentlich Christi Werk der Erlösung besteht, muss seine ursprüngliche Zugehörigkeit zum Körper ebenso wie zur Seele wiederhergestellt werden. Deshalb ist unzweifelhaft, dass die ersten Jünger, wenn sie von dem Triumph ihres Meisters über Sünde und Tod völlig überzeugt waren, ebenso an den Triumph des wiederauferstandenen und in die göttliche Herrlichkeit eingegangenen Körpers glauben mussten. Dieser Glaube ergibt sich zwangsläufig aus der Tatsache, dass er ihnen wahrhaftig und sinnlich wahrnehmbar erschien. Ausserdem ist der Glaube an die Erhebung des wiederauferstandenen Körpers Christi in den Himmel nicht mehr als die notwendige Folge und unumgängliche Ergänzung des Glaubens an seine Wiederauferstehung.

Wenn es aber richtig ist, dass die Unsicherheit der neutestamentlichen und ursprünglichen christlichen Tradition die negative These der Kritiker nicht rechtfertigt, so verdient sie doch unsere Aufmerksamkeit und fordert dann auf, tiefer in das Mysterium vorzudringen. Dabei sind anscheinend zwei Augenblicke deutlich zu unterscheiden: (A)

*die Erhebung Christi zum Vater im Himmel und (B) die
äusserliche Manifestierung seines Aufstiegs vom Ölberg.*

*A) Die Erhebung oder die Verherrlichung im Himmel ist
der wesentliche Aspekt, der direkte Inhalt dieses Glaubensdogmas. Der Eingang Christi Körper in die Herrlichkeit des eschatologischen Königreichs stellt tatsächlich die
Voraussetzungen, den Pfand und letztlich den Grund für
unsere eigene Verherrlichung dar, folglich unserer letztendlichen Reinheit. Sie bedeutet den Keim einer durch
Christus bis in ihr physisches Wesen erneuerten Welt. In
dieser neuen Welt stellt Jesu verherrlichter Körper sozusagen die Urspungszelle, den exemplarischen und wirksamen
Grund dar, der die Erneuerung des Körpers der Christen
und dadurch der gesamten Welt auslöst. Es reicht nicht
aus, dass der Körper von Christus aus dem Grab herauskam. Er musste in die göttliche Welt eintreten, in die er
uns alle einführt, und diese göttliche Welt gab es schon immer und sie ist – für unsere menschliche Vorstellungskraft
zwangsläufig – die Welt des «Himmels» über der Erde.
Aber dieser Eintritt in die Herrlichkeit ist eine ganz und
gar übernatürliche Tatsache, die sich aus der Wahrnehmung durch die Sinne entzieht, weshalb die Zeugnisse des
Neuen Testaments, einschliesslich das von Lukas, sich
auch weigern, es zu beschreiben. Dennoch handelt es sich
um eine wirkliche und «historische» Tatsache, die sich zu
einem bestimmten Zeitpunkt ereignet hat. Dieser Zeitpunkt ist offensichtlich kein anderer als der der Wiederauferstehung.*

*Von dem Moment an, als Jesu Körper kraft des Geistes
aus dem Grab herauskommt, gehört er der eschatologischen Welt der Herrlichkeit an und tritt mit vollem Recht
in sie ein. So beschreiben es die Mehrheit der Texte des*

Neuen Testaments, die das Wiederauferstehen von Christus und sein Sitzen zur Rechten des Vaters wie zwei untrennbare Gesichtspunkte ein- und desselben glorreichen Triumphes darstellen. So sagt es ausdrücklich Johannes, 20, 17, wo Christus Maria Magdalena darüber aufklärt, dass er sich bereits nicht mehr in dem gleichen Zustand wie vorher befindet, wo sie ihn einfach anfassen kann und er ihr aufträgt, seinen Aposteln mitzuteilen, dass seine Himmelfahrt bald stattfinde, dass sie sogar kurz bevorstehe. Es ist nämlich eindeutig, dass er den Aposteln nach der Himmelfahrt erscheint (20, 19–29), nachdem er einmal kurz bei seinem Vater war, an dessen Seite er immer leben wird. Aus diesem Text lässt sich höchstens eine kurze Zeitspanne zwischen Wiederauferstehung und Himmelfahrt ableiten, was sich ausreichend mit dem pädagogischen Ziel der Erzählung erklären lässt, wie durch den Dialog mit Magdalena angezeigt wird.

(B) Nun, die sichtbare Manifestierung auf dem Ölberg steht in keiner Weise in Widerspruch mit dem ersten und entscheidenden Triumph, der am Ostertag stattfand; denn er gehört einer ganz andern Ordnung an, wie die Erzählung des Lukas selbst beweist. Weit davon entfernt, uns einen triumphalen Eintritt in die himmlische Herrlichkeit zu beschreiben, wie es einige Legenden über die Himmelfahrt heidnischer Persönlichkeiten oder Halbgötter tun (Romulus, Herkules, Mithras usw.) oder wie es bei Christus die Apokryphen machen, will Lukas lediglich den Abschied des Herrn schildern, genauer gesagt, seinen letzten Tag. Die versteckten und traditionellen Merkmale, mit denen diese Szene beschrieben wird, sollen zeigen, dass die Zeit der gewohnten Unterhaltungen mit Jesus zu Ende ist und dass er bis zu seiner glorreichen Wiederkehr nicht zurückkehren wird. Die Worte der Engel an die Jünger und

die Wolke, traditionelles Gleichnis der eschatologischen Kundgebungen (Lukas 21, 27, auch Markus 14, 64, auch Apostelgeschichte 1, 7; 14, 14 folgende; siehe Altes Testament 4, 17 Apostelgeschichte 11, 12), sollen nichts anderes bedeuten. Ebenso kann man die Zahl vierzig als ein traditionelles Element auffassen und man darf sie nicht allzu wörtlich interpretieren. Vielleicht denkt Lukas an die vierzig Tage, die Jesus in der Wüste verbracht hatte, bevor sein Leben in der Öffentlichkeit begann (Lukas 4, 2), da auch vierzig Tage nach seiner Wiederauferstehung vergingen, bis er sich in der Kirche zeigte. Denn was Lukas bei diesem letzten Gang des wiederauferstandenen Herrn am meisten kümmert, ist, dass dieser Aufbruch vor Pfingsten stattfindet und das Fest vorbereitet; das heisst, er geht der Ausschüttung des Heiligen Geistes voraus, fünfzig Tage nach der Wiederauferstehung, mit der das Gottesreich in dieser Welt beginnt. So gesehen, steht die – nur von Lukas geschilderte – Erscheinung auf dem Ölberg in keinem Widerspruch zu dem ersten und wesentlichen Aufstieg Jesu in die Herrlichkeit, der am gleichen Tag wie die Wiederauferstehung stattgefunden haben muss. Sie ist lediglich ihre Ergänzung oder ihr Siegel. Deshalb hat die christliche Tradition – vor allem in ihrer Liturgie – diesen letzten sichtbaren Lebensakt von Jesus völlig zu Recht als letzte Bestätigung seines Triumphes über den Tod und seiner Anwesenheit im Himmel betrachtet, und brachte in dieses Mysterium all die Verherrlichung des vorangehenden Ostertages ein, sowie man in ihm auch – dem Gelübde nach – die ganze Gnade erkannte, die ihm zu Pfingsten zuteil wurde.

Ehrwürden Serafin de Ausejo, Professor für die Heilige Schrift, der die spanische Ausgabe des «Wörterbuchs der Bibel» ausgearbeitet hat, aus dem wir soeben einige Abschnitte auszugsweise gesehen haben, fasst zum Schluss die Meinung des Autors zusammen. Dort sagt er u. a.:

Der Sachverhalt der Himmelfahrt am Tag der Wiederauferstehung an sich ist etwas Übernatürliches, für die menschlichen Sinne nicht wahrnehmbar, aber absolut wahr, wirklich und historisch.

Von einem objektiven Standpunkt aus schliesse ich daraus, dass kein menschliches Wesen imstande ist zu behaupten, Jesu Himmelfahrt sei «wahr, wirklich und historisch», wenn sie etwas Übernatürliches – für die menschlichen Sinne nicht Wahrnehmbares – ist.

Andererseits kommt man nach wiederholtem Lesen der Analyse, die ich soeben über das Mysterium von Jesu Himmelfahrt dargelegt habe, zu dem Schluss, dass eine solche Himmelfahrt die logische Folge der Wiederauferstehung darstellt, um das typisch menschliche Verlangen nach einem «glücklichen» Ende des von Jesus personifizierten Mysteriums zu befriedigen. Der nächste auf die Wiederauferstehung folgende Schritt war, dass man Jesus im Himmel ansiedelte.
Oder anders ausgedrückt: wenn es eine Wiederauferstehung gegeben hat, dann muss es auch eine Himmelfahrt gegeben haben. Der erste Schritt hätte nämlich keinen Sinn, wenn es den zweiten nicht gäbe. Somit scheint die Himmelfahrt nicht eine wirklich erlebte Tatsache, sondern ein im menschlichen Geist durch logische Ableitung geschaffenes Phänomen zu sein.
Folglich ist die Himmelfahrt von der Wiederauferstehung abhängig, was bedeutet, dass es nur eine Himmelfahrt gegeben haben kann, wenn es vorher oder gleichzeitig eine Wiederauferstehung gab. Dass es eine Himmel-

fahrt von Jesus also nicht gegeben hat, wenn er nicht wiederauferstanden ist.

Und die Wiederauferstehung von Jesus hat schwerlich stattfinden können – wie wir bereits gesehen haben und auf den folgenden Seiten noch sehen werden –, wenn Jesus nicht am Kreuz gestorben ist, was allem Anschein nach der Fall war.

Ich will jedoch auch hier nicht tendenziös werden. Deshalb schliesse ich diese Studie über die Wahrscheinlichkeit der Wiederauferstehung und der Himmelfahrt ab, indem ich noch einmal das «Wörterbuch der Bibel» aus dem Herder-Verlag zu Hilfe nehme und einige Abschnitte bezüglich der Wiederaufstehung von Jesus zitiere:

Den einzigen – und für das Christentum entscheidenden – Beweis der Wiederauferstehung von Jesus, die in der apostolischen Predigt im Mittelpunkt steht, findet man in christlichen Quellen.

Die vier Evangelien erwähnen nicht die Wiederauferstehung selbst (diese fand der Erzählung der Evangelien nach ohne irdische Augenzeugen statt), sondern dass das Grab leer vorgefunden wird und, vor allem, dass der wiederauferstandene Christus seinen Jüngern erscheint. Die besagten Erzählungen sind lückenhaft, uneinheitlich und augenscheinlich widersprüchlich.

Der heilige Thomas sagt, dass sich die Wiederauferstehung selbst den Jüngern nur anhand der glaubwürdigen Zeichen (das Alte Testament und der signa evidentia) kundtat, die nicht die Wiederauferstehung an sich, sondern die Echtheit der Zeichen selbst bewiesen; der Glaube der Christen basierte auf der Predigt der Apostel. Folglich ist die Wiederauferstehung eine Tatsache, aber als Mysterium des Glaubens ist es keine Tatsache, die mit den Methoden der Geschichtswissenschaft mit Sicherheit bewiesen werden kann. Historisch beweisbar ist nur der Glaube der Jünger an die Wiederauferstehung.

Kehren wir jedoch auf Jesu Weg zurück, nachdem er aus dem Grab entkommen ist. Zunächst trifft er auf Maria Magdalena und ihre Begleiterin, die seine Füsse umarmen – ein Zeichen dafür, dass es sich um einen physischen Körper handelte. Dann trägt er ihnen auf, seinen Jüngern mitzuteilen, dass sie sich nach Galiläa begeben sollen, wo sie sich mit ihm treffen würden. Im Matthäus-Evangelium (28, 9–10) heisst es:

«Und siehe, Jesus kam ihnen entgegen und sprach: ‹Seid gegrüsst!› Sie traten hinzu, umfassten seine Füsse und beteten ihn an. Da sagte Jesus zu ihnen: ‹Fürchtet euch nicht! Geht hin und bringt meinen Brüdern die Botschaft, sie sollen nach Galiläa gehen; dort werden sie mich sehen.›»

Dann wird Jesus von Jakobus und Paulus betrachtet, wie wir in dem 1. Korintherbrief (15, 7–8) des letzteren nachlesen können:

«Danach erschien er dem Jakobus, dann allen Aposteln. Als letztem von allen, der Fehlgeburt vergleichbar, erschien er auch mir.»

Jesus trifft sich sporadisch mit seinen Freunden und wagt es nicht, sich öffentlich zu zeigen; aus Angst, die Juden könnten ihn wiedererkennen und festnehmen. Wenn man das Matthäus-Evangelium aufmerksam liest, findet man diese Angst deutlich beschrieben. Kehren wir also zum Text zurück und lesen wir noch einmal 28,8:

«Da gingen sie eilends, in Furcht und grosser Freude, vom Grab weg und liefen, um seinen Jüngern die Kunde zu bringen.»

Es ist deutlich, dass die beiden Frauen bei all ihrer Freude zu wissen, dass Jesus am Leben war, grosse Angst davor hatten, dass man ihn entdecken könnte. Jesus selbst bemerkt das und versucht, sie zu beruhigen (9–10):

«Und siehe, Jesus kam ihnen entgegen und sprach: ‹Seid gegrüsst!› Sie traten hinzu, umfassten seine Füsse und beteten ihn an. Da sagte Jesus zu ihnen: ‹Fürchtet euch nicht! Geht hin und bringt meinen Brüdern die Botschaft, sie sollen nach Galiläa gehen; dort werden sie mich sehen.›»

Da unternimmt Jesus eine Fussreise von ungefähr 100 Kilometern, um nach Galiläa zu gelangen und so seine möglichen Verfolger zu verwirren.
Schauen wir uns aber noch mehr Beweise dafür an, dass Jesus in seinem irdischen Körper weiterlebte, und sich nicht vergeistigte. So steht im Lukas-Evangelium, als Jesus den Aposteln erscheint (24, 37–39):

«Sie aber erschraken und fürchteten sich und glaubten, einen Geist zu sehen. Und er sagte zu Ihnen: ‹Warum seid ihr verwirrt und warum steigen Zweifel auf in eurem Herzen? Seht an meinen Händen und Füssen, dass ich selbst es bin; rührt mich an und seht, ein Geist hat doch nicht Fleisch und Gebein, wie ich es habe und ihr an mir sehen könnt.›»

Zwei Verse weiter zeigt Jesus, dass er Hunger hat – etwas völlig Unbegreifliches für ein göttliches oder geistiges Wesen. Es heisst dort (41–43):

«Da sie aber vor Freude nicht glauben wollten und staunten, sagte er zu ihnen: ‹Habt ihr etwas zu essen hier?› Sie gaben ihm ein Stück gebratenen Fisch, und er nahm und ass vor ihren Augen.»

Kommen wir zum Johannes-Evangelium und lesen wir nach, wie Thomas die Wunden von Jesus berührt. An dieser Stelle wird deutlich, dass ihnen ein berührbarer Körper aus Fleisch und Knochen erschien. Es heisst dort (20, 20):

«Nach diesen Worten zeigte er ihnen die Hände und die Seite.»

Später (20, 27) ist zu lesen:
«Dann sagte er zu Thomas: ‹Reich deinen Finger her und sieh meine Hände und reich deine Hand und lege sie in meine Seite und sei nicht ungläubig, sondern gläubig.›»

Es ist jedenfalls klar, dass Jesus aus Palästina verschwinden musste. Er nahm, wie wir sahen, ein letztes Mal Kontakt zu seinen Jüngern auf – und das nur kurz, um nicht entdeckt zu werden. Dann zog er Richtung Osten. Letzten Endes war er ein Verfolgter. Nach physischer wie seelischer Verfolgung, Qual und Folter, war er nicht fähig, einer zweiten Begegnung mit seinen Feinden standzuhalten. Um nicht entdeckt zu werden, verkleidet er sich sogar während der letzten Tage seines Aufenthalts in Palästina. Dies zeigt der Text des Markus-Evangeliums (16, 12):

«Dann erschien er in fremder Gestalt zweien von ihnen auf dem Weg, als sie über Land gingen.»

Aber Jesus sah sich jetzt nicht nur zur Flucht gezwungen, sondern er musste auf jeden Fall noch die Mission erfüllen, für die er gesandt worden war. Wäre er wirklich am Kreuz gestorben, hätte er ja nicht den ihm zugeteilten Auftrag erfüllt. Ich will damit sagen, dass Jesus nicht sterben sollte, bevor er die vertriebenen Stämme Israels gesucht und gerettet hatte.

Auf der Suche nach den vertriebenen Stämmen Israels

Den Evangelien nach ist Jesus hauptsächlich auf die Erde gesandt worden, um das Gesetz zu befolgen und um die vertriebenen alten Stämme Israels zu suchen und zu retten. In diesem Kapitel werden wir uns mit der an zweiter Stelle genannten Mission beschäftigen. So steht im Lukas-Evangelium (19, 10) geschrieben:

«Denn der Menschensohn ist gekommen, zu suchen und zu retten, was verloren war.»

Und (22, 29–30):

«Und so übertrage ich euch, wie es mir mein Vater übertrug, das Reich: ihr sollt essen und trinken an meinem Tisch in meinem Reich und auf Thronen sitzen und die zwölf Stämme von Israel richten.»

In dem gleichen Sinne, und indem er ihnen Normen und Regeln an die Hand gibt, empfiehlt Jesus seinen Jüngern wörtlich:

«Diese Zwölf sandte Jesus aus und gebot ihnen: Geht nicht den Weg zu den Heiden und betretet nicht eine Stadt der Samariter, geht vielmehr zu den verlorenen Schafen des Hauses Israel!»

(Matthäus-Evangelium 10, 5–6)

Offensichtlich sollte sich Jesus auf die Suche nach den vertriebenen Stämmen Israels machen, aber wo waren sie? Gehen wir jedoch einmal in der Zeit zurück und beschäftigen uns mit der Geschichte. Nach biblischer Erklärung ist Israel der Name, den Jacob entweder von einem mysteriösen Wesen erhalten hatte, mit dem er eine Nacht lang am Yabbok kämpfte (Genesis, 32, 23–33), oder von Gott, als er ihm in Bethel erschien (Genesis, 35, 10). Jedenfalls zwingt diese Namensgebung zu dem Gedanken, Jacob als den Vater der Söhne Israels anzusehen. Josua teilte das Heilige Land unter den Söhnen Israels auf. Der grösste Teil des Südens von Palästina wurde von den Stämmen Judas und Benjamins besetzt, während sich die restlichen zehn Stämme im Norden Palästinas niederliessen. Die Hauptstadt der zehn Stämme war – für die meiste Zeit ihrer Geschichte in Palästina – Samaria. Nachdem sich die Stämme einmal auf ihrem Gebiet niedergelassen hatten, schlossen sie sich zusammen, wobei Saul der erste israelitische König der vereinigten Monarchie wurde. Auf ihn folgte David, der das eroberte Jerusalem zur Hauptstadt machte. Sein Sohn Salomon liess den prächtigen Tempel zur Anbetung Jahwes erbauen. Er liess neben dem Tempel ausserdem einen Grabhügel errichten, auf dessen Gipfel er einen kleinen Tempel für sich erbauen liess, in dem er nach seinem Tode aufbewahrt wurde. Der Grabhügel erhielt den Namen Salomons, und der Tempel wurde mit der Zeit als Thron oder Tor Salomons bekannt. Aber schon bald sollte sich das Königreich Israel aufteilen. Kaum hatte der Nachfolger Salomons den Thron bestiegen, führte ein von Jeroboam angeführter Aufstand dazu, dass zehn der israelitischen Stämme für immer vom Hause Davids getrennt wurden. Das neue gespaltene Königreich nannte sich Königreich Israel, während das Haus Davids weiterhin das Königreich Judas beherrschte. Seitdem wird der Begriff Israel ausschliesslich für die zehn Stämme gebraucht, während sich Juda auf die zwei Stämme Judas und Benjamins bezieht.

Natürlich waren die beiden Königreiche verfeindet. Nach ein paar Jahren fing Jehu, der König von Israel, einen Krieg mit Athaliah, dem König von Juda, an. Dann verbündete sich der König Pekah mit dem König Rezin von Syrien, überfiel Juda und nahm viele Gefangene. Damit erfüllt sich die Prophezeiung Isayas über die Zerstörung der israelitischen und syrischen Königreiche durch die Assyrer. König Ahaz von Juda rief nämlich – aus Angst um seinen Thron und sein Leben – die Assyrer zu Hilfe. Im Zuge dieser Assyrer-Intervention erobert der König Tiglatpileser Samaria und nahm viele der Einwohner nach Assyrien mit. Pekah und Rezin wurden umgebracht. So begann die Gefangenschaft der zehn Stämme.

Jahre darauf wird Sargon, ein assyrischer Aufständischer, zum König ausgerufen. Dieser Erfolg wird ihm an jenem Ort zuteil, an dem die Assyrer die Hauptstadt des nördlichen Königreichs, Samaria, unterworfen hatten. Er liess dann fast alle Überlebenden der zehn Stämme gefangennehmen – eine Gefangenschaft, aus der sie niemals mehr entkommen sollten. Die Gefangenen wurden nach Assyrien, Mesopotamien und Media verschleppt. Die entvölkerte Region von Samaria wurde mit Kolonnen aus fünf syrischen Bezirken neu besiedelt, und aus diesen Siedlern entwickelte sich die Nation der Samariter. Deshalb sahen die Juden – nördlich wie südlich dieser Region – Samaria als ein verbotenes Gebiet an und empfanden eine tiefe Abneigung gegenüber den Samaritern. Anderthalb Jahrhunderte später wird auch das Königreich im Süden, Juda, erobert. Der König Nabucodonosor von Babylon, dem neuen Königreich der Chaldäer – Nachfolger des zerstörten Königreichs der Assyrer –, fällt in Juda ein, erobert und zerstört seine Hauptstadt Jerusalem. Der Tempel Salomons wird in Brand gesetzt. Eine auserwählte Bevölkerungsschicht wird in babylonischer Gefangenschaft in zwei Deportationsgruppen ins Exil geführt.

Von nun an beginnt ein neuer Abschnitt in der Geschichte der Israeliten. Nachdem Kyros Babylon erobert hat, ordnet er die Freilassung der Gefangenen an. Wie in dem Buch Esdras in der Bibel nachzulesen ist, sorgte Kyros mit ganzem Einsatz dafür, dass die Israeliten nach Jerusalem zurückkehren und dort den grossen Tempel aufbauen konnten. Dennoch – und gegen die Verordnung des Kyros – erlaubte man den Juden nicht, zurückzukehren, da die neuen Bewohner befürchteten, man würde ihnen in diesem Fall ihren Besitz rauben. Hierbei ist zu berücksichtigen, dass die Freiheit von den Juden nicht bedeutete, dass sie von dem persischen Imperium unabhängig würden, da Judäa weiterhin ein Teil des Imperiums war und der Verwalter von Judäa von den persischen Königen abhängig war. Nun betritt Darius, der König der Könige, die Szene. Er hielt ein weites Imperium zusammen, das sich vom griechischen Archipel im Westen bis nach Indien im Osten erstreckte und dabei im Norden bis nach Bactria (Afghanistan) reichte. Darius eroberte Indien mit einem mächtigen Heer. Das persische Imperium wurde von den Baktrern, Skythen und Parthern aufgelöst. Das Imperium der Parther erstreckte sich im Osten bis zu dem Fluss Jhelum in Indien. Auf diese Weise wird deutlich, wie die zehn israelitischen Stämme zu Untertanen verschiedener Königreiche geworden sind.

Andererseits ist im Alten Testament an keiner Stelle von einer Rückkehr der zehn Stämme nach Palästina die Rede.

Und Thomas Holditch schreibt in seinem Werk «The Gates of India» (Seite 49):

Mit der letztendlichen Zerstörung des assyrischen Königreichs verlieren wir die zehn Stämme Israels aus den Au-

gen, die sich für mehr als ein Jahrhundert unter die Einwohner Mesopotamiens und Armeniens gemischt hatten. Die Geschichte vermittelt uns keine Aussagen über ihre Existenz als Nation.

Im zweiten Buch Esdras (13, 29–36), das genauso wie das erste von der Kirche als Gottes Wort angenommen, später jedoch auf dem Tridentinischen Konzil abgelehnt wurde, da die göttliche Eingebung fehle, wird behauptet, dass die zehn aus Israel deportierten Stämme niemals in ihr eigenes Land zurückkehrten und dass sie sich sogar noch weiter davon entfernten; das heisst: weiter nach Osten. Dort wird ebenfalls gesagt, dass sie, um jenes Land zu erreichen, einen langen Weg zurücklegen mussten, der anderthalb Jahre dauerte, und dass die Gegend, in die sie gingen, Asareth heisst. So erinnert uns auch Al-Haj Khawaja Nazir Ahmad (5) daran, dass in dem Werk «Tabaqati-Nasiri» auf Seite 179 steht, dass zu Zeiten der Shansabi-Dynastie in Asareth ein Volk namens Bani Israel (die Söhne Israels) lebte und sich dem Handel widmete. Hazir Ahmad zitiert dann Thomas Ledlie, der in seinem Buch «More Ledlian» (6), als er über den Ursprung der Afghanen schreibt, Auskünfte gibt, die Asareth mit dem Bezirk Hazara in der nördlichen Provinz von Pakistan in Zusammenhang bringt. Und das Gebiet von Kaschmir liegt direkt an dem Gebiet von Hazara an. Aber die alte Grenze von Hazara befand sich auf der anderen Seite des Indus, und weiter oben, in der Nähe von Chilas, verlief sie bis in das Territorium von Kaschmir.

Im weiteren führt Nazir Ahmad in einer ausführlichen Erklärung aus, wie zu jener Zeit die Eroberer neuer Königreiche die eroberten Gebiete besiedelten (meistens mit ihren Gefangenen), um neue Zivilisations- und Handelszentren einzurichten. Er sagt in dem Zusammenhang, dass es nichts Natürlicheres gäbe, als dass Tiglatpileser, der seine Eroberungen in Asien bis an Indiens Grenzen ausdehnte, oder auch Sargon oder Nabucodonosor einen Teil der Bewohner der neuen israelitischen Nation deportiert hätten, um ihren Besitz im Osten zu besiedeln. Dann, nachdem er festgestellt hat, dass die grossen Eroberer auf ihrem Weg in den Orient genau bis zu den okzidentalen Grenzen Indiens gelangen, zum Punjab nämlich, dem Tal des Indus, schlussfolgert er, dass dieses Phänomen auf den natürlichen Grund zurückzuführen ist, dass sich der abendländische Mensch dort, im Industal, der rauhen klimatischen Bedingungen bewusst wurde, die in Indiens Ebenen herrschen. Dort stoppten Tiglatpileser, Darius und Alexander der Grosse ihren Vormarsch. Des weiteren argumentiert Nazir Ahmad, dass, wenn die zehn israelitischen Stämme mit den Eroberern bis in die weit abgelegenen Länder im Osten vorgedrungen sind, sie genau dort angehalten haben, wo die Eroberer ihr Eindringen beendeten. Somit liegen für uns berechtigte Gründe für die Annahme vor – sagt er –, die zehn vertriebenen Stämme Israels in Afghanistan, Gagh, Bokhara, Khorasan, Kokhant, Samarkand und im Tibet, auch im westlichen Teil Chinas und in Indien, im Norden Pakistans und in Kaschmir finden zu können.

Natürlich lassen sich Reste von Israeliten in Mesopotamien und noch westlicher gelegenen Ländern finden. Und es ist von ausserordentlicher Bedeutung, dass die Juden in Palästina, in Arabien, in der Türkei, in Mesopotamien und in Persien sich selbst als Juden bezeichnen, während diejenigen, die jenseits, also östlich von Persien leben, sich Bani Israel nennen, Söhne Israels also.

Gehen wir jedoch zu einigen Texten über, die über die israelitische Abstammung der Afghanen und Kaschmirer berichten.

Bücher, die den israelitischen Ursprung von Afghanen und Kaschmirern bezeugen

Bukthawar Khan schildert in seiner Universalgeschichte «Mirat-ul-Alam» sehr lebhaft die Reisen der Afghanen vom Heiligen Land nach Gor, Gazni, Kabul und anderen Orten Afghanistans. Der «Tarik-i-Afghana» (Geschichte der Afghanen) von Niamatullah, und der «Tarik-i-Hafiz Rahnmatkhani» von Hafiz Muhammad Zadeek, in dem die Frühgeschichte, der Ursprung und die Umsiedlungen der Afghanen analysiert werden, sind zwei Geschichtsbücher, in denen man zu der Schlussfolgerung gelangt, dass die Afghanen die Söhne Israels sind – Bani Israel. George Moore schreibt 1861 in seinem Werk «The Lost Tribes» (Die verlorenen Stämme), dass der natürliche Charakter Israels im Leben und in der Wirklichkeit der Leute wieder erscheint, die sich Bani Israel nennen und die allgemein den Anspruch erheben, die Nachkommen der verlorenen Stämme zu sein. Die Namensgebung ihrer Stämme und Bezirke, sowohl in der alten wie auch in der heutigen Geografie, bestätigt ihre insgesamt natürliche Tradition.

Schiesslich finden wir auf dem Weg, den die Israeliten von Media nach Afghanistan und Indien zurückgelegt haben, Kennzeichen in Form mehrerer Zwischenstationen vor, die die Namen einiger der Stämme tragen, womit der Verlauf ihrer langen und mühseligen Reise deutlich angezeigt wird. Daraufhin sagt Moore, dass Sir William Jones, Sir John Malcom und Chamberlain nach einer umfassenden Untersuchung die Meinung teilen, dass die zehn Stämme über Afghanistan nach Indien, Tibet und Kaschmir gelangten. Die beiden ersten Historiker Kaschmirs,

Mulla Nadiri, der «Tarikh-i-Kashmir» schrieb, und Mulla Ahmad, der «Waqaya-i-Kashmir» (Ereignisse aus Kaschmir) schrieb, sind entschieden der Meinung, dass die Einwohner Kaschmirs von Israel abstammen. Das dritte Geschichtsbuch Kaschmirs, das diesen Sachverhalt erwähnt, ist das «Hashmat-i-Kashmir» von Abdul Qadir bin Qazi-ul Quzat Wasil Ali Khan. Er behauptet in seinem Werk, dass die Einwohner Kaschmirs die Söhne Israels seien und aus dem Heiligen Land kommen. Der Jesuiten-Pater Catrou schreibt in seiner «Allgemeinen Geschichte des Mongolischen Imperiums», dass die Kaschmirer von den Juden abstammen (7).

Dann folgt eine lange und bunte Liste von Büchern, Briefen und Reisenotizen, die von der jüdischen Abstammung der Einwohner Kaschmirs berichten. Die zitierten Texte sollen nur eine kleine Probe darstellen. Es folgt – als Auszug aus dem Buch von Nazir Ahmad – eine interessante Liste von Namen von Stämmen, Kasten und Unterkasten und Ortsbezeichnungen, die in Kaschmir gebräuchlich sind und sich in den biblischen Texten wiederfinden.

Linguistische Entsprechungen zwischen der Bibel und Kaschmir und angrenzenden Ländern

Namen von Stämmen, Kasten und Unterkasten

KASCHMIR

Stämme, Kasten und Unterkasten	Biblische Namen	Bibelstelle
Abri	Ibri	1. Ps., 24, 27
Akwan	Achan (Heb. Akhan)	Jos., 7, 1
Amal	Amal	1. Ps., 7, 35
Asaul	Aahel	2. Ps., 17, 8
Asheriya	Aser (Heb. Asher)	Gen., 30, 13
Attai	Attai	1. Ps., 12, 11
Azri	Azriel	1. Ps., 5, 24
Bal	Baal	1. Ps., 5, 5
Bala Balah	Bala	Jos., 19, 3
Bakru	Bochru (Heb. Bakheru)	1. Ps., 7, 6
Baktu	Baca (Heb. Bekha)	1. Ps., 8, 38
Banniya	Bannah	1. Ps., 11, 30
Bellu	Bela	Ps., 84, 6
Bera Baru Bura	Beera	1. Ps., 5, 6
Basaya	Basseiah (Heb. Baeseyah)	1. Ps., 6, 40
Beroth	Beeroth	2. Sam., 4, 2
Bctya	Betah	2. Sam., 8, 8
Bilgai	Bilgah	Neh., 12, 5
Buhana	Bohan	Jos., 15, 6
Buir	Beor	Ps., 7, 5
Butt	Bath	1. Kön., 7, 26
Caleb	Caleb	1. Ps., 2, 18
Dand Dangar	Dan	1. Ps., 2, 1
Dar Dhar Darku	Dor	1. Kön., 4, 11

Stämme, Kasten und Unterkasten	Biblische Namen	Bibelstelle
Dara	Dara	1. Ps., 2, 6
Dattu	Dathan	Nu., 16, 1
Dum	Dumah	1. Ps., 1, 30
	Gabbi	Neh., 11, 8
Gabba	Geba oder Gabbe (Heb. Gabba)	Jos., 17, 24
Gaddar	Gedor	1. Ps., 4, 4
Gadha	Gad (Heb. Gadh)	1. Ps., 2, 2
Gaddi	Gaddi	Nu., 13, 11
Gaggar	Gerar	2. Ps., 14, 13
Ganai Gani	Guni	1. Ps., 7, 13
Gareb	Gareb (Heb. Gharebh)	1. Ps., 11, 40
Gomer	Gomer	Gen., 10. 2
Gunzo	Ginnetho	Neh., 12, 4
Gundu	Gimzo	2. Ps., 28, 18
Hahput	Hatipha (Heb. Hatipha)	Neh., 7, 56
Haqqaq	Hukok (Heb. Huqqoq)	1. Ps., 6, 75
Iqqash	Ikkesh (Heb. Iqqak)	1. Ps., 11, 28
Ishai	Ishui	1. Sam., 14, 49
Israel	Israel	Gen., 32, 28
Kahan-Masu Kahana Kañ	Kanah (Heb. Kanah oder Cohen)	Jos., 19, 29
Kalkul	Chalcol (Heb. Kalkul)	1. Ps., 2, 6
Kanaz Kunzru	Kenaz	Jud., 3, 9
Kanjuit	Kirjath	Jos., 18, 28
Kar	Careah (Heb. Quriah)	2. Kön., 25, 23
Karrah	Korah	Nu., 26, 9
Katju	Cuth (Heb. Kath)	2. Kön., 17, 30
Kaul Kadu Kaddua Khadu	Caul Cauda (Heb. Kauda)	Jes., 3, 18 Apg., 27, 16
Kitchlu	Kithlish	Jos., 16, 40
Kotru	Keturah	Gen., 25, 4
Laddu	Lud	1. Ps., 1, 17
Lavi Lavch	Levi	1. Ps., 2, 1

124

Stämme, Kasten und Unterkasten	Biblische Namen	Bibelstelle
Lilian	Lebana	Neh., 7, 48
Magre		
Mangre	Magor	Jer., 22, 3
Magar		
Mahlu	Machir (Heb. Makhir)	Jos., 17 1
Maikri	Mahali	Ex., 6, 19
Malla	Maaleh	Jos., 15, 3
Maula		
Mallak	Malluch (Heb. Malluk)	1. Ps., 6, 44
Matri	Matri	1. Sam., 10, 21
Meer	Meres	Esther, 1 14
Meresh		
Mir	Mearah	Jos., 13, 4
Mahsa	Massah (Heb. Mahssa)	Ex., 17, 7
Mahsi		
Minto	Minnith	Jud., 11, 33
Moza	Moza	1. Ps., 7, 36
Mushran	Mushi	1. Ps., 6, 19
Mathu		
Mattu	Mathat	Luk., 3, 29
Mauthan		
Musa	Moisés	
Naik	Nechob (Heb. Neko)	2. Kön., 23, 29
Naiku		
Nehru	Nahor	1. Ps., 1, 26
Nephzu	Nepheg (Heb. Nephez)	1. Ps., 3, 7
Opal	Ophel	2. Ps., 28, 3
Upal		
Ogar	Og	Deut., 3, 11
Ogrey		
Padhe		
Paddar	Padon	Neh., 7, 47
Paudh		
Pareh	Paruah	1. Kön., 4, 17
Phalu	Phallu	Gen., 46, 9
	Puah	1. Ps., 7, 1
Pau	oder Pua	Nu., 26, 23
Poot oder Put	Phut o Put	1. Ps., 1, 8
Raina	Rinnah	1. Ps., 4, 20
Raphu	Raphu	Nu., 13, 9

Stämme, Kasten und Unterkasten	Biblische Namen	Bibelstelle
Rathar	Rethma (Heb. Rithmah)	1. Ps., 8, 2 Nu., 33, 18
Razdon	Rezon	1. Kön., 11, 23
Reshu		
Resh	Rhesa (Arameo,	Luk., 3, 27
Reshi	Resha)	
Reu	Reu	Gen., 12, 18
Reu-wal		
Reual	Reuel	Nu., 2, 14
Sachu	Sechu	1. Sam., 19, 22
Sam	Shem	Gen., 5, 32
Sapru	Saphir	Mi. i, 11
Sapra		
Seh	Sia oder Siah	Neh., 7, 47 Esra., 2, 44
Shahmiri	Shamir	1. Ps., 24, 24
Shaul	Shaul	1. Ps., 4, 24
Shavi	Shaveh	Gen., 14, 17
Shora	Sherah	1. Ps., 7, 2
Shuah	Shuah	1. Ps., 4, 11
Sulaimaniah	Solomon	1. Kön., 4, 20
Tamar	Tamar	2. Sam., 13, 2
Tellah	Tellah	1. Ps., 7, 25
Thabal	Thubal (Heb. Thebhal) oder Tubal	Gen., 10, 2 1. Ps., 1, 5
Thapal	Tophel (Heb. Thophel)	Deut., 1, 1
Tiku	Tekoa	1. Ps., 2, 24
Toh	Tou oder Tohu	1. Ps., 18, 9 1. Sam., 1, 1
Tola	Tola	1. Ps., 7, 1
Voppha	Vophsi	Nu., 13, 14
Yadu	Jahdu (Heb. Yahdu)	1. Ps., 5, 14
Wain	Vaniah (Heb. Vanyah)	Esra., 10, 36
Wani		
Zadu	Zadok	1. Ps., 24, 3
Zartan	Zaretan	Jos., 3, 16
Zaru	Zarah	Gen. 46, 12
Zattu	Zattu	Esra., 10, 27
Zebu	Zebah	Richt., 8, 10

AFGHANISTAN, PAKISTAN

Stämme, Kasten und Unterkasten	Biblische Namen	Bibelstelle
Ajah	Ajah	Gen., 36, 24
Aka Zye	Achaia (Heb. Akaia)	1 Kor., 16, 15
Ama-Zye	Amma	2. Sam. 2, 24
Amon-Zye	Amon	1. Kön., 22, 26
Aya-Zye	Ava	2. Kön., 17, 24
Ayub-Khel Ayub-Zye	Job (Heb. Iyobb)	Hiob, 1, 1
Aziel-Khel	Aziel	1. Ps., 15, 20
Azorees	Azor	Mat., 1, 13
Baboo-Zye	Bebai	Esra, 2
Bajor	Bezer	1. Sam., 11, 8
Barak-Zye	Barak	Richt., 4, 6
Bezak-Zye	Bezek	1. Sam., 11, 8
Biroo-Zye	Beera	1. Ps., 5, 6
Daud Khel Daud-Zye	David (Heb. Davidh)	1. Sam., 16, 13
Gadha	Gad (Heb. Gadh)	1. Ps., 2, 1
Ghaznees	Gaza	Jos., 13, 3
Hamor-Khel	Hamor	Gen., 33, 19
Haroon-Khel	Aaron (Heb. Aharon)	Ex., 4, 14
Hoti-Wal	Hitties	Richt., 3, 5
Ibrahim-Khel Ibrahim-Zye	Abraham	Gen., 17, 5
Issa-Khel Issa-Zye	Jesus (Jesu)	Mat., 1, 21
Ilyas-Khel	Elías, Elejah (Heb. Eliyas)	1. Kön., 17, 1
Isaq-Khel	Isaac (Heb. Itshaq)	Gen., 17, 19
Kada Khadu-Khel	Cauda (Heb. Kauda)	Apg., 27, 16
Karak-Zye	Karka	Jos., 15, 3
Mallak	Mallauch (Heb. Malluk)	1. Ps., 6, 44
Malhi Malla-Zye	Maleh	Jos., 15, 3
Maikri-Khel	Machir (Heb. Makhir)	1. Ps., 7, 14
Mano-Zye	Meono-thyi	1. Ps., 4, 40
Mattru	Matri	1. Sam., 10, 21
Mered-Zye	Mered	1. Ps., 4, 17
Milo-Zye	Millo	2. Sam., 5, 9

Stämme, Kasten und Unterkasten	Biblische Namen	Bibelstelle
Mosa-Khel	Moses (Heb. Mosheh)	Ex., 2, 10
Maryam-Khel	Mary (Heb. Miryan)	Mat., 1, 16
Muhib-Wal	Moab	Gen., 19, 37
Nadab-Zye	Nadeb	1. Ps., 6, 3
Nassarees Nazarees	Nazareth (Heb. Nassara)	Mat., 2, 23
Sam-khel Shamo-Khel	Shem	Gen., 5, 32
Shuavi-Khel	Shaveh	2. Sam., 18, 8
Soories	Shur (Heb. Suryia)	Ex., 15, 22
Sulaiman-Khal Sulaiman-Zye	Solomon (Heb. Shelemoh)	1. Kön., 11, 30
Teko-Zye	Tekoh	1. Ps., 2, 24
Yahya-Khel	John (Heb. Yohanan)	Luk., 1, 55
Yakub-Khel Yakub-Zye	Jacob (Heb. Yaaqob)	Gen., 25, 26
Yunus-Khel	Jonah (Heb. Yonas)	Jon., 1, 1
Yusuf-Zye	Joseph	Gen., 30, 24
Zabdees	Zazad	1. Ps., 7, 21
Zaka-Khel	Zaccai	Esra, 2, 9
Zakaria-Khel	Zechariah (Heb. Zekoryah)	Sach., 1, 1
Zazees	Zaza	1. Ps., 2, 33

BALTISTAN, GILGIT, LADAKH, PAMIR, TIBET UND ANGRENZENDE REGIONEN

Achan	Achan	Jos., 7, 1
Ahir	Ahir	1. Ps., 7, 12
Aliahi	Aliah	1. Ps., 1, 51
Bedhani	Bedan (Heb. Bedhan)	1. Ps., 7, 17
Dard	Dara (R.V. Darda)	1. Ps., 2, 6
Doru	Dor	1. Kön., 4, 11
Gabour	Geber	1. Kön., 4, 13
Likiri	Likhi	1. Ps., 7, 19
Makhri	Machir (Heb. Makhir)	1. Ps., 7, 14
Oshmar	Ishmaiah	1. Ps., 27, 19

Stämme, Kasten und Unterkasten	Biblische Namen	Bibelstelle
Raispian	Reshaph	1. Ps., 7, 25
Rakemah	Rakem	1. Ps., 7, 16
Rezai	Rezia	1. Ps., 7, 39
Sared	Sared	Nu., 26, 26
Sharzuir	Sharezer	Sach., 7, 2
Shuahshaki	Shashak	1. Ps., 8, 14
	Shushi	1. Ps., 4, 11
Yuday	Judah	1. Ps., 2, 1
Zuari	Zuar	Nu., 10, 15
Zerbadi	Zabad	1. Ps., 7, 21
	Zebadi	Jos., 7, 1

KASCHMIR UND ANGRENZENDE GEBIETE

Stämme, Kasten und Unterkasten	Biblische Namen	Bibelstelle
Ach-bal (Anantnag)		
Ach-hame (Palwama und Srinagar)	Ash-bal	
Ach-Kot (Baramula)	oder	Gen., 46, 21
Ach-nambal (Anantnag)	Agur	
Ach-pur (Handwara)		
Aguru (Kulgam)	Agur	Spr., 30, 1
Ajas (Srinagar)	Ajah	Gen., 36, 24
Alvan (Handwara)	Alvan	1. Ps., 2, 24
Amanuh (Kulgam)	Amon	1. Kön., 22, 26
Amonu (Anantnag)		
Amariah (Srinagar)	Amariah	1. Ps., 23, 19
Aner-wan (Srinagar)	Aner	1. Ps., 6, 70
Ara-ham (Anantnag)		
Ara-gattru (Kulgam)	Ara	1. Ps., 7, 38
Ara-Mullat (Kulgam)		
Arah-bal (Kulgam)	Arah	1. Ps., 7, 39
Arch (Srinagar)	Archi	Jos., 16, 2
Aror (Avantipura)		
Aru (Anantnag und Handwara)	Areor	Jos., 12, 2

Stämme, Kasten und Unterkasten	Biblische Namen	Bibelstelle
Asam (Muzaffarabad)	Ashema	2. Kön., 17, 30
Asham (Srinagar)		
Assu (Anantnag)	Ashur	1. Ps., 2, 24
Astor (Kulgam y Gilgit)	Ashtoreth	1. Kön., 11, 5
Avend (Anantnag)	Aven	Amos, 1, 5
Babel (Anantnag)	Babel	Jos., 15, 6
Bahan (Kulgam)	Bohan	Gen., 11, 9
Balpura (Avantipur)	Baalpeor	Nu., 25, 3
Baman (Handwara)	Bamah	Ez., 20, 29
Bani-ruth (Kulgam)	Bedeutet «Stamm der Ruth»	2. Sam., 17, 27
Barzilla (Kulgam und Srinagar)	Barzillai	Gen., 9, 1
Ben-hara (Baramula und Handwara)	Bedeutet «Stamm des Ham»	1. Ps., 7, 23
Berat (Anantnag)	Beriah	
Behatpoor (Handwara)	Bethpeor	Deut., 34, 6
		Gen., 36, 32
Beyar (Uri)	Bear	
Birsu (Avantipur und Srinagar	Birsu	Gen., 14, 2
		Neh., 3, 4
Bona (Baramulla)	Baana	
Dan-sok (Kulgam)	Dan	1. Ps., 2, 1
Doru (Anantnag und Gilgit)	Dor	1. Kön., 4, 11
		1. Ps., 2, 1
Gadha-bara (Srinagar)	(Bedeutet Bazar von Gadh) Gad	Jos., 11, 16
Gochan (Anantgang)	Goshen	
Hara-mok (Anantnag)	Hara	1. Ps., 5, 26
Harwan (ein See in Srinagar)	Haran	2. Kön., 19, 12
		Deut. 4, 49
Heshba (Handwara)	Heshbon	
Hosiah (Anantnag)	Hosea	Hos., 1, 1
Kahan (Avantipura)	Kanah	Jos., 19, 28
Kalkol (Kulgam)	Calcol (Heb. Kalkol)	1. Ps., 2, 6
Keran (Karnah)	Cheran (Heb. Keran)	1. Ps., 1, 41
Kir-gam (Kulgam)	Kir	Amos, 10, 7
Kirouth (Kulgam)	Kirjuth	Jos., 18, 28
Kashy (Kulgam)		
Kashi (Kashtmar Jammu)	Cush	Gen., 10, 6

Stämme, Kasten und Unterkasten	Biblische Namen	Bibelstelle
Kashtwar (Kulgam und auch ein Distrikt in Jammu)		
Koh-i-Hama (Handwara)	Der Berg Ham	Gen., 10, 1
Koh-i-Maran	Maran-atha	1. Kor., 16, 22
	Mara	Ruth, 1, 20
Lasharoun (Srinagar)	Lasharon	Jos., 12, 18
Lavi-Pura (Handwara)	Levi	1. Ps., 2, 1
Lidder (Anantnag)	Lodebar	2. Sam., 9, 4
Loderu (Avantipura)		
Lyddan (Palwana)	Lydda	Apg., 9, 32
Mahora (Uri)	Mehir	1. Ps., 4, 11
Mamre (Srinagar)	Mamre	Gen., 14, 13
Mattan (Anantnag)	Mattan	2. Kön., 11, 18
Median-pura (Kulgam)	Midian	1. Ps., 1, 46
Nabubaal (Handwara)	Mt. Nebo	Deut., 34, 1
Nabzo (Handwara)	Nebaz	Nu., 22, 40
Nain-wa (Avantipura)	Nain	Luk., 21, 40
Nine-wa (Anantnag)	Nineven	Gen., 10, 11
Nekanur-pura (Kulgam)	Nicanur	Apg., 6, 5
Paru (Anantnag)	Paruah	1. Kön., 4, 17
Pattan (Baramula)	Padan	Neh., 7, 47
Perah (Udampur)	Parah	Jos., 18, 23
Phallu (Kulgam)	Phallu	Gen., 46, 9
Phalgam (Anantnag)	Phlegon	Rom., 16, 14
Pishgah (Handwara)	Pisgah	Deut., 3, 27
Poonch (Poonch)	Phenice	Apg., 11, 19
Rei (Kulgam)	Rei	1. Kön., 1, 8
Rissi-pura (Avantipura)	Rissah	Nu., 33, 21
Shopeon (Kulgam)	Shopam	Nu., 32, 35
	Shupam	Nu., 26, 39
Sopur (Handwara)	Shapher	Nu., 33, 23
Sukait	Succoth	Gen., 33, 17
Suru (bei Bhawan)	Shur	Gen., 16, 7
Taharan (Kulgam)	Tahan oder Tahrea	Nu., 26, 35 1. Ps., 9, 41
Takht-i-Sulaiman (Srinagar)	Solomon	1. Kön., 4, 30

Stämme, Kasten und Unterkasten	Biblische Namen	Bibelstelle
Tarelu (Avantipura)	Taralah	Jos., 18, 27
Teman-Kot (Handwara)	Teman	Jer., 49, 7
Tekru (Avantipura)	Tokoa	1. Ps., 2, 24
Tema-pura (Kulgam)	Tema	Gen., 25, 15
Terich (Uri)	Teresh	Ether, 2, 21
Uri (Uri)	Uri	Ex., 31, 2
Yus-maidan (Kulgam)		
Yus-margh (Handwara)	Yusu (Jesús)	
Yusu-nag (Kulgam)		
Yus-para (Kulgam)		
Zelu (Avantipura)	Zelah	Jos., 18, 28

AFGHANISTAN UND ANLIEGENDE GEBIETE

Agrur (Hazara und Swat)	Agur	Spr., 30, 1
Asret (Swat)	Ashtoreth	1. Kön., 11, 5
Bajor	Besor oder Bezer	1. Sam., 30, 9 Jos., 21, 36
Beora-wai	Beor	Gen., 36, 32
Cherat	Cherith	1. Kön., 4, 3
Chilas	Shilas oder Chloe	Apg., 15, 22 1. Kor., 1, 16
Dober (Swat)	Debir	Jos., 21, 15
Dor (Río en Hazara)	Dor	1. Kön., 4, 11
Ghazni (Afganistán)	Gaza	Gen., 10, 19
Gaur (Afganistán) Gur-nai (Swat)	Gur	2. Kön., 9, 27
Hazara	Asoreth, Hazeroth	Nu., 12, 16
Havellian	Havilah	Gen., 25, 18
Herat (Afganistán)	Hara Hirah	1. Ps., 5, 26 Gen., 38, 1
Hiel (Dist. Hazara)	Hiel	1. Kön., 16, 34
Ilai (Dist. Hazara)	Ilai	1. Ps., 11, 29
Jalala	Galilee	Mat., 3, 13
Jamrud	Jamruth	Jos., 21, 29
Jared	Jared	Gen., 5, 15

Stämme, Kasten und Unterkasten	Biblische Namen	Bibelstelle
Kabul (Afganistán)	Cabul (Heb. Kabul)	Jos., 8, 10
Kaidon (Swat)	Kidron	Jos., 8, 27
Kara Korum	Karkor	Richt., 19, 27
Khaibar	Chebar (Heb. Khabur)	Ez., 1, 1
Kohollah	Kolaiah	Neh., 11, 7
Kohat	Kohath	Jos., 21, 5
Koh-i-Sulaiman (Afganistán)	Solomon	1. Kön., 17, 3
Kullahi (Swat)	Kallai	Neh., 12, 20
Mansehra	Mosera	Deut., 10, 6
	Mosoroth	Nu., 33, 31
Moosa-Kai	Moisés (Heb. Mosheb)	Ex., 2, 10
Nikaia (Jalabad) (Afganistán)	Nekoh	2. Kön., 23, 29
Pakhaur	Peshur (Heb. Parkhaur)	Esra, 2, 38
Sadoom (Dist. Mardan)	Sodom	Deut., 29, 23
Samarkand	Samaria	1. Kön., 16, 32
Shaul (Dist. Hazara)	Shaul	1. Ps., 4, 24
Terah	Terah	Gen., 11, 24
Toru	Tyre	2. Sam., 5, 11
Tikaal	Tekel	Dan., 5, 27
Zaida	Zidon oder Sidon	Richt., 18, 28 Jer., 47, 4

BALTISTAN, GILGIT, LADAKH, PAMIR, TIBET UND ANLIEGENDE GEBIETE

Alit-shur (Pamir)	Aloth	1. Kön., 4, 16
Alash (Pamir)	Alush	Nu., 33, 13
Astor (Dardistan)	Ashtoreth	1. Kön., 11, 5
Babel (Gilgit)	Babel	Gen., 11, 9
Baltal (Ladakh)	Bethul	Jos., 19, 4
Barzillah (Pass)	Barzillai	2. Sam., 17, 27
Bosekka (Ladakh)	Bozkak (Heb. Bosqath)	Jos., 21, 39
Bushan (Pamir)	Bashan	Deut., 3, 1
Buttal (Baltistan)	Bethel	Gen., 12, 8

Stämme, Kasten und Unterkasten	Biblische Namen	Bibelstelle
Dardistan	Darda	1. Ps., 2, 6
Dottan (Baltistan)	Dathan	Nu., 26, 9
Gilgit	Gilgal	Jos., 4, 19
Gilgatta (örtlicher Name für Gilgit)	Golgotha	Mat., 27, 33
Gur-aie Gilgit)	Gur	2. Kön., 9, 27
Guzana (Ladakh)	Gozen	2. Kön., 19, 12
Haait (Pamir)	Hai	Gen., 12, 8
Hadattah (Pamir)	Hadid (Heb. Haddidh)	Esra, 2, 33
Hasorah (Yarkand) Hussor (Ladakh)	Hazor	Jos., 15, 23
Himis (Ladakh)	Hamath	1. Ps., 18, 9
Huel (Ladakh)	Hiel	1. Kön., 16, 34
Jehial (Gilgit)	Jehiel	1. Ps., 15, 20
Kirjuth (Ladakh)	Kirjuth	Jos., 18, 28
Kegiz (Pamir)	Keziz	Jos., 18, 21
Ladakh	Ladakh	1. Ps., 4, 21
Lasa (Tibet)	Lasha	Gen., 10, 19
	Laish	Jueces, 18, 14
Leh (Ladakh)	Leah	Gen., 18, 16
	Lehi	Richt., 15, 9
Liker (Tibet)	Likhi	1. Ps., 7, 19
Lotson (Pamir)	Lotan	1. Ps., 1, 39
Melichi (Pamir)	Malachi	Malak., 1, 1
Mina (Tibet)	Miniu	Jer., 2, 27
Minat (Iskardu)	Minneth	Ez., 27, 17
Moserah (Kenskar)	Moseroth	Nu., 33, 31
Nuba (Pamir)	Nobah	Richt., 20, 32
Oduhy (Name von Pass im Tibet)	Oded	2. Ps., 15, 1
Pishon (Fluss in Zenskar)	Pison (rio)	Gen., 2, 11
Rabath (Pamir)	Rabbah	2. Sam., 12, 26
Rezin (Zanskar)	Rezin	Neh., 7, 50
Samaryah (Zanskar)	Samaria	1. Kön., 16, 32
Shamidan (Pamir)	Shemida	Nu., 16, 32
Tibet	Tebeth	Esther, 2, 16
	Tibbath	1. Ps., 18, 8
Zanuja (Kanskar)	Zelah	Jos., 18, 28
Zojilah (Name von Pass in Baltistan)	Zanoah	Jos., 15, 34

Jesu Ziel: Kaschmir

Kehren wir jetzt zu Jesus zurück. Wir haben gesehen, wie er den Kreuzestod überlebte und in einem menschlichen Körper seinen Jüngern erschien. Diese zeigen mehrfach ihren Unglauben darüber, dass er denselben Körper wie vor seiner Kreuzigung hat. Sie halten das Ganze eher für einen Spuk, für die Vision eines Geistes, aber Jesus selbst beweist ihnen, dass es nicht so ist und dass er seinen Körper behalten hat, der nun zusätzlich nur die Anzeichen der kürzlichen Kreuzigung aufweist. Für Jesus ist die Stunde des Abschieds gekommen. Dennoch lässt er es noch zu, dass einer seiner Jünger ihn – angesichts seiner menschlichen Wirklichkeit – noch einmal verrät.

Sein nächstes Ziel sind die zehn verlorenen Stämme Israels. Es ist – wie wir soeben gesehen haben – Kaschmir.

Hazrat Abu Huraira berichtet in seinem Werk «Kanz-al-Ummal», dass Gott Jesus aus Jerusalem herausführte, damit er nicht erkannt und verfolgt werde (8).

Ibn-i-Jarir schreibt in seinem berühmten «Tafsir-Ibn-i-Jarir at-Tabri»:

«Er und seine Mutter Maria mussten Palästina verlassen und in ein fernes Land auswandern. Dabei zogen sie von Land zu Land (9).»

Jesus flüchtete nicht aus Jerusalem, ohne sich vorher verkleidet zu haben, um nicht erkannt zu werden. Deshalb erkennt ihn Maria Magdalena nicht (Johannes-Evangelium, 20, 14):

«Nach diesen Worten wandte sie sich um und sah Jesus dastehen, aber ohne zu wissen, dass es Jesus war.»

Deshalb erkannten ihn auch nicht die beiden Männer aus Emmaus, mit denen er ein Stück seines Weges teilt (Lukas, 24, 18):

«... und der eine, namens Kleopas, erwiderte ihm: ‹Bist du der einzige, der in Jerusalem weilt und nicht weiss, was dort geschah in diesen Tagen?›»

Als sie ihn schliesslich erkannten, verschwindet Jesus sofort. Später ist zu lesen, dass auch seine Jünger ihn nicht erkennen, als er in der Nähe des Sees von Tiberias erscheint (Johannes, 21, 4):

«Als es schon Morgen wurde, stand Jesus am Ufer; die Jünger erkannten jedoch nicht, dass es Jesus war.»

Es ist dennoch möglich, dass die Essener trotz seiner Verkleidung seine Pläne kannten und keine Schwierigkeit hatten, Kontakt mit ihm aufzunehmen. Es ist sogar möglich, dass sie ihm seine Flucht vorbereiteten, und ihm bei ihrer Durchführung halfen. Dieser Hypothese nach war Jesus Mitglied der Gemeinde der Essener.

Den biblischen Erzählungen nach hatte sich Jesus nach Emmaus, ins Josafath-Tal, aufgemacht. Dabei hatte er den Westen Judäas durchquert und Samaria erreicht, ein Land, in dem den Juden der Eintritt verboten war. Schliesslich gelangte er – am See von Tiberias vorbei – nach Nazareth (Johannes, 21, 1). Von Nazareth aus zogen die grossen Karawanen in Richtung Damaskus los. An dieser Stelle setzen wir wieder in dem biblischen Text ein und lesen in der Apostelgeschichte (9, 1–3):

«Saulus aber, noch entbrannt von Wut und Mordgier gegen die Jünger des Herrn, ging zum Hohepriester und erbat sich von ihm Briefe nach Damaskus an die Synagogen, damit er, falls er Anhänger dieser Lehre, ob Männer oder Frauen, fände, sie als Gefangene nach Jerusalem bringe.»

Auf dem Weg nach Damaskus hört Saulus plötzlich eine Stimme, die ihm sagt (Apostelgeschichte, 9, 4):

«Saulus, warum verfolgst du mich?»

Auf die Frage Saulus hin, wer denn da spreche, antwortete die Stimme:

«Ich bin Jesus, den du verfolgst. Steh auf und geh in die Stadt, und es wird dir gesagt werden, was du tun sollst.»

Es ist möglich, dass dieses Ereignis mit Saulus sich erst abgespielt hat, als Jesus schon einige Zeit in Damaskus lebte. Drei Kilometer vor der Stadt gibt es einen Ort, der seitdem bis auf den heutigen Tag Maqam-I-Isa (Ort, an dem sich Jesus aufhielt) heisst. Jesus muss dort lange genug gelebt haben, um Ananias und andere zu seinen Jüngern zu machen (Apostelgeschichte, 9, 25). Dieser Hypothese nach hat sich Jesus, nachdem man ihn von Saulus Eintreffen unterrichtet hatte, aufgemacht, um ihm zu begegnen und so einen stärkeren Eindruck zu hinterlassen und seine Bekehrung zu fördern.

Während seines Aufenthalts in Damaskus erhielt Jesus einen Brief des Königs von Nisibis, in dem ihm mitgeteilt wurde, dass der erwähnte König schwer erkrankt sei und dass man Jesus darum bitte, ihn aufzusuchen und zu heilen. Jesus sandte ihm eine Antwort und teilte ihm mit, dass er ihm einen seiner Jünger schicke und später selber nachkomme (10). Jesus wusste, dass sich einige der verlorenen Stämme Israels in Nisibis aufhielten, ein Umstand, den auch Josephus (11) erwähnt. Aber die Juden versuchen, Saulus festzunehmen, und Jesus wird klar, dass es an der Zeit ist, Damaskus zu verlassen, um sein Leben zu retten (Apostelgeschichte, 9, 23).

Muhammad bin Khavendshah bin Mahmud, allgemein Mir Khwand genannt, schreibt in seinem berühmten Buch «Rauzat-us-Safa», das zu einem persischen Klassiker für Geschichte geworden ist:

«Jesus und Maria verliessen die Stadt und machten sich nach Syrien auf.»

Es sei mir erlaubt, hier einmal schnell die Quellen zu wechseln und im Heiligen Koran (23, Vers 50) zu lesen:

«Und wir bewirkten mit Marias Sohn und seiner Mutter ein Wunder und wir brachten sie auf einen Hügel, auf dem sich wohltuende Quellen befanden.»

In dem Werk «Jami-ut-Tawarikh» wird uns erklärt, dass Maria, Jesu Mutter, während jener Tage bei ihm war und dass Jesus auf diesen Reisen einen Stock in seiner Hand trug und zu Fuss ging. In der Folge erzählt uns der Autor, dass Jesus sich zu dem König von Nasibain (Nisibis) aufmachte und dort predigte. Von dieser Stadt aus ging er nach Mashaq, wo sich das Grab von Sem befindet, des Sohnes von Noah (13). Eine ähnliche Beschreibung lässt sich in dem Werk «Nasikh-ut-Tawarikh» (Bd. 1, 28) finden. Während sich weder im «Jami-ut-Tawarikh» noch im «Rauzat-us-Safa» irgendeine Erklärung für Jesu plötzlichen Aufbruch nach Nisibis finden lässt, erklärt ihn das Werk «Tafsir-Ibn-i-Jarur at-Tabri» von Ibn-i-Jarir (Bd. 3, 197):

Der König (von Nasibain) war ein schlauer Mann. Das Volk wollte ihn (Jesus) umbringen, und dieser flüchtete.

Bezüglich der Ortschaft Nasibain (Nisibis) teilt uns Nazir Ahmad mit, dass es zu jener Zeit drei Städte mit diesem Namen gab, und zwar: eine zwischen Mosul und Syrien, die zweite an den Ufern des Euphrat und die dritte bei Jalalabad in Syrien. In dem Buch «Majma-ul-Buldan», das 1207 veröffentlicht wurde (14), steht, dass die erstgenannte auf der Karawanenroute von Syrien nach Mosul und jenseits davon liegt, und dass sie sechs Tagesreisen von Mosul entfernt ist. Mosul war ein wichtiges Handelszentrum. Edessa, heute als Urfa bekannt, liegt nicht weit von diesem Ort entfernt. Aleppo liegt vier Tagesreisen von Urfa entfernt und befindet sich dort, wo von jeher der grosse Handelsweg zwischen dem Indischen Ozean und dem Mittelmeer verläuft.

Ain-ul-Arus liegt nur einige Stunden von Aleppo entfernt. So begab sich Jesus zu all diesen Orten, gelangte nach Aleppo und setzte seine Reise fort. In Ain-ul-Arus befindet sich auch das Grab von Noahs Sohn Sem. An diesem Ort wurden auch Spuren von Hethitern gefunden. Jesus hat also das Grab von Sem auf seiner Reise besucht (15).

Nun berichtet uns Nazir Ahmad, dass Jesus von dem Zeitpunkt an, als ihn die Bewohner von Nisibis umbringen wollten, unter fremdem Namen als Yuz Asaf reist, wobei auch zu bedenken ist, dass er in ein paar Tagen nicht sehr weit vorankam. Ebenso wird er in den Büchern und mündlichen Überlieferungen der Gebiete, die er besuchte oder die er nach seiner Nisibis-Reise durchquerte, als Yuz Asaf bezeichnet. In den Werken «Farhang-i-Jahangiri» (16) und «Anjuman-i-Arae Nasiri» (17) steht, dass Jesus einer der Grossen der nichtarabischen Länder war. In dem

«Burhan-i-Qate» (18) wird der Name Asaf dem Sohn von Barkhia gegeben, der einer der Gelehrten von Beni Israel war.

Benutzen wir auch weiterhin das Buch von Nazir Ahmad als Quelle, in dem zu lesen ist, dass der Name Yuz in dem «Farhang-i-Anand» (19) mit «Bevollmächtigter oder Führer» erklärt wird. Beides sind hebräische Worte. Aber keines der zitierten Werke erklärt wirklich, was Yuz Asaf bedeutet und anhand der angegebenen Bedeutungen lassen sie sich nicht logisch erklären. In dem Buch «Farhang-i-Asafia» wird die Bedeutung von Asaf folgendermassen erklärt: Zu Hasrat Isas' (Jesu) Zeiten nannte man diejenigen von ihm geheilten Leprakranken «Asaf» (20), die wieder unter den Gesunden – ohne irgendwelche Krankheiten – aufgenommen worden waren.

Damit (so schlussfolgert Nazir Ahmad) wurde das Wort Asaf auf die von Jesus geheilten Leprakranken angewendet. Deshalb bedeutet Yuz Asaf der Bevollmächtigte oder Führer der von Jesus geheilten Leprakranken.

Wer, wenn nicht Jesus selbst, könnte diese Person sein? Der Name Asaf hatte somit eine besondere Bedeutung, die die wenigen Personen, die mit Jesus zu tun hatten, kannten, und erfüllte seinen Zweck besser und beschrieb ihn angemessener als dies jeder andere Name hätte tun können. Faizi, der Poet vom Hof des Akbar, erwähnt Jesus auch:

Ai ki nam-i to: Yuz o Kristo (Oh du, der du Yuz und Christus heisst)

Später treffen wir Jesus im Iran an. Dort weiss man von Yuz Asaf, dass er aus einem im Westen gelegenen Land kam und dort predigte und viele Leute glaubten an ihn.

Die Erinnerungen, die man an Yuz Asaf in der iranischen Traditon hat, sind denen ähnlich, die man von Jesus hat (21).

Spuren von Jesus finden sich auch in Afghanistan: in Ghazni, im Westen, und in Jalalabad, im äussersten Südosten Afghanistans gibt es zwei Plätze, die den Namen von Yuz Asaf tragen, da er dort gepredigt hatte. Einer der Emire Afghanistans bestellte einen Wächter für diesen Ziarat von Jalalabad und spendete einen Betrag für seine Instandhaltung (22).

Sehr nah der gegenwärtigen Grenze zwischen Pakistan und Kaschmir, wenn auch noch auf pakistanischem Gebiet, lassen sich wieder Daten über Jesu Reise durch die Ortschaft Taxila finden. Dort hielt sich Thomas auf, als er auf die Hochzeit eines Sohnes Gads, Bruder des Königs Gondafras, wartete. So steht in den «Acta Thomae» (23):

Thomas verliess nach Beendigung der Feierlichkeiten den Ort. Der Bräutigam zog den Schleier zur Seite, der ihn von seiner Braut trennte. Er meinte, Thomas zu sehen, wie er mit ihr sprach. Dann fragte er ihn überrascht: «Wie kannst Du nur hier sein? Habe ich Dich nicht als Ersten weggehen sehen?» Und der Herr antwortete ihm: «Ich bin nicht Judas' Thomas, sondern sein Bruder.»

Hier möchte ich einmal einen kleinen Einschnitt machen, um klarzustellen, dass Johannes Thomas – aufgrund seiner aussergewöhnlichen körperlichen Ähnlichkeit mit Jesus (Johannes, 20, 24) – auch mit dem Namen Didymus bezeichnet, der griechischen Entsprechung des aramäischen «tõmã», was soviel wie Zwillingsbruder bedeutet. Thomas begleitet Jesus auf seiner Flucht von Jerusalem nach Kaschmir. So erscheint er in dem Moment, in dem angeblich die Wiederauferstehung stattgefunden haben soll (Apostelgeschichte, 1, 13–14), an der Seite von Jesu Mutter Maria, er erscheint auch am See von Tiberias (Johannes, 21, 1–2), er erscheint in Damaskus und Magalonien (Nisibis) (24) und jetzt erscheint er in Taxila, wie wir soeben sehen konnten. Von hier aus begleitet er Jesus nach Kaschmir, wo er sich auch zum Zeitpunkt von Jesu Tod aufhielt (25). Dann kehrt er nach Taxila zurück, um von dort aus nach Kerala in den Süden Indiens zu ziehen, wo er in Milapore, Madras, stirbt und verbrannt wird.

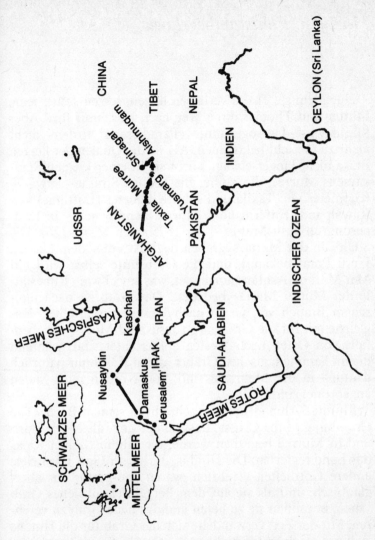

Die Route, die Jesus bei seiner vermeintlichen zweiten Reise nach Indien nahm.

Maria, in Pakistan begraben

Nachdem sie Taxila verlassen haben, setzen Jesus, seine Mutter und Thomas ihren Weg nach Kaschmir fort. Aber Maria wird das sogenannte «Paradies auf Erden» nicht mehr zu Gesicht bekommen. Als sie die Qualen der langen Reise nicht länger erträgt, stirbt sie in einer kleinen Stadt namens Murree, die – über die heutige Strasse – etwa 70 Kilometer von Taxila und zehn Kilometer (Luftlinie) von Rawalpandi entfernt liegt. Murree nannte sich – in Erinnerung an Jesu Mutter – bis 1875 noch Maria (26). Die Stelle, an der Maria begraben liegt, ist unter dem Namen Pindi Point bekannt, und die Grabstätte selbst wird mit Mai Mari da Ashtan bezeichnet, was soviel wie «Ruhestätte der Mutter Maria» bedeutet. Das Grab ist nach jüdischem Brauch von Osten nach Westen ausgerichtet. Das gleiche gilt für die Gräber von Jesus und Moses, die ebenfalls von Osten nach Westen ausgerichtet sind, während die mohammedanischen Gräber, die in Kaschmir natürlich deutlich in der Mehrzahl sind, von Norden nach Süden angeordnet sind.

Mumtaz Ahmad Faruqui schreibt in seinem Buch «The Crumbling of the Cross», dass zu der Zeit, als Maria starb und in Murree begraben wurde, die hinduistischen Rajas das Land regierten. Die Hindus, die ausser Gott noch viele andere Gottheiten verehrten, waren von Natur aus abergläubisch, und als sie auf dem Berggipfel ein neues Grab sahen, begannen sie zu beten und das neue Grab zu verehren. Mit der Zeit verwandelte sich das Grab für die Hindus zu einer regelrechten heiligen Stätte. Als die Mohammedaner sich des Landes bemächtigten, wurde ihnen klar, dass

Abb. 1. Srinagar, die schwimmende Hauptstadt von Kaschmir, vom sogenannten «Thron Salomons» herab aufgenommen: Hier begann Jesus ein neues Leben.

Abb. 2. Herzförmiges Ruderblatt, das die Anwohner des Dal- und des Nagin-Sees benutzen. Wie uns versichert wird, findet man diese Herzform des Blattes nur noch an den Rudern, die am See Genezaret (Tiberias) und am Euphrat benutzt werden. Ansonsten gibt es sie nirgends auf der ganzen Welt.

Abb. 3. Professor Hassnain, Direktor der Abteilung für Bibliotheken, Archive und Museen in Kaschmir, Ehrendoktor des «Kashmir Research Centre for Buddhist Studies» und Sekretär des «Sharada Peeth International Research Centre – Board of Indological Studies», mit der Frau des Autors während einer der langen Arbeits- und Dokumentationssitzungen, die bei Professor Hassnain zu Hause stattfanden.

Abb. 4. Aus dem «Yusmarg» («Jesuswiese») gebürtige Juden, die immer noch ihr Land anbeten, weil Jesus es auswählte, um es als Eingang nach Kaschmir zu benutzen, als er aus den Wäldern kam, die im Hintergrund des Fotos zu sehen sind.

Abb. 5. Das Kloster von Aishmuqam, das so heisst (Aish = Issa = Jesus; muqam = Ort), weil Jesus dort auf dem Weg nach Srinagar anhielt, um sich auszuruhen.

Abb. 6. Eingangsportal des Klosters von Aishmuqam.

Abb. 7. S. Basharat Saleem, direkter Nachfahre von Jesus. Das Bild wurde anlässlich unseres Besuches bei ihm zu Hause aufgenommen. Zu seiner Linken auf dem Tischchen Fotografien des verstorbenen Vaters von Basharat Saleem, Sahibzada Ghulam Mohiyuddin, ein Mann, der in Srinagar wegen seiner übernatürlichen Heilkraft verehrt wird.

Abb. 8. Hier liegt Jesus begraben. Grabstein oder -platte von Jesus in dem Heiligen Gebäude, das unter dem Namen «Rozabal» bekannt ist und sich in dem Khanyar-Sektor von Srinagar, der Hauptstadt Kaschmirs, befindet.

Abb. 9. Der Grabstein von Jesus, aus dem Innern der Kammer durch die Stäbe des Holzrahmens hindurch fotografiert, der den Stein abdeckt.

Abb. 10-11. Künstlerische Muster auf dem Holzrahmen, der die Grabsteine von Jesus und Syed Nazir Ud-Din bedeckt; von dem Fenster aus gesehen, das von der Galerie des «Rozabal» aus einen Zugang zu der inneren Kammer bildet.

Abb. 12. Der Steinblock, den man in «Rozabal» gefunden hat. Da man ihn als Unterlage zum Aufstellen von Kerzen benutzte, erschienen auf ihm die Fussabdrücke eines Mannes. Es ist anzunehmen, dass es sich bei dem dort Begrabenen um Jesus handelt.

Abb. 13. Fussabdrücke, die Wunden aufweisen; gefunden in «Rozabal».

Abb. 14. Bei einer Unterhaltung mit dem Wächter.

Abb. 15. Rechts das zur Innenkammer von «Rozabal» führende Fenster. Links das Hinweisbrett, das erklärt, wer in der Krypte liegt.

Abb. 16. Hinweisbrett, das in der Innenkammer von «Rozabal» hängt.

Abb. 17. Innenansicht der Galerie, die die Innenkammer von «Rozabal» umgibt.

Abb. 18. «Rozabal» von seiner Rückseite aus fotografiert, in dem sich die Mohammedaner-Gräber des Friedhofs befinden, der an das Gebäude anschliesst, das Jesu Grab beherbergt.

Abb. 19. Dicht am Boden ein kleines Aussenfenster – wegen der Strassenpflasterung zugemauert –, das die ursprüngliche Eingangstür zu der Kammer-Krypte bildete, die Jesu Grab beherbergt.

Abb. 20. Teilansicht der Fassade von «Rozabal», mit der Aufschrift «Rozabal» auf dem Schild, das an dem Stromleitungsmast befestigt ist.

Abb. 21. Hauptfassade von «Rozabal».

Abb. 22. Medaillon aus Bronze mit der Inschrift göttlicher Namen, das an der Eingangstür von «Rozabal» hängt.

Abb. 23. Hauptplatz von Bandipur, der letzten wichtigen Ortschaft vor dem Anstieg des Berges Nebu, auf dem die Überreste von Moses ruhen.

Abb. 24. Aham-Sharif, am Fuss des Berges Nebu. Hier beginnt der Aufstieg zu Fuss zum Grab von Moses.

Abb. 25. Erster Abschnitt des Aufstiegs zu dem Grab von Moses.

Abb. 26. Auf halbem Weg zu dem Grab von Moses: Kaschmir-Mädchen, die Holz für den harten Winter in den Bergen aufsammeln.

Abb. 27. Bereits in der Nähe der Grabstätte Moses; die kleine Kaschmirerin, die uns dort hinführte.

Abb. 28. Der letzte Ausblick von Moses, genau von der Stelle aufgenommen, an der er begraben wurde. Im Hintergrund der Wular-See.

Abb. 29. Eingangstür zu dem Platz, auf dem sich unter freiem Himmel das Grab Moses befindet.

Abb. 30. Wali Reshi, der Wächter des Grabes von Moses, an der Eingangstür. In das Holz der Eingangstür sind die Namen der Vorgänger von Wali Reshi eingeschnitzt.

Abb. 31. Gesamtansicht des offenen Platzes, auf dem Berg Nebu auf dem sich das Grab von Moses befindet: links das Grab Moses, das von grünen Pflanzen überwuchert ist, die auf allen Gräbern in Kaschmir wachsen und auf dem ein mächtiger Baum steht; rechts, verdeckt, das Grab von Sang Bibi.

Abb. 32. Der Autor mit dem Wächter Wali Reshi, am Grab von Moses.

Abb. 33. Die winzige jüdische Ortschaft in der Nähe vom Grab von Moses. Im Hintergrund das Haus von Wali Reshi. Im Vordergrund sein Sohn.

Abb. 34. Der «Ka ka pal» oder «Stein von Moses» in Bijbihara, im Südwesten Srinagars.

Abb. 35. Elf Finger von elf verschiedenen Personen müssen in angemessener Weise unter den «Ka ka pal» gebracht werden, damit dieser sich erhebt, während die elf Personen den Mantra «Ka ka ka ka ka ka» rezitieren («Ka» bedeutet «elf»).

Abb. 36. Neben dem «Ka ka pal» steht eine kleine Kapelle, deren Innenraum diese wunderschöne Darstellung der «Ka»-Mantra aufweist: elf «lingams» fügen sich zu einem Fruchtbarkeitssymbol zusammen.

Abb. 37. Mercedes mit Kaschmir-Frauen an dem Fluss, an dessen Ufer sich der «Ka ka pal» befindet. Einem alten persischen Text zu Folge ist es möglich, dass sich Moses genau an dieser Stelle des Flusses gebadet hat.

Abb. 38. Frontalansicht des Tempels von Martand.

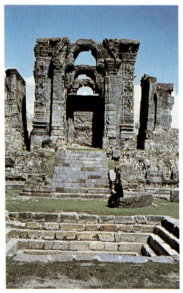

Abb. 39–40. Zwei Ansichten des Grabes von Maria auf den Hügeln von Murree, in Pakistan, vor seiner Restauration. Es ist an den Fuss der Mauer des Wehrturms angebaut.

Abb. 41. Das rekonstruierte Grab, noch an den Wehrturm angebaut.

Abb. 42. Das Grab Marias in seinem gegenwärtigen Zustand, völlig restauriert, wobei der Wehrturm durch einen modernen Fernsehturm ersetzt wurde.

Abb. 43. Die Seiten 118 und 119 des Tagebuches der deutschen Missionare Dr. Marx und Dr. Francke.

Abb. 44. Das Lamakloster von Hemis (Hemis Gumpa), wenige Kilometer von Leh entfernt, der Hauptstadt Ladakhs.

Abb. 45. Sankt-Georgs-Kreuz und aramäische Inschriften, die von nestorianischen Christen zur Anfangszeit des Christentums in Ladakh in den Felsen gemeisselt wurden.

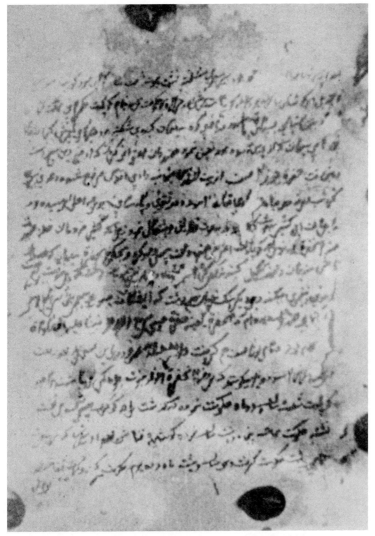

Abb. 46. Text aus Tarikh-i-Kashmir, in dem sein Autor Mulla Nadri von Jesu Anwesenheit in Kaschmir berichtet.

Abb. 47. Mittlerweile verschwundene Inschriften auf den Stufen des «Thron von Salomon».

Abb. 48. Der «Thron von Salomon».

Abb. 49. Im Laufe der Zeit verwitterte Blätter des ursprünglichen Bhavishya-Mahapurana.

Abb. 50. Hazrat Mirza Ghulam Ahmad, der Gründer der Ahmadija-Bewegung.

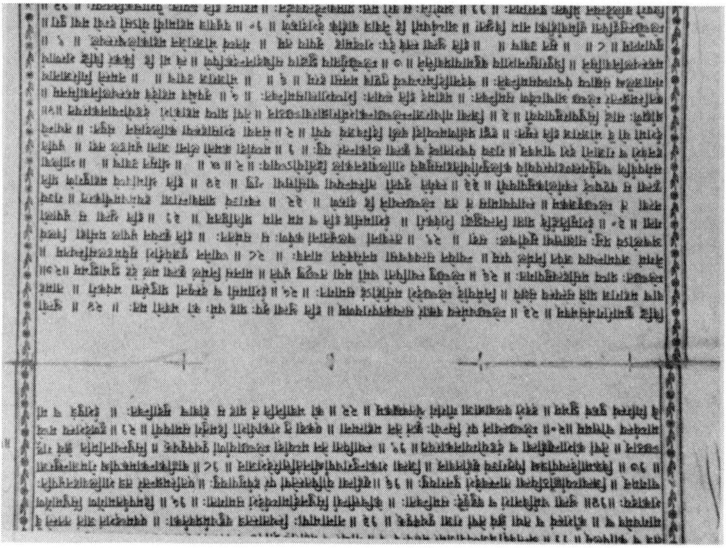

Abb. 51. Bhavishya-Mahapurana, Verse 17–32 in der modernen Fassung.

Abb. 52. Fotografie des vom Grossmufti von Kaschmir erlassenen Dekretes.

es sich um das Grab von jemand aus dem Volk des Buches (Juden oder Christen) handeln müsse, da diese ihre Toten begruben und sie nicht einäscherten, wie es bei den Hindus üblich war. So fingen auch die Mohammedaner an, an dem Grab zu beten und es zu verehren.

1898 errichtete die englische Regierung einen Verteidigungsturm genau neben dem Grab, das weiterhin von den Bewohnern der Stadt aufgesucht wurde. Der Ingenieur der Garnison, Hauptmann Richardson, wollte das Grab im Jahre 1915–17 abreissen lassen, um zu verhindern, dass die Leute sich dem Verteidigungsturm näherten. Jedoch musste die lokale Regierung aufgrund der scharfen Proteste der Leute eingreifen, um die Abrissarbeiten zu stoppen (Fotografien 39, 40 und 41). Dieser Vorfall bewirkte, dass man eine offizielle Untersuchung einleitete, um die Tatsachen zu ergründen. In der Akte Nr. 118 der Gemeindeverwaltung von Murree gibt es bezüglich der Besitzübertragungen, die von 1897 bis 1902 stattgefunden haben, ein Dokument vom 30. Juli 1917, in dem festgelegt ist, dass die Heiligenstätte von Pindi Point – nach Zeugenaussagen Dutzender alteingesessener Bewohner von Murree, Hindus wie Mohammedaner – ein altes Denkmal ist, dass es sich um das Grab einer Person handelt, die heilige Eigenschaften besass. Und dass es sowohl die Hindus als auch die Mohammedaner anlässlich der Feierlichkeiten der Hindus und der Feiertage der Mohammedaner aufsuchten. Das Dokument bezeugt ebenso, dass die Leute aussagten, dass die – bei Trockenheit in der Gegend – vor dem Grab durchgeführten Bittgebete und Opfergaben, um Regen zu bekommen, im allgemeinen erhört wurden. Auch der mit der Untersuchung des Falles beauftragte Beamte konnte in diesem Zusammenhang seine persönliche Erfahrung machen: Im Winter von 1916 nach 1917 herrschte in der Region eine grosse Dürre vor. Nachdem die entsprechenden

Opfer vor dem Grab Marias gemacht worden waren, begann es, schon auf dem Rückweg, drei Tage lang zu regnen und zu schneien. Der Beamte empfiehlt schliesslich, das Grab nicht abzubauen.

Kurze Zeit später starb der Hauptmann Richardson als Opfer bei einem schweren Unfall. Dieser Umstand wurde von den dort lebenden Leuten auf sein Vorhaben zurückgeführt, die Heiligenstätte abzureissen.

1950 wurde die Grabstätte dank des Einsatzes von Khwaja Nazir Ahmad, dem Autor des Buches «Jesus in Heaven on Earth», repariert. Nun ist es bereits einige Jahre her, dass man den Verteidigungsturm, da er keinen Zweck mehr erfüllt, zerstört hat und an seiner Stelle ein Fernsehturm des pakistanischen Fernsehens errichtet worden ist. Das Grab Marias ist von einem mohammedanischen Bauunternehmer wiederaufgebaut worden (Fotografie 42).

Die Jesuswiese, das Tor nach Kaschmir

Von Murree aus setzte Jesus seine Reise in Richtung Srinagar fort. Dabei kam er durch das Tal, das heute noch – in Erinnerung daran, dass dies das Tal ist, durch das Yusu oder Jesus nach Kaschmir gelangte – «Yusmarg» (Jesuswiese) genannt wird. Ungefähr 40 Kilometer von Srinagar, der Hauptstadt von Kaschmir, stellt die Jesuswiese das dar, was in Europa ein grünes, von Tannenbäumen umsäumtes Bergtal wäre. Es wird von der jüdischen Rasse der Yadu bewohnt, die dort in der frommen, jahrhundertealten Überzeugung leben, den Ort zu bewohnen, den sich Jesus aussuchte, um nach Kaschmir zu gelangen. So konnten wir es selbst in Interviews mit den Einheimischen erfahren. Wenn man sich in Richtung des Landesinneren Kaschmirs vorwärtsbewegt, füllt sich das Tal zunehmend mit Viehherden und Schäfern (Fotografie 4). Das Yusmarg-Tal ist eine Station auf der alten Handelsroute, auf der die Händler, meist zu Fuss, aus Afghanistan kamen und nach Kaghan weiterzogen, oder umgekehrt. Der Hügel von Murree begrenzt Kaschmir im Westen, die Region von Kaghan im Osten.
Wenn man also von Yusmarg aus über die besagte Handelsroute weitergeht, kommt man zwangsläufig nach Aishmuqam (Fotografien 6 und 7). Die Vorsilbe Aish- ist eine von Jesus abgeleitete Form. Muqam bedeutet «Raststätte», was eine Rast von kurzer Dauer bedeutet. Somit ist Aishmuqam «der Ort, an dem sich Jesus auf seiner Reise ausruhte». Aishmuqam liegt ungefähr 75 km südöstlich von Srinagar. Im «Nur Nama» wird erzählt, dass ein Prinz zu diesem Ort kam und dort eine Zeitlang Rast machte

und dass er deshalb diesen Namen trägt. In demgleichen Werk kann man nachlesen, dass an demselben Ort ein böser Geist von Brohan umgebracht wurde, ein Kämpfer, der zu Jesu Zeiten lebte («Dastan-i-Kushta Sudan-i-Dev Az dasti-i-Brohan ke dar zaman-i-Issa pahalwani bud»).

Aismuqam ist heute ein Ort mohammedanischer Kultur. Als wir diesen Ort besuchten, erfuhren wir, dass man dort das Gehörn des sogenannten «Gotteshammels» unter Verschluss aufbewahrt. Manche Autoren meinen auch, dass man dort auch den «Jesusstab» verwahrt. Aber sowohl die verantwortlichen Wächter der Grabstätte von Aishmuqam als auch Professor Hassnain – während der langen Arbeitssitzungen bei ihm zu Hause – wiesen uns darauf hin, dass dies eine Fehleinschätzung sei und dass der in Aishmuqam aufbewahrte Stab derjenige von Moses sei. Dies werden wir uns in dem Kapitel über Moses noch in allen Einzelheiten ansehen. Stellen wir jedoch hier noch einmal klar, dass der in Aismuqam aufbewahrte Stab für andere ursprünglich der von Moses war und dass Jesus ihn später benutzt hat.

Bevor wir nun noch einmal ein paar geschichtliche Dokumente durchgehen, die Jesu Durchwanderung Kaschmirs bezeugen, und bevor wir von seinem Grab in der Hauptstadt Srinagar sprechen, führe ich in folgender Liste die Namen aus der Geschichte und Geografie Kaschmirs auf, die sich auf Jesus beziehen.

Issa-Brari	*Yusu-dha*
Issa-eil	*Yusu-dhara*
Issa-Kush	*Yusu-gam*
Issa Mati	*Yusu-hatpura*
Issa-Ta	*Yusu-kun*
I-yes-Issa	*Yusu-maidam*

I-yes-th-Issa
Kal-Issa
Ram-Issa
Arya-Issa
Aish Muqam
Yusu

Yusu-para
Yusu-raja
Yusu-varman
Yus-marg
Yus-nag
Yus-mangala

Jesus, in Kaschmir ansässig

Gehen wir jetzt einige Texte durch, die uns den Aufenthalt Jesu in Kaschmir – seiner zweiten und letzten Heimat – bezeugen.

Mulla Nadiri, der erste mohammedanische Geschichtsschreiber aus Kaschmir, der in persischer Sprache schrieb, behauptet in seinem bereits erwähnten Werk «Tarik-i-Kaschmir», dass Yusa Asaf, der Yuzu der israelitischen Stämme, seine prophetischen Fähigkeiten im Jahr 54 ausrief. Wörtlich heisst es dort:

Der König nannte sich Gopananda und begann seine Aktivitäten im Kaschmir-Tal. Unter seiner Herrschaft wurden viele Tempel gebaut und repariert. Er liess Sulaiman aus Persien kommen, um die notwendigen Reparaturen am Thron von Salomon auf dem Berg durchzuführen. Die Hindus waren dagegen und meinten, dass er, da er ja kein Hindu sei und eine andere Religion verfolge, nicht das geheiligte Grab reparieren lassen könne.

Zu jener Zeit kam Yuza Asaf nach Palästina und erklärte seine Eigenschaft als Prophet im Tal von Kaschmir. Er widmete sich Tage und Nächte lang dem Gebet und war sehr fromm und heilig. Er brachte dem Volke Kaschmirs Gottes Worte näher. Viele machten sich zu seinen Jüngern. Der König bat ihn, den Hindus den rechten Weg zu weisen.

Sulaiman reparierte den Thron Salomons und errichtete vier Säulen mit folgenden Inschriften: Erbauer dieser

Säulen sind Bhisti Zargar. Jahr 54. Und Khawaja Rukun, der Sohn Mirjans. Yuza Asaf gibt sich als Prophet aus. Jahr 54. Er ist Yuzu von den Stämmen Israels.

Der Originaltext dieses Abschnitts ist auf dem Foto 46 wiedergegeben.

Diese Inschriften (Foto 47) befanden sich immer noch in einem guten Zustand und waren nicht unleserlich geworden, als Khwaja Haidar Malik Chadura – zur Zeit des Königreichs von Jahangir (27) – sein «Tarik-i-Kashmir» verfasste.

Die als Thron Salomons (Foto 48) bekannte Grabstätte befindet sich auf dem Gipfel eines Berges, der die Stadt Srinagar an ihrer Ostseite überragt. Von der Höhe dieses Berges herab haben wir die Aufnahme gemacht, die wir als Foto 1 abgebildet haben.

Der Dialog zwischen Jesus und dem König von Kaschmir

In einem alten im Sanskrit verfassten Buch, dem «Bhavishya Mahapurana» (28), Viyas gewidmet, im Jahre 3191 der Laukika-Ära geschrieben, was dem Jahr 115 unserer Zeitrechnung entspricht, wird berichtet, dass vor langer Zeit, im Jahre 48, der Raja Shalewahin eines Tages zu einem Spaziergang in die Berge ging und in Voyen, in der Nähe Srinagars, auf eine vornehme Person mit weisser Hautfarbe traf, die weisse Kleidung trug. Der Raja fragte ihn nach seinem Namen. Jesus antwortete, dass man ihn als den Sohn Gottes und als den von einer Jungfrau Geborenen kenne. Der Raja war sehr überrascht, aber Jesus erklärte ihm, dass es seine Aufgabe sei, die Religion zu reinigen. Auf die erneute Anfrage des Rajas hin sagte Jesus, dass er seine Lehre in einem Land jenseits des Indus ausgerufen habe und dass ihn das Volk habe leiden lassen. Dass er die Liebe, die Wahrheit und die Reinheit des Herzens gepredigt habe und er deshalb als Messias bekannt war.

Im folgenden gebe ich die genaue Übersetzung der im Sanskrit geschriebenen Verse wieder, die auf den Fotos 49 und 51 abgebildet sind:

Shalewahin (39–50 n. Chr.), Enkel des Bikramajit, übernahm die Regierung. Er konnte die angriffslustigen Horden der Chinesen, der Parther, Skythen und Baktrer abwehren. Er zog eine Grenzlinie zwischen den Territorien der Arianer und Meleaker, denen er befahl, auf der anderen Seite des Indus zu bleiben. Eines Tages ging Shalewa-

hin in die Berge des Himalaya und dort, mitten im Land der Hun, sah der mächtige König eine anmutige Person, die in der Nähe eines Berges sass. Der Heilige besass eine helle Hautfarbe und trug weisse Kleider. Der König Shalewahin fragte ihn, wer er sei. Er antwortete bereitwillig:

«*Ich bin als Sohn Gottes bekannt und von einer Jungfrau geboren.*»

Da diese Antwort den König überraschte, antwortete ihm der Heilige:

«*Ich bin der Prediger der Religion der Meleaker und verfolge die wahren Prinzipien.*»

Der König fragte ihn nach seiner Religion, und er antwortete ihm,:

«*Oh, König, ich komme von weit her, aus einem Land, in dem es die Wahrheit nicht mehr gibt und in dem das Böse keine Grenzen kennt. Ich erschien dort, im Land der Meleaker als Messias. Meinetwegen mussten die Sünder und Verbrecher leiden und ich musste auch durch sie leiden.*»

Der König bat ihn, ihm die Lehren seiner Religion etwas ausführlicher zu erklären, und der Heilige sagte ihm:

«*Lehre die Liebe, die Wahrheit und die Reinheit des Herzens. Lehre den Menschen Gott zu dienen, der im Zentrum der Sonne und der Elemente ist. Und Gott und die Elemente wird es immer geben.*»

Der König kehrte zurück, nachdem er dem Heiligen seinen Gehorsam versprochen hatte.

Jesus, der Familienvater

Hiermit kommen wir zu dem vielleicht heikelsten Kapitel dieses Buches. Man hat mir in Kaschmir berichtet, dass Jesus dort in Begleitung einer Frau lebte und dass diese Frau Kinder bekam. Aber es handelt sich hier um ein delikates Thema, weshalb diejenigen, die mich darüber informiert haben – Professor Hassnain und Sahibzada Basharat Saleem –, auf meine Fragen in einer ein wenig ängstlichen und sehr umständlichen Weise geantwortet haben. Beide sind offensichtlich davon überzeugt, dass Jesus in Kaschmir Kinder hatte. Aber beide gehen dieses Thema mit äusserster Vorsicht an, mit einer kritischen Strenge und mit der offensichtlichen Sorge, dass diese Geschichte eine nicht mehr kontrollierbare Ausbreitung erfährt, was bewirken könnte, dass eine anfänglich wahre Tatsache durch ein entstellendes Prisma interpretiert werden würde, das einen Aspekt aus Jesu Leben in einen Brennpunkt der Sensationslust verwandelt, der auf keinen Fall so behandelt werden sollte.

Ich versuche, in diesem Buch alles bekannt zu machen, was man über das von mir so genannte «zweite Leben» von Jesus weiss. Deshalb bin ich dazu verpflichtet, hier auch diesen Aspekt zu behandeln. Aber aufgrund des Respekts gegenüber meinen ebengenannten Informanten, die beide freundliche Personen mit ausgezeichneten menschlichen Wesenszügen sind, appelliere ich hiermit auch an den guten Geschmack des Lesers, der in den folgenden Zeilen nicht eine Sensation, sondern den Eifer sehen möge, ein Dokument oder Dossier, wie es dieses Buch sein will, bis in seinen letzten Winkel zu vervollständigen.

Ich hatte davon gehört, das in Srinagar ein direkter Nachfahre Jesu leben sollte. Ich hatte mich auch schon zu einem Gespräch mit ihm verabredet. Er hatte jedoch keine Texte, die seine Verwandtschaft mit Jesus hätten verbürgen können. Deshalb fragte ich eine neutrale Person, Professor Hassnain, ob es in Kaschmir irgendwelche Überlieferungen oder Texte gebe, die beweisen könnten, dass Jesus in Kaschmir geheiratet oder sich einfach eine Frau genommen hatte. Professor Hassnain antwortete mir, dass die einzige schriftliche Quelle, die er zu diesem Thema kenne, ein altes persisches, ins Urdu übersetztes Buch sei, dessen Titel «Negaris-Tan-i-Kashmir» laute. In diesem Buch wird – so Hassnain – die Geschichte erzählt, dass derselbe König, den wir sahen, als er Jesus über seinen Rang, seine Herkunft und seine Lehren ausfragte – der König Shalewahin nämlich – Jesus sagt, dass dieser Frauen brauche, die ihn und das Haus versorgen sollten, die Wäsche waschen, das Essen machen usw. Der König bietet Jesus fünfzig Frauen an. Aber Jesus antwortet, dass er keine einzige brauche, dass niemand für ihn arbeiten müsse. Der König bestand jedoch so sehr darauf, dass Jesus schliesslich doch eine Frau nimmt, die ihm das Essen kocht, seine Wäsche wäscht und seinen Wohnraum sauber hält. Und wie Professor Hassnain berichtet, wird in dem gleichen Buch gesagt, dass diese Frau von Jesus Kinder bekam. Diese Frau, erzählt mir Professor Hassnain, heisst Marian. Und von dieser Frau wäre Sahibzada Basharat Saleem ein Nachfahre.

Herr Sahibzada Basharat Saleem (Foto 7) empfing uns in seinem Haus in Srinagar. Als Anhänger der Fotografie, leidenschaftlicher Maler und Poet ist er eine Person mit einer aussergewöhnlichen Feinfühligkeit.

Auf unsere Frage, ob er sich als Nachfahre von Jesus ansehe, antwortete er, dass sein Vater, wenn er ihn zu diesem Thema befragte, gewöhnlich erwiderte, dass der Grossvater seiner Grosseltern ein heiliger Prophet gewesen sei und Yuza Azaf geheissen habe. Er erklärte ihm auch oft – in seiner Kindheit – dass es in dem Stadtteil von Khanyar, in dem sich das Grab des ebengenannten Vorfahren befindet, ganz in dessen Nähe, eine Grabstätte gibt, in dem die Überreste eines grossen Heiligen Kaschmirs ruhen, der von allen Bewohnern Srinagars verehrt wird. Nun, so sagte ihm der Vater, dieser so sehr verehrte und so wichtige Heilige Kaschmirs ist gar nichts im Vergleich zu dem Propheten, der sich in dem als «Rozabal» bekannten Grab befindet.

Herr Basharat Saleem sagte uns auch, dass, wenn jemand seinen Vater fragte, ob er ein Nachfahre Jesu sei, er immer folgende Antwort erhielt: «Ja, das ist richtig, aber wir nennen ihn Yuza Azaf.»

Sahibzada Basharat Saleem ist der Sohn von Sahibzada Ghulam Mohiyuddin, welcher wiederum Sohn von Sahibzada Abdul Ahad ist, Sohn von Sahibzada Abdus Samad, der seinerseits Sohn von Sahibzada Abubekr ist. Und so geht es auf einer langen Liste immer weiter, die Herr Sahibzada Basharat Saleem in Srinagar als vollständigen Familienstammbaum aufbewahrt, der von Jesus bis zu ihm, Basharat Saleem, dem jetzt, 1976, lebenden Nachfahren des Messias, reicht.

Wenn man ihn nach dem Namen der Frau fragt, die Jesus Kinder gebar, erfährt man, dass sie Marian hiess und sie aus einem der idyllischen Hirtendörfer stammte, von denen es im Pahalgam-Tal eine Vielzahl gibt.

An dieser Stelle ist wieder das bereits vorher erwähnte alte persische Geschichtsbuch, das «Rauzat-us-safa», von Bedeutung. Wenn es auch nicht so aussieht, als habe es etwas mit den gerade beschriebenen Nachfahren Jesu zu tun,

> Finally as regards your query I would gladly tell you that the pious shepherdess married by Yuza Asaf was named MARJAN who was brought up amidst the enchanting and captivating scenic locales of heavenly and wild mountainous ranges of Pahalgam in Kashmir.
>
> Lord be with you
> Humbly yours

Párrafo de una carta enviada por Basharat Saleem al autor, en la que el descendiente de Jesús especifica el nombre de la mujer que vivió con Jesús en Cachemira: MARJAN.

so ist dort doch schon von Jesu Heirat die Rede. Es heisst dort wörtlich:

> *Man erzählt sich, dass Isa (Jesus) nach seinem Abstieg aus der höheren Welt noch 40 Jahre leben, heiraten, Kinder haben, die Feinde der Mohammedaner bekämpfen und alle Völker, die einer anderen Religion nachgehen, besiegen wird (29).*

Hier ist ausserdem noch zu erwähnen, dass sowohl Basharat Saleems Vater als auch sein Grossvater in Kaschmir wegen ihrer aussergewöhnlichen Gabe, auf übernatürliche Weise zu heilen, bewundert wurden und nicht in Vergessenheit gerieten. Sahibzada Basharat Saleem, den in Srinagar jeder kennt, erzählte uns, dass eines Tages ein Mann, als er erfuhr, wessen Sohn er war, sich vor ihm niederkniete und ihm folgendes über seinen Vater erzählte: Der Mann hatte einen schwerkranken Sohn. Die Ärzte konnten ihm bereits nicht mehr helfen. Deshalb fragte er seinen Vater um Rat. Dieser sagte, dass er für ihn beten werde. Er sagte ihm, dass er nach Hause gehen und auch beten solle. Als der Junge im Begriff war zu sterben, verlangte er um Mitternacht plötzlich Milch, und am nächsten Morgen war er gesund und stand auf.

Basharat Saleem erinnert sich noch an einen anderen Fall, bei dem eine Frau, die von den Ärzten im Krankenhaus in Kaschmir bereits aufgegeben worden war, von seinem Vater besucht wurde, der anordnete, sie aus dem Krankenhaus zu holen und zu ihm nach Hause zu bringen. Einige Tage später war sie wieder genesen.

Als uns Basharat Saleem etwas von seinem eigenen Leben erzählt, sagt er, dass ihn zunächst die Politik interessierte, aber, wie er meint, sind die Politiker nicht ehrlich. Er habe immer die Meinung vertreten, dass man den Armen helfen könne, wenn man Macht besitze. Er sei sich jedoch im Laufe der Zeit darüber klar geworden, dass die Politiker ihre Macht nur für sich selbst nutzen. Basharat Saleem schreibt Gedichte, ohne dabei jedoch einen finanziellen Gewinn im Auge zu haben; er will nämlich, dass man das Geld unter den Armen verteile. Er erzählt uns auch, dass es eine Familientradition sei, dass jeweils der älteste Sohn aus einer Generation seiner Familie damit beauftragt wird, das unter dem Namen «Rozabal» bekannte Gebäude, das Jesu Körper in Srinagar beherbergt, in einem guten Zustand zu erhalten. Sein Bruder wohnt im Nebengebäude. Er bat die Regierung darum, diesen Ort in Ordnung zu bringen und um das Gebäude herum einen Garten anzulegen, aber die Regierung kam diesen Bitten nicht nach. Er selbst, Basharat Saleem, ist allzu sehr mit seinen eigenen Geschäften beschäftigt und kann sich nicht persönlich um das Gebäude kümmern. Er bezahlt einen Mann, damit er es instand hält, pflegt und die Besuche empfängt, die dem Grab gemacht werden. Mehrmals im Jahr stattet Bashrat Saleem mit seiner ganzen Familie Jesu Grabstätte einen Besuch ab.

Basharat Saleem, der Nachfahre Jesu, erscheint in dem Asienband des berühmten «Who is who?». Dort ist zu lesen, dass er am 14. August 1934 in Srinagar geboren wurde. Dass er Herausgeber einer Tageszeitung war und jetzt Hotelbesitzer ist. Ebenso steht dort, dass er ein politischer Führer ist, der wiederholt ins Gefängnis gesperrt und festgenommen worden ist. Das letzte Mal 1965, während des Konfliktes zwischen Indien und Pakistan.

Zum Schluss dieses kurzen biografischen Eindrucks des lebenden Nachfahrens Jesu möchte ich noch eine kleine Anekdote erzählen, die seine Menschlichkeit unter Beweis stellt:

Am Vorabend unserer Abreise von Kaschmir unterhielten wir uns fast den ganzen Spätnachmittag lang mit Basharat Saleem in seinem Haus in Srinagar. Daraufhin gingen wir zum Abendessen zu Professor Hassnain. Nach drei Stunden ausgezeichneten Abendessens nach mohammedanischer Art fiel uns ein, dass wir unseren Fotoapparat im Haus von Basharat Saleem liegen gelassen hatten. Wir gingen dorthin, und man sagte uns, dass Basharat Saleem mit unserer Kamera unterwegs sei und uns suche. Unser Freund war zu Fuss losgegangen, da er – wie die meisten Einwohner Kaschmirs – kein eigenes Fahrzeug besitzt. Wir fuhren einen Halbkreis und kehrten in unserem Taxi wieder um. Etwa einen halben Kilometer vom Haus Basharat Saleems entfernt ging uns dann das Benzin aus. Durch die damit verbundene Verzögerung kam es dazu, dass wir, als wir wieder weiterfahren konnten, unterwegs auf Basharat Saleem trafen, der sich – immer noch mit der Kamera in der Hand – auf dem Heimweg befand. Basharat Saleem wusste lediglich, dass wir in einem Bootshaus auf dem Nagin-See wohnten. Er wusste jedoch nicht genau, in welchem Bootshaus. So hatte er also vier Stunden lang – im Regen in einem kleinen Boot – die miteinander verbundenen Seen Nagin und Dal abgesucht und in jedem Hausboot nachgefragt, ob man uns kenne. Und das alles wegen eines Fotoapparates, den wir bei ihm zu Hause vergessen hatten. Da er uns nicht gefunden hatte, kehrte er mit der Kamera nach Hause zurück und war bereit, in den ersten Morgenstunden die Büros der Fluggesellschaft und notfalls den etwas ausserhalb der Stadt gelegenen Flughafen aufzusuchen.

Schliesslich möchte ich noch erwähnen, dass der Name «Basharat» übersetzt «Botschaft» und der Name «Saleem» «gut» bedeutet. Somit ergibt sich der merkwürdige Umstand, dass der heute lebende Nachfahre von Jesus «die gute Nachricht» heisst.

Der Tod von Jesus in Kaschmir

Der grosse orientalische Schriftsteller und Geschichtsschreiber Al-Shaikh-us-Sâdiq Abi Ja'far Muhammad ibn Alî ibn Husain ibn Mûsâ ibn Baibuyah al-Qummî, auch bekannt unter dem Namen Shaikh al Sa'îd-us-Sâdiq, gestorben in Khurasan im Jahre 962, erwähnt die Reisen des Yuz Azaf in seinem berühmten Buch «Kamâl-ud-Dîn vas Tmâm-un-Ni'mat fî Asbât-ul-Ghaibut was Ksf-ul-Hairet», das auch mit «Ikmâl-ud-Din» bezeichnet wird. Dieses Buch hat bei westlichen Orientalistik-Gelehrten einen sehr hohen Stellenwert. Gedruckt wurde es zum erstenmal im Jahr 1882 von Aga Mîr Bâqar in der Sayyid-us-Sanad Press im Iran – und übersetzt von Professor Müller von der Universität Heidelberg. Der Autor hat weite Reisen unternommen, um Material für dieses und andere Bücher zu sammeln. In diesem einen Buch ist von Jesu erster Reise nach Ceylon und anderen Orten die Rede. Seine zweite Reise, die schliesslich in Kaschmir endete, wird ebenso erwähnt. Des weiteren werden seine Worte und Lehren genannt, die denen, die uns die Bibel wiedergibt, sehr ähneln.

Ebenso wird in dem Buch von Shaikh al Sa'îd-us-Sâdiq Jesu Todesszene beschrieben. Dort wird gesagt, dass Jesus, als er seinen Tod näherkommen sieht, seinen Jünger Ba'bat (Thomas) suchen liess und ihm seinen letzten Wunsch bezüglich der Weiterführung seiner Mission mitteilte. Er wies Thomas an, genau an der Stelle ein Grab zu bauen, an der er sterben würde. Dann streckte er sich – mit den Beinen nach Westen und dem Kopf nach Osten zeigend – aus und starb. Diese Szene wird auf den Seiten 357 und 358 des besagten Buches beschrieben.

Im Vergleich dazu möchte ich erwähnen, dass auch der Prophet Mohammed gesagt hat, dass Gott sich seiner Seele an dem Ort annähme, an dem er sterben würde. Aus diesem Grund wurde Mohammed in der engen Wohnung seiner Frau Hadrat Ayesha begraben, in der er auch gestorben war (30).

Das Grab von Jesus in Kaschmir

Das Grab, das der vorangehenden Geschichte nach ursprünglich von Thomas über Jesu Körper genau an der Stelle seines Todes errichtet worden war, befindet sich im Distrikt Khanyar, mitten im Zentrum von Srinagar, der Hauptstadt Kaschmirs. In der Strasse kann man an einem Stromleitungsmast ein blaues Schild mit der weissen Aufschrift «Rozabal» sehen. Dieses Wort ist eine Zusammenziehung der Worte «Rauza bal» (Foto 20). Der Name Rauza wird nur für die Gräber von Propheten benutzt, während die Gräber der Heiligen «Ziãrat» genannt werden.

Das Gebäude als solches ist ein rechteckiges Bauwerk, an das eine kleine Vorhalle angebaut ist (Fotos 21 und 22). Hinter dem Gebäude erstreckt sich ein mohammedanischer Friedhof. Alle Gräber dieses Friedhofs sind – nach islamischer Sitte – von Norden nach Süden ausgerichtet (Foto 18). Betritt man den «Rozabal», so kommt man zunächst in eine Galerie, die die innere Kammer umgibt (Foto 17). In diese Innenkammer gelangt man durch ein Fenster, an dessen linker Seite eine Holztafel lehnt, die die Holztafel ersetzt, auf der die Original-Inschrift stand und die verschwunden ist (Fotos 15 und 16). Diese Tafel trägt in der Überschrift die Worte «Ziarat Yuza Asaf Khanyar» (das Grab von Yuza Asaf, Khanyar; dabei ist zu beachten, dass auf der Tafel das Wort «Ziarat» vorkommt, das, wie wir sahen, für die Gräber der Heiligen angewandt wird). Somit weist der Text darauf hin, dass hier Yuza Asaf ruht, der vor vielen Jahrhunderten ins Kaschmir-Tal kam und sein Leben dem Gebet und der Predigt der Wahrheit widmete. Die jetzt vorhandene Tafel wurde von der Archäologie-Abteilung des Staates Kaschmirs aufgestellt.

Auf dem Boden der Innenkammer sieht man zwei Grabhügel oder -steine (Fotos 8 und 9). Der grössere von beiden, der sich in der Nordhälfte der Kammer befindet, ist derjenige, der zu Jesu Grabstätte gehört. Der kleinere Stein, der sich im südlichen Teil befindet – an das Verbindungsfenster angrenzend also –, gehört zu dem Grab eines heiligen Mohammedaners aus dem 15. Jahrhundert, Syed Nasîr-ud-Dîn, der zu Jesus eine grenzenlose Zuneigung empfand und der, seinem Wunsch entsprechend, neben Jesu Grab begraben wurde. Diese beiden Grabhügel oder -steine sind ebenso nach mohammedanischer Sitte von Norden nach Süden ausgerichtet. Aber das eigentliche Grab Jesu, das sich in der Krypte unterhalb dieser Innenkammer des Gebäudes befindet, ist nach jüdischer Sitte von Osten nach Westen ausgerichtet. Wie wir in dem vorangehenden Kapitel gesehen haben, ist dieses unter dem Namen «Rozabal» bekannte Gebäude über den Körper von Jesus gebaut worden, der in seiner Krypte genau an der Stelle und in der Lage liegt, die er bei seinem Tod einnahm. Zu dieser tiefergelegenen Krypte kann man lediglich über eine Leiter von aussen hinabsteigen. Heute ist diese Leiter zugemauert, und es gibt nur noch eine Öffnung von Spaltesbreite, die zu der Strasse hinzeigt, die an der Westseite des Gebäudes vorbeiläuft (Foto 19). Da dieses Gebäude für Hindus und auch Mohammedaner heilig ist, muss man sich vor dem Betreten die Schuhe ausziehen. Die Grabhügel von Jesus und Syed Nasîr-u-Dîn in der Innenkammer sind von einem Verschlag aus bearbeitetem Holz umgeben (Fotos 10 und 11).

Deshalb kann man annehmen, dass jemand in der Vergangenheit hier an diesem Stein ein unauslöschbares Zeugnis eines wichtigen Merkmals (die Spuren seiner

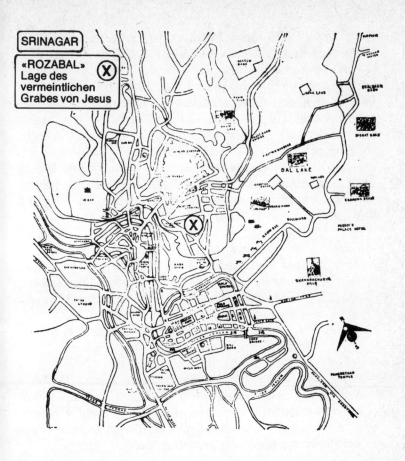

Stadtplan von Srinagar, der Hauptstadt Kaschmirs, mit der Kennzeichnung des Ortes, an dem sich das Grab von Jesus befindet.

Kreuzigung) des dort begrabenen, aussergewöhnlichen Menschen, nämlich Jesus, hinterlassen wollte.

Um die Fotos aus dem Inneren der kleineren Kammer von «Rozabal» heraus machen zu können, mussten wir dort in den ersten Morgenstunden hineingehen und bei geschlossener Tür arbeiten, weil der Zutritt zur Innenkammer, in der sich die beiden Grabhügel befinden, verboten ist. Immer wenn wir «Rozabal» besuchten, begleitete uns der mit der Bewachung des Gebäudes beauftragte Mann, der die entsprechenden Schlüssel hat (Foto 14). Im folgenden möchte ich das Interview wiedergeben, das wir mit ihm im «Rozabal» führten:

Frage: *Warum sind Sie der Wächter von Rozabal?*
Antwort: *Aus Familientradition; schon mein Vater war es, davor mein Grossvater, davor mein Urgrossvater.*
Frage: *Aber sind Sie denn nicht mit Basharat Saleem verwandt?*
Antwort: *Ja, ich bin ein entfernter Verwandter von Basharat Saleem.*

(Hier muss ich klärenderweise erwähnen, dass Basharat Saleem auf unsere Frage, ob er ein Verwandter des Wächters von Rozabal sei, mit einem deutlichen Nein antwortete. Er sagte, dass dieser lediglich der Mann sei, den er mit der Pflege des Gebäudes beauftragt habe.)

Frage: *Glauben Sie, dass dies das Grab von Jesus ist?*
Antwort: *Es ist das Grab von Yuza Azaf.*
Frage: *Können Sie mir sagen, zu wem der zweite, etwas kleinere Grabhügel gehört?*
Antwort: *Yuza Azaf war eine hochgewachsene Person. Aus diesem Grund reichte ein Grabhügel für ihn nicht aus, sondern es waren zwei notwendig.*

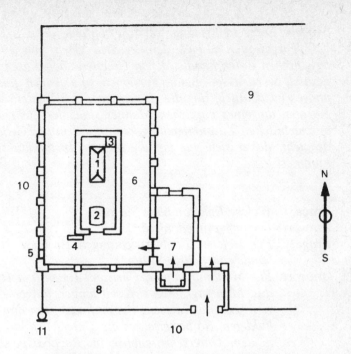

1 Grabstein von Yuz Asaf (Jesus?)
2 kleinerer Stein
3 Basrelief der Fusssohlen
4 Hinweistafel
5 Fensterchen zum Zustieg von aussen in die Innenkammer
6 Galerie
7 Eingang
8 Hof
9 mohammedanischer Friedhof
10 Strasse
11 Mast mit Hinweisschild «Rozabal»

Skizze des Grabes von Yuz Asaf (Jesus?).

(Andere Leute in Srinagar versicherten uns, dass es sich bei dem zweiten Hügel, dem zweiten Grab, um einen ägyptischen Boten handle, der in Urzeiten nach Kaschmir gesandt worden sei. Beide Versionen sind jedoch falsch und es ist deutlich, das die Antworten des Wächters von Rozabal die eines einfachen Mannes sind, der nicht den geschichtlichen Zusammenhang kennt, in dem das Gebäude steht, da er sich nur um die äussere Instandhaltung kümmert.)

Frage: Welche Religion üben Sie aus?
Antwort: Die mohammedanische.
Frage: Für welche Glaubensrichtungen ist dieses Gebäude eine heilige Stätte?
Antwort: Für Mohammedaner, Christen, Juden und Hindus. Man sagt, dass sich seit langer, langer Zeit viele Leute an diesem Ort einfinden, um ihm zu huldigen. So beweisen es die Unterschriften, die in dem Unterschriftenbuch im Rozabal gesammelt sind.
Frage: Wer ist, Ihrer Meinung nach, die wichtigste Person, die diesen Ort besucht hat?
Antwort: Es waren viele Gelehrte und Professoren hier, aber für mich selbst, so glaube ich, war der Onkel unserer Premierministerin Indira Gandhi die wichtigste Person, die Rozabal besucht hat. Ausserdem waren auch einige wichtige Filmstars hier.
Frage: Können Sie sich daran erinnern, dass einmal ein katholischer Priester dieses Grab besucht hat?
Antwort: Es ist schon möglich, dass einer hier war, denn es gibt hier mehrere christliche Schulen. Aber konkret kann ich mich an keinen erinnern.

Dieses Interview wurde von Professor Hassnains Sohn, Herrn Fida, gedolmetscht. Dieser begleitete uns bei einem Grossteil unserer Nachforschungen in Kaschmir.

Fügen wir schliesslich noch hinzu, dass das Grab unter den Leuten, die diesen Ort besuchen und dort ihre Opfer bringen, als das von «Hazrat Yuz Asaf» oder als das von «Nabi Sahib» (der Prophet), oder «Shahzãda Nabi» (der Prophetenprinz) und auch als das von «Hazrat Isa Sahib» (Jesus) bekannt ist.

Der offizielle Gesetzeserlass zu «Rozabal»

Der Wächter von Jesu Grab hat ein altes Dekret (Foto 52) in Verwahrung, das festlegt, dass das besagte Grab wirklich das von Yuz Asaf oder Jesus ist. Dieses Dekret wurde für Rahman Mir von fünf Muftis (Richter) aus Srinagar ausgestellt. Es trägt ihre Stempel und Unterschriften und datiert aus dem Jahre 1766. Sein vollständiger Text lautet wie folgt:

In diesem Königreich, in der Abteilung für Lehre und Religion und am Gerichtshof, sagt Rahman Mir, Sohn des Bahadur Mir, aus, dass Edelmänner, Minister, Könige, Würdenträger und das Publikum im allgemeinen aus allen Himmelsrichtungen zu dem geheiligten Grab von Yuz Asaf – Gott segne ihn! – herbeiströmt, um ihm zu huldigen und Opfer zu bringen und sagt, dass er in jedem Fall ermächtigt ist, diese Gaben entgegenzunehmen und zu gebrauchen, dass niemand ausser ihm dieses Recht hat und dass alle anderen daran gehindert werden müssen, in seine Rechte einzugreifen.

Nach Überprüfung der Tatsachen wurde festgelegt, dass ein Mann namens Yuz Asaf in das Königreich des Raja Gopadatta, der das Gebäude auf dem Berg Salomons repariert und viele Tempel errichtet hatte, gekommen war. Er war ein echter Prinz und machte sich von den weltlichen Dingen los und trat für das Recht ein. Er gab sich am Tage und in der Nacht dem Gebet zu Gott hin; er verbrachte lange Zeiträume meditierend. Dies geschah nach der ersten grossen Sintflut in Kaschmir, als die Leute sich der Götzenverehrung hingaben. Der Prophet Yuz Asaff war gesandt worden, um dem Volk von Kaschmir zu predigen. Er rief immer die Einheit Gottes aus, bis er eines Tages starb. Er wurde in Mohalla Khanyar am Ufer des Flusses beerdigt, an einem Ort, der als «Rauzabal» bekannt ist. Im Jahre 1451 wurde Syed Nasir-ud-Din Rizvi, Sohn des Iman Moosa Ali Raza, neben Yuz Asaf begraben.

Berücksichtigt man, dass dieser Ort regelmässig von jedermann – wichtigen und bescheidenen Leuten gleichermassen – besucht wird, und der genannte Rahman Mir der erbmässige Wächter dieses Ortes ist, wird er hiermit ermächtigt, die Opfergaben anzunehmen, die dort abgelegt werden, und niemand hat ein Recht auf die erwähnten Opfergaben oder sonst etwas damit zu tun.

Dies bestätigen wir am 11. Jumâdâ-al-Thania 1184 A.H. (1766).

Gezeichnet und gestempelt:

Mulla Fazal, Mufti-Azam,
Abdul Shakur, Mufti-Azam,
Ahmadullah, Mufti,
Muhammad Azam, Mufti,
Hazif Ahsanullah, Mufti.

Gezeichnet und gestempelt:

Muhammad Akbar, Khadim,
Raza Akbar, Khadim,
Khizar Muhammad, Khadim,
Habibullah, Khadim.

Ladakh, das Land von Jesus und den Christen

Ladakh, der nördlichste Distrikt des Staates Jammu und Kaschmir, eine der am höchsten gelegenen, von Menschen bewohnten Regionen, hat erst vor wenigen Jahren den Besuchern aus dem Ausland seine Türen geöffnet. Ladakh bietet eine faszinierende Mondlandschaft, in der sich Himmel und Erde zu vereinigen und den Gipfel der Welt zu symbolisieren scheinen. Es ist eine riesige Sandwüste, aus der sich dunkle Wälder aus goldschimmerndem Granit erheben. Die Hauptstadt dieses sogenannten «kleinen Tibets» ist Leh, eine Stadt, die wir bereits bei Jesu erster Reise in den Orient kennengelernt haben. Wenige Kilometer von ihr entfernt liegt das Mönchskloster Hemis, in dem Notowitsch die Schriftstücke fand, die von dieser ersten Reise Jesu nach Indien, in den Tibet und nach Kaschmir erzählten.

Merrick führt in seinem Werk «In the World's Attico» auf Seite 215 aus, dass dieses Mönchskloster in Hemis, Ladakh, Dokumente in Tibetisch und in der Pali-Sprache besitzt, die von den Tagen berichten, die Jesus in Leh verbrachte, wo er mit Freuden empfangen wurde und predigte.

Ladakh und das in der Nachbarschaft liegende Tibet waren ausserdem Gebiete, die von den ersten Christen ausgesucht wurden. In Tangtse, 96 Kilometer von Leh, der Hauptstadt von Ladakh, entfernt, gibt es Felsen mit Inschriften der alten, mystischen nestorianischen Christen, die über Syrien nach Tangtse kamen und sich dort niederliessen. In diesen Felsen finden sich – neben den Inschriften – in den Stein gemeisselte St.-Georgs-Kreuze. Es ist mir ein Vergnügen, hier zum erstenmal das Foto der erwähnten Kreuze (Foto 45) zu veröffentlichen, das Professor Hassnain mir freundlicherweise überlassen hat.

Mir scheint die Tatsache, dass sich die nestorianischen Christen gerade hier niedergelassen haben, von Bedeutung zu sein, da dieser Flügel des Christentums seinen Ursprung in Nestor hat, der von 428 bis 431 Patriarch von Konstantinopel war und der die Einheit der göttlichen und menschlichen Natur Christi verneinte und folglich behauptete, dass Maria lediglich Jesu und nicht Gottes Mutter war. Ihm nach «bewohnte» die göttliche Natur die menschliche Natur von Jesus «nicht». Seine Lehre wurde auf dem Konzil von Ephesus im Jahre 431 verurteilt. Der Nestorianismus war unter der Herrschaft eines «Katholikós» Staatsreligion in Persien und erzielte grosse Erfolge missionarischer Art in Indien, wo er Ähnlichkeiten mit den Christen des Heiligen Thomas aufweist, in Turkestan, in China und unter den Mongolen. Die im 16. Jahrhundert unter Tamerlán erlittene Verfolgung machte viele zu Märtyrern und hätte die Sekte fast ausgerottet. Im 16. Jahrhundert schlossen sich die chaldäischen Nestorianer Rom an. Im Norden des Irak leben noch Nachfahren der von den Türken zwischen 1914 und 1917 zu Grunde gerichteten Nestorianer.

Als Marcelle Lalou in ihrem Buch «Las religiones del Tibet» (31) von den nestorianischen Christen spricht, sagt sie, dass sie im Hochmittelalter aufgrund ihrer Ausbreitung möglicherweise in Kontakt mit tibetischen Stämmen kamen, die in Zentralasien ansässig waren, wo sie ein Imperium gründen wollten. J. Dauvillier nimmt Bezug auf eine von Saeki übersetzte chinesische Inschrift in einer Steinplatte (gegenwärtig wird sie im Ueno-Museum in Tokio aufbewahrt), die ihn glauben lässt, dass ein chinesischer General – ein alter chaldäischer Christ persischen

Ursprungs – zwischen 656 und 661 die von ihm beherrschten tibetischen Stämme unbedingt bekehren wollte.

Das Christentum chaldäischer Prägung drang in den eigentlichen Tibet ein. In Drang-tse, das in der Nähe des Pang-kong-Sees auf der Karawanenroute liegt, die nach Lhasa führt, wurden grosse, in Fels gemeisselte chaldäische Kreuze gefunden, die mit Inschriften in tibetisch, die bisher noch nicht entziffert werden konnten, in sogdianisch und kutchianisch versehen waren und zwei chinesische Schriftzeichen enthielten. Die sogdianische Inschrift stellt den Namen von Jesus und ein Datum dar, das dem Jahr 825 und 826 entsprechen muss.

Die chaldäischen Gemeinden des Tibet müssen wohl sehr bedeutend gewesen sein, denn sie verfügten über einen erzbischöflichen Sitz, was die Existenz mehrerer, darunter angeordneter Bischöfe vermuten lässt. Timotheus I., Patriarch zwischen 792 und 798, erwähnt in zweien seiner Briefe die tibetischen Christen und kündigt seine Bereitschaft an, «dem Land der Tibeter» einen erzbischöflichen Sitz zu widmen. Möglicherweise gibt es einen tibetischen Klerus chaldäischer Prägung.

Auf einem Fragment eines tibetischen Manuskripts, das in einem Versteck in der Grotte der tausend Buddhas in Tuen-huang gefunden wurde, ist ein Kreuz sassanidischer Art abgebildet. Jean Dauvillier hat jedoch zugegeben – wie auch ich es getan habe –, dass diese Zeichnung von tibetischen Schriftgelehrten stammt. «Selbst gegenwärtig bin ich nicht völlig davon überzeugt», schreibt Marcelle Lalou im weiteren, «da die Inschriften tibetischer Schriftstücke der gleichen Herkunft, die erst vor kurzem entziffert wurden, anzeigen, dass einige tibetische Texte in die Region von Tuen-huang übertragen wurden, so dass dieses Kreuz in das Dokument eingezeichnet werden konnte, bevor es nach Kan-su gelangte.»

«Andererseits», fährt die Autorin fort, «habe ich wiederholt die Bedeutung eines Schriftstücks hervorgehoben, das in der gleichen Grotte gefunden wurde.» Aufgrund seiner Herkunft lässt es sich etwa auf die Jahre 800 bis 1035 datieren, aber die archaischen Züge der Schrift bringen mich zu der Annahme, dass es sich um eines der ältesten tibetischen Schriftstücke handelt, die Pelliot beigesteuert hat. Es ist eine Textsammlung, die dem Thema der Rettung von den Wesen aus der Hölle mittels der Entdeckung der Zaubersprüche durch die Bodisattvas gewidmet ist. Das gleiche Thema wird in dem «Karandavyûha» dargestellt, wo der Retter Avalokiteshvara und der erlösende Spruch «Om mani padme hum» ist. Aber das Interessanteste des Schriftstücks von Tuen-huang ist das «Om mani padme hum». Pelliot meinte, dass dieser so oft wiederholte und berühmte Gebetsspruch, der im gesamten Tibet Verbreitung gefunden hat – wo er in Felsen, Mauern und Gegenständen eingeritzt ist – und der von den Gläubigen ständig wiederholt und von den Gebetsmühlen in den Wind geblasen wird, vor dem Jahr 1000 nicht bekannt war. Andererseits kommt dieser besagte Spruch nicht ein einziges Mal, nicht einmal gekritzelt, in der gewaltigen Menge – etwa 300 kg Gewicht – tibetischer Schriftstücke vor, die sich Pelliot aus Tuen-huang nach Paris mitbrachte.

Das fragliche Dokument ist jedoch von viel allgemeinerem Interesse, da es die Entwicklung des soteriologischen Glaubens in einer volkstümlichen Umgebung aufzeigt, in der sich grosse Religionsströmungen vermischten. Dieser vom Buddhismus aufgesogene Glaube findet sich in dem besagten Text dargestellt, so dass man ihm einen besonderen Platz in der vielschichtigen und noch nicht geschriebenen Geschichte von der Lehre und dem Kult der erlösenden Bodisattvas widmen müsste.

Dieses Schriftstück trägt den Titel: «Darstellung des

Weges des Toten: Wegweiser zu der heiligen Stätte der Götter» und beschreibt die unheilvollen Wegrichtungen, die der Verstorbene nicht einschlagen darf, damit er den göttlichen Aufenthaltsort erreicht. Ohne Zweifel war es – genauso wie das noch gebräuchliche tibetische Totenbuch – Teil eines Begräbnisritual und sollte den Verstorbenen auf seiner Reise dadurch leiten, dass er dem Vortrag des Textes zuhörte. Diese Anweisungen «post mortem» offenbaren den Glauben an die Möglichkeit, den Geist wie mit einer Fernsteuerung lenken zu können. Die Mahnungen des Zelebranten vervollständigen die Kenntnisse, die der Verstorbene in der Ausübung von Yoga oder der Askese während seines Lebens nicht erlangt hat. Der Vergeltungsautomatismus des «Karman»-Gesetzes wird vollständig unterbrochen durch die von den Gebeten der Bodhisattvas herbeigeführten Erlösung. Der Verstorbene mag zwar auf einen falschen Weg geraten sein, aber die Gründe für eine vergeltende Strafe sind unwichtig; der rettende Bodhisattva greift immer ein, wenn er angerufen wird. Das Unabwendbarkeitsgesetz des «Karman» wird gemässigt durch eine Doktrin der Barmherzigkeit, wobei die Erlösung durch die Tat eines Dritten verursacht wird.

Die buddhistische Lehre von den erlösenden Bodhisattvas setzt eine ähnliche Schicksalhaftigkeit voraus, ohne jedoch dabei diesen «post-mortem»-Charakter zu besitzen. Dennoch ist es nicht verwunderlich, in den Texten der «Grundlagen der Bodhisattvas», in denen gelehrt wird, dass diese die Rettung des Nächsten über die eigene stellen, zwei zu einem Paar zusammengefasste widersprüchliche Auffassungen zu finden: die von der Verurteilung der Toten durch einen Gott und die des Automatismus des «Karman». In dem Schriftstück von Tuen-hang (dabei handelt es sich nicht um ein kanonisches Werk) kann der Verstorbene sich sowohl von der Verurteilung als auch von dem Automatismus befreien. Nur wer sich in einen Mensch-Gott verwandelt hat, wird von Indra beurteilt, wenn es auch nicht üblicherweise diese Gottheit ist, der man diese Rolle anvertraut. Ausserdem zieht die Beurteilung weder eine Belohnung noch eine Strafe nach sich. Die Verurteilung der Toten ist also sehr stark eingeschränkt, und in Wirklichkeit ist das Gesetz des Karman ausschlaggebend. Daher ist der Gedanke gar nicht so abwegig, dass dieses Dokument Spuren des christlichen Glaubens an die Erlösung enthält. Sehr viel später, im 17. und 18. Jahrhundert (wir wissen nicht, ob auch schon früher), hatten italienische Kapuziner- und Jesuitenmissionare einen engen und lang andauernden Kontakt zu tibetischen Doktoren. Einer von ihnen, Hipolito Desideri, kam 1716 in Lhasa an und wohnte einige Monate lang in den Lhamaklöstern. 1721 hielt er sich noch immer in Lhasa auf.

Ich habe diesen Text von Marcelle Lalou etwas ausführlicher wiedergegeben, weil er im weiteren Verlauf von Interesse sein wird, wenn die Beziehungen zwischen Buddhismus und Christentum herausgearbeitet werden.

Die Kreuzigung von Sandiman

In der gesamten Geschichte Indiens erfährt man nur von einer einzigen Kreuzigung, die genau hier in Srinagar, der Hauptstadt Kaschmirs, stattgefunden hat. Das Ereignis wird – im Zusammenhang mit Jesus – in dem Werk «Rajatarangini» erwähnt, das im Jahre 1128 von Kalhana in Sanskrit verfasst wurde. Die Übersetzung des Abschnitts, in der von der erwähnten Kreuzigung die Rede ist, lautet folgendermassen:

Der heilige Issana (Jesus) lebte in Ishbar am Ufer des Dal-Sees in Kaschmir. Er war ein Heiliger und hatte einen sehr guten Ruf. Seine Predigten wurden von allen gehört, und er hatte viele Jünger. Einer seiner wichtigsten Jünger, Sandiman (auch als Sandinati bekannt), wurde zu zehn Jahren Gefängnis verurteilt. Nach einer bestimmten Zeit wurde Sandiman gekreuzigt. Der heilige Issana trat hinzu und sah auf dessen Stirn drei Sätze niedergeschrieben:

1. Dieser Mann wird in Armut leben.

2. Nach zehn Jahren Gefängnis wird er gekreuzigt.

3. Und nach seiner Auferstehung wird er König sein.

Sandiman wurde auf einem umzäunten Platz gekreuzigt, und die Menschenmenge wohnte der Kreuzigung bei. In der Nacht kamen heilige Frauen herbei und stellten sich um ihn herum. Der heilige Issana wurde sehr traurig und begab sich zu dem Ort, und am dritten Tag kehrte Sandi-

man ins Leben zurück. Die Leute eilten staunend herbei, um ihn zu sehen, und boten ihm den Thron von Kaschmir an. Er lehnte dieses Angebot ab, aber die Leute liessen ihn nicht gehen, und er akzeptierte schliesslich, ihr König zu sein.

Im weiteren sagt der Autor, dass dieses aussergewöhnliche Ereignis der Kreuzigung (die einzige Erwähnung dieser Art in der alten Geschichte Kaschmirs) Beachtung verdient, weil sich der Vorfall von Jesu Kreuzigung hier wiederholt hat. Ausserdem sei die Tatsache, dass man Jesus im Osten unter dem Namen Issa kenne, ein seltsamer Zufall. Der genannte Issana von Kaschmir, von dem gesagt wird, er sei ein grosser Heiliger gewesen, ist niemand anders als Jesus Christus. Sein Jünger wurde gekreuzigt und erhielt durch Issanas Hände die Auferstehung. Dieser war ein Heiliger, der in Ishbar lebte, was Issas Ort bedeutet, ein Ort, dem ein Teil des Volkes von Kaschmir immer noch seine Ehre erweist.

Diese Tatsache wird in mehreren Geschichtswerken Kaschmirs erwähnt.

Chronologische Überprüfung

Um die Wahrscheinlichkeit, dass Yuz Asaf wirklich Jesus war, auch vom chronologischen Standpunkt aus prüfen zu können, muss die Zeit bestimmt werden, in der Jesus in Kaschmir eintraf und dort starb. Dazu müssen die Zeiträume der Herrschaft von Gondafras, Gopadatta, Shalewahin und Raindatta, wobei letzterer gelegentlich auch Zaindatta oder Venadatta genannt wird, bestimmt werden. Abgesehen von den Inschriften und Münzen gibt es für uns keinen gültigen Anhaltspunkt ausser dem Geschichtsschreiber Pandit Kulhana, der den «Rajatarangini» in den Jahren 1148 und 1149 verfasste. Es ist das älteste geschichtliche Schriftstück, das von den Dynastien handelt, die, von Beginn an bis zur Zeit des Autors, in Kaschmir herrschten oder mit dieser Region in Verbindung standen. Die alten, von Kulhana benutzten Chroniken sind alle verloren gegangen. Deshalb müssen die Geschichtsschreiber Kaschmirs – sowohl Hindus als auch Mohammedaner – ihr Werk dort fortsetzen, wo das von Kulhana aufhört.

In seinen ersten drei «Tarangs» ist der «Rajatarangini» vorherrschend Legende, aber seine Erzählungen erhalten im vierten «Tarang» eine feste geschichtliche Grundlage. Geschichtswissenschaftler wie Fleet, Ferguson, Lassen, Levi, Prinsep, Wilfred, Wilson und andere haben versucht, den chronologischen Ablauf bei Kulhana nachzuprüfen und die Stelle zu klären; sie führten mehrere Überprüfungen durch und verglichen ihre Berechnungen mit Namen historischer Persönlichkeiten Kaschmirs, deren Herrschaftsdauer ungefähr bekannt war. Aber leider besteht die alte Geschichte Indiens grösstenteils aus Legenden, und viele mythische Persönlichkeiten, wie zum Beispiel die Geister des Bösen und des Guten werden wie wirkliche Personen behandelt. Die genannten westlichen Schriftsteller stossen somit bei der Beschäftigung mit der antiken Geschichte Indiens ständig auf Begriffsverwirrungen, die noch durch den Umstand verstärkt werden, dass es im antiken Indien sehr viele Zeitrechnungen gab, wobei bei einigen nicht klar ist, wann sie beginnen und wie sie zeitlich einzuordnen sind. Nazir Ahmad folgend, werde ich im folgenden – mit einem Vergleich der Jahreszahlen – einige der Zeitrechnungen aufführen, auf die wir noch zurückkommen werden. Dabei beziehe ich mich auf die Jahre 1 bis 1950 der christlichen Zeitrechnung:

Zeitrechung	*Jahr*	*Jahr*
Christliche Zeitrechnung	1	1950
Hebräische Zeitrechnung	4004	5954
Kalyugi-Zeitrechnung	3101	5051
Laukita-Zeitrechnung	3076	5026
Bikrami-Zeitrechnung	57	2007
Zeitrechnung Shalewahins	78 n. Chr.	1877
Mohammedanische Zeitrechnung	622 n. Chr.	1369

Nun werden wir unter Zuhilfenahme der interessanten Studie von Nazir Ahmad die Daten der bedeutsamsten Ereignisse berechnen, die mit dem Leben von Jesus oder Yuz Asaf zu tun haben.

Zunächst einmal ist da der Aufenthalt von Jesus und Thomas in Taxila zu erwähnen. Entsprechend der «Acta Thomae» hielten sie sich während der Herrschaft von Gondafras in Taxila auf. Eine alte, in Taxila wiedergefundene Inschrift, die jetzt im Museum von Lahore aufbewahrt wird und wahrscheinlich mit der Hochzeit von Abgadases zu tun hat, erinnert an folgendes:

Im Jahre 26 des grossen Königs Gondafras im Jahre Samvat 103 und am vierten Tag im Monat Baisakh . . . (329).

Diese Inschrift ist unvollständig, aber sie bezieht sich auf das Jahr Samvat, und der angegebene Monat ist Baisakh. Beides weist darauf hin, dass es sich um die Bikrami-Zeitrechnung handelt. Diese Zeitrechnung beginnt 57 Jahre vor der christlichen. Somit entspricht das Jahr 103 dem Jahre 46 der christlichen Zeitrechnung. Da dies sich im 26. Jahre der Herrschaft Gondafras zugetragen hat, muss seine Herrschaft im Jahr 20 nach Christus begonnen haben. Professor Rapson sagt in seinem Buch «Ancient India»:

Gondafras, der König des Nordwestens Indiens oder Grossindiens, der die alten Königreiche der Parther und Saker vereinigte, regierte von 21 bis 50 nach Christus (33).

Sir Vincent Smith sagt in seiner «Early History of India»:

Im Jahre 20 nach Christus wurde Gondafras nach einer Reihe von Mandaten der Nachfolger von Azes. Er hatte den Sind und Arakan erobert und errichtete sich ein weitreichendes Herrschaftsgebiet. Somit entzog er sich erneut der Kontrolle der Parther.
Als er etwa im Jahre 60 nach Christus starb, wurde sein Königreich geteilt. Dabei fiel der westliche Punjab in die Hände seines Bruders Abdagases . . . und das Land wurde in einem Zeitraum von 6 bis 10 Jahren von den Königen des Kushan anektiert. Die Yuen-chis, wie die Könige des Kushan genannt wurden, eroberten Kabul tatsächlich im Jahre 50 nach Christus (34).

Hieraus kann man schliessen, dass Jesus und Thomas vor dem Jahr 60 unserer Zeitrechnung in Taxila waren, und falls sich Professor Rapson nicht geirrt hat, sogar vor dem Jahr 50.

Gehen wir nun zum «Bhavishya Mahapurana» über. Dort unterhielt sich Jesus mit dem König Shalewahin in Voyen, in der Nähe Srinagars. Um das genaue Datum dieser Begegnung zu bestimmen, müssen wir in der Geschichte zurückgehen und uns noch einmal mit einigen geschichtlichen Ereignissen befassen.

Im Jahre 60 unserer Zeitrechnung ernannte sich Kadephsis I selbst zum Herrscher über Nordindien (35). Kanishka war sein Vizekönig in Purushpura (Peshawar). Er führte die Unterwerfung Kaschmirs zu Ende, und einige Zeit später (im Jahre 73 nach Christus) wurden auch die Könige des Kashgar unterworfen. Weder Kadephsis noch Kanishka liessen in diesen Ländern die regierenden Monarchen absetzen. Sie gaben sich mit der Zahlung der Tribute zufrieden, weil sie auf der Suche nach einer Heimat ihr Augenmerk nicht auf Indien, sondern auf Zentralasien gerichtet hatten.

Zu dieser Zeit erschien Shalewahin als Sieger der Brahmanen über die Sakas (36). Er vertrieb sie aus Nordindien, Kaschmir eingeschlossen. Er verliess Kaschmir etwa im Jahre 78 nach Christus (37). Zur Erinnerung an seinen Sieg führte er eine neue Zeitrechnung ein, die er nach seinem eigenen Namen benannte: die Zeitrechnung Shalewahins. Sie beginnt am ersten Baisakh des Jahres 3179 der Zeitrechnung Kalyugis, was dem 14. März des Jahres 78 der christlichen Zeitrechnung entspricht (38). Die Nicht-Kaschmirer nennen sie die Saka-Zeitrechnung, und unter diesem Namen ist sie auch in Südindien bekannt.

Shalewahin blieb nicht für sehr lange Zeit in Kaschmir,

da er sofort in das Dekkan-Gebiet im Süden Indiens gehen musste, um dort einen Aufstand niederzuschlagen. Deshalb muss sich Jesus mit ihm ungefähr im Jahr 78 nach christlicher Zeitrechnung in Voyen, in der Nähe von Srinagar, unterhalten haben.

Sehen wir uns nun einmal die Inschriften in den Stützpfeilern des «Thrones von Salomon» an, die in dem Werk «Tharikh-i-Kashmir» von Mulla Nadiri erwähnt werden. In diesen Inschriften wird das Jahr 54 angezeigt. Jetzt werden wir die dazugehörige Zeitrechnung ausfindig machen. Zunächst einmal sind die Inschriften in der «Khat-i-sulus»- und nicht in der «Nastaleeq»-Schrift gemacht worden. Die Sulus-Schrift fand seit Urzeiten in Persien und dann weiterhin in Indien und Afghanistan bis zur Zeit Tamurs Anwendung. Dieser eroberte Indien im Jahre 1398 nach Christus, zu einem Zeitpunkt, zu dem einer seiner Zeitgenossen, nämlich Mir Ali Tabrezi, die jetzige persische Schrift einführte, die als «Nastaleeq» bekannt ist.

Nach Aussage von Pirzada Ghulam Hasan kann es sich bei dem in den Inschriften genannten Jahr um das Jahr 54 oder 154 handeln (39). Diese beiden Jahreszahlen sind in allen Zeitrechnungen möglich, auf die sie sich beziehen können, wie der folgenden, auf Nazir Ahmad zurückgehenden Tabelle zu entnehmen ist.

I. Mohammedanische Zeitrechnung   1 = 622 n. Chr.
                                                                   54 = 676 n. Chr.
                                                          154 = 776 n. Chr.

II. Zeitrechnung von Kaschmir   1 = 1324 n. Chr.
                                                       54 = 1378 n. Chr.
                                                     154 = 1478 n. Chr.

III. Zeitrechnung Shalewahins   1 =   78 n. Chr.
                                             54 = 132 n. Chr.
                                         154 = 232 n Chr.

IV. Bikrami-Zeitrechnung   1 =   57 v. Chr.
                                            54 =   3 v. Chr.
                                         154 =   97 n. Chr.

V. Laukita-Zeitrechnung   1 = 3076 v. Chr.
                                       3054 =   22 n. Chr.
                                       3154 =   78 n. Chr.

VI. Kalyugi-Zeitrechnung   1 = 3101 v. Chr.
                                     3054 =   47 v. Chr.
                                     3154 =   53 n. Chr.

Wenn man in Betracht zieht, dass verschiedene Zeiträume von verschiedenen Autoren genauer bezeichnet worden sind, können wir die den Inschriften zugrundeliegende Zeitrechnung nur durch ein Ausleseverfahren bestimmen.

Nehmen wir die mohammedanische Zeitrechnung. Major Cole sagt, dass diese Zeitrechnung benutzt wurde und behauptet ausserdem, ohne jedoch Gründe anzuführen, dass es sich um das Jahr 1676 der christlichen Zeitrechnung handele (40). Pandit Ram Chand Kak vertritt die gleiche Meinung und behauptet, dass die Inschriften zur Zeit der Herrschaft des mongolischen Eroberers Shah-Yahan gemacht wurden (41). Aber in der Geschichte wird wohl vergessen, dass die Reparaturen an dem Tempel in keinem der von den beiden genannten Zeiträumen durchgeführt wurden. Ausserdem wird nicht erklärt, warum nicht die «Nastaleeq»-Schrift benutzt wurde, wenn schon zur Zeit der Herrschaft Jahangirs, des Vaters Shab-

Yahans, alle Inschriften in Kaschmir ausschliesslich in dieser Schrift gemacht wurden.

Einen Bezugspunkt stellt zum Beispiel eine Inschrift in Verinaq, an der Quelle des Jhelum-Flusses, dar, die aus der Zeit des Eroberers Jahangir stammt.

Kwaja Hasan Malak Chaduarah ist dergleichen Meinung, legt den Zeitpunkt jedoch in das Jahr 54 mohammedanischer und in das Jahr 676 christlicher Zeitrechnung (42). Er verfällt jedoch in einen absurden Anachronismus, da die Stützpfeiler – seinen Ausführungen nach – unter der Herrschaft von Ghazi Shah Chak errichtet worden seien. Die Chaks regierten in Kaschmir bis zum Jahre 1554 nach Christus.

Gehen wir nun zur Zeitrechnung Kaschmirs über. Der angesehenen Meinung Mullah Ahmads nach, dem Geschichtsschreiber des Hofes des Sultan Zain-ul-Abidin, wurde diese Zeitrechnung von dem Sultan Shams-ud-Din eingeführt, der sie zu Beginn der Herrschaft Ratanjus (Sultan Sadr-ud-Din) einsetzte, welcher wiederum der erste Herrscher Kaschmirs war, der sich durch Hazrat Sadrud-Din (auch bekannt als Hazrat Bulbul Shah) zum Islam bekehrte.

Mullah Ahmad zufolge wurde, vom Zeitpunkt der Bekehrung Ratanjus an, in Kaschmir die Haptrakeshwaran-Zeitrechnung benutzt, was nur ein anderer Name für die Laukika-Zeitrechnung ist. Dennoch fand später die mohammedanische Zeitrechnung Anwendung und dann, von der Herrschaft des Sultans Shams-ud-Din an, wurde die Zeitrechnung Kaschmirs immer gleichzeitig mitgenannt. Dieser klärende Hinweis wird auch von Pirzada Ghulam Hasan angeführt, der diese Zeitrechnung ungerechfertigterweise mit der Inschrift an zwei verschiedenen Stellen beginnen lässt. Ungerechfertigt deshalb, weil die Worte «Zeitrechnung Kaschmirs» auf den fotografischen Aufnahmen nirgends zu sehen sind. Er besteht darauf, dass sich die Jahreszahl auf die Herrschaft des Sultans Zain-ul-Abidin bezieht (43). Das entsprechende Jahr, ob es sich nun um 54 (1378 nach Jesus Christus) oder um 154 (1478 nach Jesus Christus) handelt, fällt nicht in die Herrschaftszeit Zain-ul-Abidins (1424–1471 nach Jesus Christus). Ausserdem war der einzige Tempel, den der Sultan Zain-ul-Abidin reparieren liess, der sogenannte Panj Mukhia (fünf Türen), der sich in Srinagar befindet (44). Er ist heute unter dem Namen Bud Gumat bekannt. Dieser Name geht auf den Sultan Zain-ul-Abidin zurück, den man auch Bud Shah (der grosse König) nannte.

Daraus folgt, dass diesen Inschriften nicht die Zeitrechnung Kaschmirs zugrunde lag.

Die Zeitrechnung Shalewahins beginnt im Jahre 78 nach Jesus Christus. Es gibt keinen Hinweis darauf, dass ein König, der in den Jahren 132 oder 232 nach Jesus Christus (den Jahren 54 oder 154 entsprechend) regierte, diesen Tempel repariert hätte.

Die entsprechenden Daten der restlichen Zeitrechnungen sind folgende:

Die Bikrami-Zeitrechnung mit dem Jahr 3 vor Jesus Christus und dem Jahr 97 nach Jesus Christus.

Die Laukika- oder Haptrakeshwaran-Zeitrechnung mit dem Jahr 22 vor Jesus Christus und dem Jahr 78 nach Jesus Christus.

Die Kalyugi-Zeitrechnung mit dem Jahr 47 vor Jesus Christus und dem Jahr 53 nach Jesus Christus.

Pandit Kulhana benutzte die Laukika-Zeitrechnung, die – Mullah Ahmad zufolge – ausschliesslich in Kaschmir Anwendung fand.

Die Geschichtsschreiber Kaschmirs sind sich alle darüber einig, dass die Reparaturen während der Herrschaft des Raja Gopadatta durchgeführt wurden. Zitate bei Mulla Nadri (45), Mufti Ghulam Nabi Khaniyari (46) und Mirza Saif-ud-Din Baig (47) stützen diese Behauptung.

Auch Pandit Narayan Kaul Ajiz stellt in seinem «Tarikh-i-Kashmir» fest:

Vor einigen tausend Jahren reparierte Raja Gopadatta den Tempel von Koh-i-Sulaiman (48).

Haidar Malak schreibt in seinem «Tarikh-i-Kashmir»:

Dann trat Raja Gopadatta die Thronfolge seines Vaters an. Er liess viele Tempel errichten und den von Koh-i-Sulaiman reparieren. Mittlerweile sind fast zweitausend Jahre vergangen, aber der Tempel steht immer noch. Er regierte sechzig Jahre lang (49).

Im «Tarikh-i-Jadul» steht:

Er (Gopadatta) liess den sogenannten «Zishi-Shore»-Tempel im Koh-i-Sulaiman reparieren ... Sandiman (Sulaiman) war Minister Gopadattas und erhielt den Auftrag, den Tempel zu reparieren (50).

Auch Pirzada Ghulam Hasan gibt zu, dass die Reparaturen an diesem Tempel während der Herrschaft des Raja Gopadatta durchgeführt wurden (51).
Die Anwendung der «Sulus»-Schrift lässt sich damit erklären, dass Sulaiman (oder Sandiman), der mit den Reparaturarbeiten beauftragt worden war, ein Perser syrischen Ursprungs war (52).
Um nun die in den Inschriften benutzte Zeitrechnung zu bestimmen, müssen wir zunächst einmal den Zeitraum

festlegen, in dem Gopadatta in Kaschmir regierte. Für Nazir Ahmad ist es das Jahr 3154 der Laukika-Zeitrechnung. Wilson legt den Beginn der Herrschaft Gopadattas in das Jahr 82 vor Christus. Er irrt sich in seinen Berechnungen jedoch um 131 Jahre, was ich hier aus Platzgründen nicht näher begründen möchte. Zusammenfassend sei nur gesagt, dass er drei Regierungszeiten überspringt, was insgesamt 94 Jahre ausmacht, und dann zwei weitere Fehler von 25 bzw. 2 Jahren begeht, indem er fehlerhaft zwischen der Laukika- und Kalyugi-Zeitrechnung umrechnet. Ausserdem verwechselt er Gopadatta von Kaschmir mit Gopadatta von Gandhara, was – zu den vorhergehenden Fehlern hinzugezählt – eine Zeitverschiebung von 131 Jahren ergibt. Gopadatta regierte 60 Jahre und 2 Monate lang. Folglich regierte er vom Jahre 49 bis zum Jahre 109 nach Christus, und das Jahr 3154 der Laukika-Zeitrechnung, das dem Jahr 78 nach Christus entspricht, fällt in seine Herrschaftszeit.

In der Folge vergleicht Nazir Ahmad diese Daten auf der Grundlage anderer Geschichtsdaten. Doktor Wilson behauptet, dass Mattergupta im Jahre 471 nach Christus den Thron bestieg. Rechnen wir also – von diesem Zeitpunkt aus – zurück:

1. Mattergupta besteigt im Jahre 471 nach Christus den Thron.
2. Wir ziehen die Herrschaftsdauer der drei von Wilson ausgelassenen Könige ab und erhalten 94 Jahre. 471 − 94 = 377 nach Jesus Christus.
3. Wir ziehen die Dauer der (von Wilson erwähnten) sechs Könige der Adittya-Dynastie ab und erhalten 192 Jahre. 377 − 192 = 185 nach Christus.
4. Wir ziehen den Zeitraum von Yudhishtra I bis zum Tode Gopadattas ab, wobei sich für die Regierungszeit

Yudhishtras 36 Jahre ergeben und die von Nazir Ahmad ausgelassenen Monate (2 Jahre) ausgeglichen werden. So ergeben sich 105 Jahre. 185 − 105 = 80 nach Christus.
5. Wir zählen den Unterschied zwischen der Klayugi- und der Laukika-Zeitrechnung (25 Jahre) hinzu. 80 + 25 = 105 nach Christus.
6. Wir zählen den Zeitraum hinzu, der von den eingeschobenen Monaten abgedeckt wird (4 Jahre), 105 + 4 = 109 nach Christus.

Gopadatta regierte 60 Jahre lang, diesen Berechnungen nach von 49 bis 109 nach Christus.

Aber Nazir Ahmad führt noch einen weiteren letzten Test durch. Nach Khwaja Muhammad Azam (53), Mufti Ghulam Nabi Khaniyari (54), Khwaja Saif-ud-Din Pandit (55) und Mirza Saif-ud-Din Baig (56) beginnt die Hedschra, als der König Ranadatta (oder Venadatta) noch 42 Jahre zu regieren hat. Das entspricht dem Jahr 622 nach Christus.

Wilson und anderen Autoren zufolge, regierte König Ranadatta 60 Jahre lang. Folglich hatte er bereits 18 Jahre regiert, als die mohammedanische Zeitrechnung einsetzte. Vernachlässigt man die Monate und zählt erneut rückwärts, so ergibt sich folgendes:

1. Ranadatta regiert 60 − 42 = 18 = 1 der mohammedanischen Zeitrechnung = 622 der christlichen Zeitrechnung. Demzufolge begann seine Regierungszeit im Jahr 604 nach Christus.
2. Wir ziehen den Zeitraum von der Herrschaft Narendradattas II bis zum Beginn der Herrschaft Matterguptas ab, so ergeben sich 137 Jahre. 604 − 137 = 467 nach Christus.

3. Wir ziehen den Zeitraum von Arya Raja bis Pratapdatta (192 Jahre; von Wilson gezählt) ab. 467 − 192 = 275 nach Christus.
4. Wir ziehen den Zeitraum von Hiranya bis Meghewana (94 Jahre; von Wilson ausgelassen) ab. 275 − 94 = 181 nach Christus.
5. Wir ziehen Wilsons Unterschied bei der Berechnung der Herrschaftszeit von Yudhishtra I (14 Jahre) ab. 181 − 14 = 167 nach Christus.
6. Wir ziehen von der Zeit Narendradattas bis zum Ende Gopadattas ab; 90 Jahre. 167 − 90 = 77 nach Christus.
7. Wir zählen 25 Jahre wegen des Unterschieds zwischen den beiden Zeitrechnungen hinzu. 77 + 25 = 102 nach Christus.

Die Abweichung von ungefähr 7 Jahren ergibt sich aus den vereinzelten Monaten der Herrschaft verschiedener Könige (die insgesamt 2 Jahre, 2 Monate und 9 Tage ausmachen) und 4 Jahre für die eingeschobenen Monate. So kommt man auf das Jahr 109 nach Christus. Wir wiederholen an dieser Stelle noch einmal – und bedenken dabei den Fehler von 131 Jahren von Wilson –, dass Gopadatta von 49 bis 109 nach Christus regierte.

Zum Abschluss dieses Kapitels noch ein letzter Test.

1. Die Herrschaft des Königs Baladatta ging – nach Wilson – 596 nach Christus zu Ende.
2. Rechnet man den Fehler Wilsons dazu, so wäre das Datum: 596 + 131 = 727 nach Christus.
3. Wir ziehen die Herrschaftszeit von Baladata und Vikramadatta ab – die Zeit von Yudhishtra I mitgerechnet –, wobei sich 96 Jahre ergeben. 727 − 96 = 631 nach Christus.

4. Wir ziehen die restliche Herrschaftzeit von Ranadatta (42 Jahre) ab. 631 − 42 = 589 nach Christus.
5. Wir ziehen die Monate vereinzelter Regierungen und die eingeschobenen Monate (zusammen 6 Jahre) ab. 589 − 6 = 583 nach Christus.
6. Wir zählen den Zeitraum hinzu, der den eingeschobenen Monaten der mohammedanischen Zeitrechnung entspricht (39 Jahre). 583 + 39 = 622 nach Christus = das Jahr 1 der mohammedanischen Zeitrechnung.

Diesen Berechnungen zufolge war Yuz Asaf, Jesus, im zweiten Jahr der Shalewahin-Zeitrechnung in Kaschmir. Das entspricht dem Jahr 80 nach Christus.

Jesus kam also nach Kaschmir und lebte dort von 60 bis 109 nach Christus. Dies und wenn man zusätzlich noch in Betracht zieht, dass seine Geburt etwa in das Jahr 7 vor der christlichen Zeitrechnung zu legen ist, erlaubt uns die Behauptung, dass Jesus in Kaschmir im Alter von 116 Jahren eines natürlichen Todes starb.

Zur Vervollständigung dieses Kapitels, das der Chronologie der letzten Jahre Jesu gewidmet ist, werde ich noch ein wenig den Punkt aufführen, den ich soeben bezüglich seines Geburtsdatums angesprochen habe. Zu diesem Zweck gebe ich hier aus dem Wörterbuch der Bibel von Herder (57) folgendes wörtlich wieder:

Jesus wurde geboren, bevor der grosse Herodes starb. Dieser starb im Frühling des Jahres 750 römischer Zeitrechnung («ab urbe condita»), im Jahre 4 vor Christus (Matthäus, 2, 1; Lukas, 1, 5). Die christliche Zeitrechnung, die durch die Berechnungen von Dionysius Exiguus festgelegt wurde, geht ihrer Zeit unzweifelhaft um einige Jahre voraus. Dennoch kann der zeitliche Abstand zwischen Jesu Geburt und Herodes Tod nicht mit letzter Sicherheit be-

stimmt werden. Wenn die von Quirinus durchgeführte Volkszählung zwischen den Jahren 9 und 6 vor Christus stattgefunden hat, kann man wahrscheinlich davon ausgehen, dass Jesus im Jahre 7 oder 6 vor Beginn unserer Ära geboren worden ist. Herodes ordnete die Tötung der Kinder Bethlehems mindestens einige Monate vor seinem Tod an, so dass Jesus im Jahre 5 vor Christus sicherlich fast 2 Jahre alt war. Der König hatte nämlich befohlen – um sicher zu gehen, dass er auch getötet werde –, in Bethlehem alle Kinder zu enthaupten, die 2 Jahre alt und jünger waren. Andererseits war Jesus einige Monate, nachdem Johannes der Täufer zu predigen begonnen hatte, nämlich im Jahre 15 des Imperiums des Tiberius, 30 Jahre alt (Lukas, 3, 23). Diese Zeitangabe bringt uns in das Jahr 28/29 nach Christus (781/82 a.u.c.), wenn man das Imperium des Tiberius vom Tod Augustus an rechnet (19. August im Jahre 14 nach Christus; 767 a.u.c.), oder in das Jahr 26/27, wenn man mit dem Beginn seiner Mitherrschaft zu zählen anfängt (Herbst im Jahre 12 nach Christus; 765 a.u.c.) oder schliesslich in das Jahr 27/28 nach Christus (780/81 a.u.c.), so wie es auch bei Lukas der Fall ist, der – der orientalischen Sitte folgend – als erstes Jahr des Imperiums des Tiberius die paar Wochen ansieht, die von Augustus Tod bis zum Beginn des nächsten Kalenderjahres (1. Oktober des Jahres 14 nach Christus) verlaufen. Der ersten Hypothese nach ist Jesus zu Beginn seines öffentlichen Lebens 35–36 Jahre alt; der zweiten zufolge 33–34 Jahre alt; der dritten zufolge 34–35 Jahre alt.

Moses, in Kaschmir begraben

> «Aber niemand kennt sein Grab bis heute.»
> (Deuteronomium, 34, 6)

Moses, der erste Führer des hebräischen Volkes, liegt irgendwo auf der Welt begraben. Aber wo? Bis heute weiss es niemand. Wenn auch der heilige Johannes Chrysostomos – etwa im 4. Jahrhundert unserer Zeitrechnung – schon eine Ahnung gehabt haben muss. Denn dort fragt man sich sehr richtig:

Aber sagt mir, «Ruhen die sterblichen Überreste von Moses nicht an einem fernen Ort im Osten?»

(Homilie 26, Brief an die Hebräer, Kapitel 3).

Anscheinend ist nämlich auch Moses in Kaschmir begraben.

Der Prophet Moses wanderte aus Ägypten aus. Ihm folgte eine Gruppe von Hebräern, die sich in Palästina, dem geheiligten Land, niederliessen, wie wir im Deuteronomium (1, 8) nachlesen können:

Ich gebe euch dieses Land. Ziehet hin und nehmt es in Besitz, das Land, das der Herr euren Vätern Abraham, Isaak und Jakob und ihren Nachfolgern eidlich versprochen hat als Geschenk!

Dann ernennt er Josue zu seinem Nachfolger, um die folgende Generation zu führen ; so steht es im Deuteronomium (31, 14):

Der Herr sprach zu Moses: «Siehe, die Zeit deines Todes ist nahe; rufe den Josua und tretet in das Offenbarungszelt, damit ich ihn beauftrage!»

Moses selbst wurde der Eintritt in Palästina verwehrt. Im Deuteronomium steht des weiteren (1, 37):

Auch auf mich war der Herr zornig um euretwillen und sprach: Auch du sollst dorthin nicht gelangen.

Das Deuteronomium nennt fünf Orte, die mit dem Gelobten Land zusammenhängen. Dies sind: Bethpeor (4, 46), Heshbon (4, 46), Pisgash (4, 49), der Berg Nebo (34, 1) und das Tal oder die Ebenen von Moab (35, 5, 8). Alle Bibel-Kommentatoren haben zugegeben, dass diese Orte nicht gefunden werden konnten. Peale sagt wörtlich, dass «diese Orte unbekannt sind» (58).

In Kaschmir sind diese Orte jedoch anzutreffen. Sehen wir sie uns der Reihe nach an:
«Bethpeor» bedeutet das Haus oder der Ort der Öffnung (59). Der Fluss Jhelum wird persisch «Behat» und in der Sprache Kaschmirs «Vehath» genannt (60).
«Bandipur», oder «Bandipoor», war in Kaschmir als «Behatpoor» (61) bekannt. Bandipur ist in dem Sinne der Ort der Öffnung, da sich von diesem Ort aus das Kaschmir-Tal öffnet. Dort mündet auch der Jhelum-Fluss durch einen Zugang in den Wular-See. Allem Anschein nach handelt es sich bei «Bethpoor» («Behatpoor») um das «Bandipur», das in «Tehsil Sopore» in Kaschmir liegt.

«Heshbon» wird im Zusammenhang mit kleinen Seen genannt. In Kaschmir gibt es «Hashba» («Hazbal»), ein kleines Dorf, das wegen seiner fischreichen Seen berühmt ist und 19 Kilometer nordwestlich von «Bandipur» liegt (62).

Die Quelle von «Pisgah» («Pishnag») liegt ungefähr anderthalb Kilometer im Nordwesten von Aham Sharif, einem kleinen Dorf am Fusse des Berges «Nebo». Sein Wasser ist wegen seiner Heilkraft bekannt (63).

Die «Moab»-(oder «Movu»)-Ebenen liegen ungefähr sechseinhalb Kilometer im Nordwesten des Berges «Nebo» (64).

Die Berge «Nebo» und «Abarim» sind immer als einer angesehen worden (65), die Wirklichkeit sieht jedoch anders aus. Erstens ist der «Nebo» eine der Bergspitzen des Berges «Abarim» (66). Andererseits ist der Berg «Nebo» zusammen mit «Bethpeor» genannt worden (Deuteronomium, 34, 1, 6).

Hat man also «Bethpeor» einmal identifiziert, so ist der Berg «Nebo» in dessen Nähe zu suchen. Ausserdem befinden sich die mit «Bethpeor», «Heshbon», «Moab» und «Pisgah» bezeichneten Orte allesamt in Kaschmir innerhalb eines Bereiches, der nur wenige Kilometer ausmacht.

In Kaschmir gibt es den Berg «Nebo» («Baal Nebu». «Niltoop»), der etwa 12 Kilometer im Nordosten von «Bandipur» liegt (67). Newall nennt diesen Berg «Naboo Hill». Von dem Berggipfel herab kann man Bandipur und das ganze Kaschmir-Tal sehen (68).

Letzteres Detail ist besonders wichtig, da Yahveh Moses befohlen hatte, auf den Berg zu steigen, von dem aus er das Gelobte Land sehen könne.

Es gibt in der Bibel einen Hinweis darauf, dass Palästina das Gelobte Land ist:

Der Herr sprach zu Moses: «Steige auf das Arabimgebirge und überschaue das Land, das ich den Israeliten geben will!»

Der Berg Abarim befindet sich mit Sicherheit in Palästina. In Kaschmir jedoch gibt es, genau oberhalb des Berges «Nebo», den Berg «Ablu». Von dem Berg «Ablu» aus hat man eine herrliche Aussicht über das Kaschmir-Tal.

Ausserdem war das Gelobte Land «ein Land der Berge und Täler, das mit dem Regen des Himmels begossen wird» (Deuteronomium 11, 11). Diese Beschreibung stimmt völlig mit der Kaschmirs überein. Im Gegensatz dazu treffen die biblischen Beschreibungen des Gelobten Landes auf Palästina nicht zu (69). Und Mohammad Yasin, Autor des Buches «Mysteries of Kashmir» («Die Mysterien von Kaschmir», das den Untertitel «Kaschmir, das Gelobte Land» trägt), fügt richtig hinzu, dass es ausser Kaschmir östlich des Jordan oder des Euphrat kein Land gibt, das soviele Quellen und Flüsse, einen derartigen Reichtum an Früchten und Blumen, Wiesen und grünen Tälern aufweisen kann. Er sagt, dass Kaschmir völlig zu Recht «Jannat-ut-duniya» («Das Paradies auf Erden») und «Bagh-i-Jannat» («der paradiesische Garten») genannt worden ist.

Das Grab von Moses

Sowohl die schriftlichen als auch die mündlichen Überlieferungen Kaschmirs sagen aus, dass Moses nach Kaschmir kam und dass er dort begraben ist. So steht in dem Werk «Hashmat-i-Kashmir» (70):

Moses kam in Kaschmir an und die Leute hörten ihm zu. Einige hielten an dem Glauben an ihn fest, andere wiederum nicht. Er starb und wurde dort begraben. Die Einwohner von Kaschmir nennen sein Grab «Die Grabstätte des Propheten des Buches».

Die biblischen Texte sagen nichts über die Lage des Grabes von Moses aus. So steht zum Beispiel im Deuteronomium (34, 5–6):

So starb dort Moses, der Knecht des Herrn, im Lande Moab, gemäss dem Wort des Herrn. Man begrub ihn im Tal, im Lande Moab, gegenüber von Bet-Peor; aber niemand kennt sein Grab bis heute.

Niemand, ausser den Einwohnern Kaschmirs. Denn auf dem Gipfel des Berges «Nebu» gibt es ein Grab, das seit ungefähr 3500 Jahren als das Grab des Propheten des Buches», als das Grab von Moses, verehrt wird. Von diesem Grab aus kann man «Bethpeor» («Bandipur») sehen, und nicht weit davon entfernt befinden sich «Hazbal» («Hesbon»), «Moab» und «Pisgah». In der näheren Umgebung gibt es eine Fülle von Orten mit dem Namen «Muqami-Musa», was soviel wie «der Ort von Moses» bedeutet. Es sei hier angemerkt, dass «Musa» der arabische Name ist, unter dem die Einwohner Kaschmirs Moses kennen.

Der Prophet Mohammed sagte, dass Moses, als er seine letzte Stunde kommen sah, Gott bat, ihn das Gelobte Land sehen zu lassen. Seine Bitte wurde erhört. Hazrat Abu Hurairah berichtet diesbezüglich, dass Mohammed noch hinzufügte: «Moses starb dort. Wenn ich dort wäre, könnte ich sein Grab an dem Fusspfad eines steilen Berges zeigen.»

Dies stimmt völlig mit der Lage des Grabes von Moses in Kaschmir überein.

Wenn man an dem «Mansbal»-See vorbei gekommen ist und den Wular-See hinter sich gelassen hat, kommt man 58 Kilometer nördlich von Srinagar nach «Bandipur» (Foto 23), dem in diesem Kapitel bereits erwähnten Ort. Es wird das biblische «Bethpeor» sein. Von «Bandipur» aus führt eine enge Strasse zu dem Dorf Aham Sharif (Foto 24). Von Aham Sharif aus muss man zu Fuss den Berg «Nebu» besteigen, um zum Grab von Moses zu gelangen.

Es wird überliefert, dass Moses von Aham Sharif aus zu seiner endgültigen Ruhestätte hinaufstieg.

Der Aufstieg dauert – von Aham Sharif ausgehend – ungefähr zwei Stunden (Fotos 25 und 28) und gestaltet sich, aufgrund des holprigen Bodens im ersten Abschnitt des Weges und des rutschigen Kiefernlaubes im Wald des restlichen Stückes, teilweise sehr schwierig. Hierbei ist zu beachten, dass in Kaschmir keiner der in diesem Buch genannten Orte und keiner der für das Volk Kaschmirs heiligen Stätten in irgendeiner Weise ausgeschildert ist. Man muss die Gegend kennen, um zu ihnen zu gelangen. Oder man muss zumindest die Urdi- oder die Kaschmir-Sprache beherrschen, um die unmittelbaren Anwohner des Ortes, den man besuchen will, nach seiner genauen Lage fragen zu können.

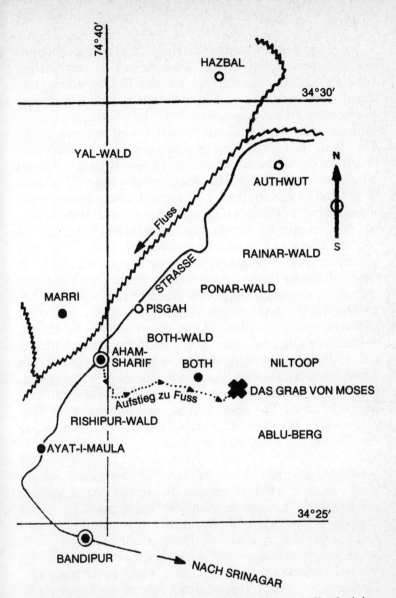

Karte, mit deren Hilfe man die Lage des Grabes von Moses in Kaschmir bestimmen kann.

Am Ende des erwähnten Aufstiegs kommt man zu einer winzigen bewohnten Enklave, die isoliert in den Bergen liegt. Es handelt sich hierbei um die Häuser einer jüdischen Gemeinde, die – völlig getrennt von den restlichen Bewohnern dieser Gegend lebend – das Grab ihres alten Führers Moses instandhalten, warten und anbeten (Foto 33). Wali Reshi ist der gegenwärtige und erbmässige Wächter des Grabes. Etwa 50 Meter unterhalb dieses Bergdorfes, und direkt am Wegesrand gelegen, befindet sich – wie es der Prophet Mohammed gesagt hatte – eine Umfriedung mit dem Grab von Moses. Eine Holztür bildet den Eingang zu diesem umzäunten Platz (Fotos 29 und 30): ein ebener Platz unter freiem Himmel, der von einer niedrigen Mauer umgeben ist (Foto 31). In der Holztür, durch die man besagte Umfriedung betritt, sind die Namen der aufeinanderfolgenden Wächter eingeschnitzt (Foto 30). Wali Reshi sagte uns, dass seine Familie – soweit er sich erinnern kann – dieses Grab schon seit 900 Jahren bewacht. Er sagte uns auch, dass die Dorfgemeinschaft, die aus 45 Familien besteht, sich nicht besonders gut mit den Einwohnern von Aham Sharif versteht, da diese nicht wollen, dass sich herumspricht, dass sich dort das Grab von Moses befindet. Für sie ist dies ein unerhört strittiges Thema, und sie fürchten, dass eine Verbreitung dieser Dinge die Gegend nur beunruhigen würde.

Obwohl es nicht direkt in den Rahmen dieses Buches passt, möchte ich hier einmal die auffälligste Anekdote wiedergeben, die sich auf unserer Reise nach Kaschmir abgespielt hat: Als Wali Reshi, der Wächter des Grabes von Moses, ein waschechter Jude, erfuhr, dass ich Deutscher bin, erzählte er mir ganz begeistert den grössten Wunsch seines Lebens: genügend Geld zusammenzubekommen, um nach Deutschland fahren zu können und

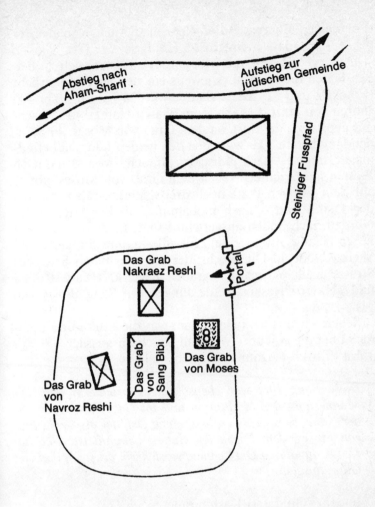

Plan von dem ungezäunten Platz, auf dem sich das Grab von Moses neben den Gräbern von Sang Bibi, Nakraez Reshi und Navroz Reshi befindet.

dort dessen Führer, Hitler, kennenzulernen, von dem er gehört habe, dass er ein grosser König sei.

Das eigentliche Grab Moses fällt auf, weil sich zu beiden Seiten dieses Grabes jeweils ein riesiger Baum erhebt (Fotos 31 und 32). Diese Bäume wurden vor ungefähr 400 Jahren von Hazrat Makhdoom Shaikh Hamza von Kaschmir gepflanzt, der dort, an dem Grab von Moses, 40 Stunden lang betete. Das zwischen den beiden Bäumen befindliche Grab ist – nach jüdischem Brauch – von Osten nach Westen ausgerichtet. Neben dem Grab von Moses gibt es auf dem heiligen Platz noch drei weitere Gräber, die bedeckt sind und – nach mohammedanischer Sitte – von Norden nach Süden ausgerichtet sind. In diesen Gräbern liegen «Sang Bibi», eine Einsiedlerin und Jüngerin des Sheikh Noor-ud-Din Reshi, der auf der linken Seite der Strasse nach Yusmarg begraben liegt, «Nakraez Reshi» und «Navroz Reshi», beide Jünger von Sang Bibi (Foto 31).

Sehen wir uns jetzt einmal an, was die Literatur Kaschmirs über die Ankunft Moses in Kaschmir aussagt.

Im «Tarikh-i-Azami» (72) steht zu lesen:

Diese Sang Bibi war ebenso eine Einsiedlerin und den Männern in der Meditation und im Gebet überlegen. In der Nähe ihres Grabes gibt es einen Ort, der als Grabstätte von Moses, dem Propheten Gottes, bekannt ist. Und die Leute, die diesen Ort kennen, versichern, dass von ihm viel Gutes ausgeht.

In dem «Guldata-i-Kashmir» lesen wir (73):

Die Mohammedaner nennen diesen Ort eine «Erwiderung des Himmels an die Erde» und auch «Garten von Salomon». Es gibt viele Grabstätten in diesem Land. Man sagt, dass Hazrat Sulaiman hierher kam und Hazrat Musa (Moses) kam und in diesem Land starb.

Ähnliche Stellen finden sich in dem «Wajeez-ut-Tawarikh» (74) und in dem «Tarikh-i-Hasan» (75).

Europäische Reisende und Schriftsteller wie Francis Bernier (76), George Moore (77), der Oberstleutnant H. B. Torrens (78) und Mrs. Harvey (79) erwähnen in ihren Werken auch die Anwesenheit von Moses in Kaschmir.

Orte in Kaschmir, die den Namen von Moses tragen

«Musa» (Moses) ist unter den Einwohnern Kaschmirs ein weit verbreiteter Name. Er ist nicht nur ein sehr häufiger Eigenname, sondern es gibt in Kaschmir – worauf ich zuvor bereits hingewiesen habe – verschiedene Orte, die den Namen von Moses tragen.

Im folgenden – womit ich dieses Kapitel auch bereits beende – werden einige davon aufgezählt:

In Awantipur gibt es «Gund-i-Khalil» oder «Gund-i-Musa». Sir Aurel Stein erwähnt den als «Kohna-i-Musa» bekannten Ort in der Nähe von Shadipur und Rampur (80). Nazir Ahmad behauptet, dass es in Kaschmir mindestens vier Orte mit der Bezeichnung «Muqam-i-Musa» (die Ruhestätte von Moses) gebe. Einer liegt in der Nähe von Auth Wattu in Hadwara Tehsil. Dieser Ort ist auch als «Ayat Maula», das Zeichen Gottes, bekannt; Moses ist aus dieser Richtung kommend in das Tal eingetreten und hat hier 40 Tage lang gebetet. Der zweite liegt in der Nähe von Shadipu an der Stelle, wo die Flüsse Jhelum und Sindh zusammenfliessen. Er ist auch unter dem Namen «Kohna-i-Musa» bekannt, und dort wird auch der «Fels von Moses» aufbewahrt; nicht mit dem «Stein von Moses» zu verwechseln, den wir uns im nächsten Kapitel näher ansehen werden. Der dritte befindet sich in Pisgah und der vierte bei Bandipur.

Der Stein von Moses

In Bijbihara, 43 km südlich von Srinagar, verwahren die dort Ansässigen seit Menschengedenken den sogenannten «Stein von Moses» (Sang-i-Musa), den berühmten «Ka Ka Pal» (Foto 34).

Es handelt sich um einen Stein, der etwa 49 Kilogramm wiegt. Es wird überliefert, dass er sich von selbst vom Boden erhebt, wenn elf Personen gleichzeitig jeder einen Finger an den unteren Rand des Steines legen und gleichzeitig den Mantra «ka ka ka ka ka ka» rezitieren. Wird dieses Ritual mit zehn oder zwölf Personen versucht, bleibt es ohne Ergebnis (Foto 35).

Eine Überlieferung erkärt, dass, nachdem einer der zwölf Stämme – der von Levi – verstossen wurde, die restlichen elf von diesem Stein von Moses symbolisch wiedergegeben werden.

Ich habe jedoch in dem bereits erwähnten persischen Geschichtswerk «Rauzat-us-Safa» noch eine andere Erklärung für diesen Stein von Moses gefunden. Im Band II des ersten Teils dieses Werkes wird die «Geschichte des Steines» erzählt. Wörtlich heisst es dort:

Man sagt, dass Moses so schüchtern war und eine derartige Scham davor empfand, seinen nackten Körper zu zeigen, dass niemand ihn je gesehen hat. Da die völlige Nacktheit bei den Söhnen Israels nicht verboten war, wurde sie auch in Gegenwart anderer nicht vermieden. Da er jedoch gegen diese Gepflogenheiten war, schreiben ihm die Gottlosen seines Volkes eine bösartige Krankheit zu. Dieser Verdacht ging soweit, dass Gott – um die Unschuld von

Moses zu beweisen – einem Stein, auf den Moses seine Kleidung gelegt hatte, als er ein Bad nahm, befahl, sich mitsamt der Kleidung von selbst zu bewegen. Als Moses dies bemerkte, kam er völlig nackt aus dem Wasser und rannte seiner Kleidung hinterher. Er verfolgte wie blind den Stein, so dass er gar nicht bemerkte, dass die Leute ihn vorbeilaufen sahen, bis er ihn bereits eingeholt hatte. Die Leute, die ihn vorbeilaufen sahen, konnten ausser der erhabenen Reinheit seines Körpers nichts entdecken, was dazu führte, dass sie zugeben mussten, sich mit ihrem Verdacht geirrt zu haben, und alle Söhne Israels seine innere und äussere Reinheit anerkennen mussten. Nach diesem Vorfall wurde Moses – durch göttliche Eingebung – befohlen, diesen Stein zu verwahren, den er später noch einmal brauchen würde. Man sagt, dass dieser Stein vier Seiten hat, aus denen jeweils vier Quellen entspringen, wenn man sie mit einem Stock schlägt. Zunächst floss das Wasser nur tropfenweise, aber es wurde immer mehr, bis es schliesslich für alle israelitischen Stämme ausreichte.

Diese letzten Aussagen würden genau zu dem Überfluss an Wasser passen, der sich im gesamten Kaschmir-Tal findet. Was die Fähigkeit des Steines angeht, sich von selbst zu erheben, so geschieht dieses noch heute in der mit den elf Fingern beschriebenen Weise. Hinzu kommt, dass der Stein kaum fünfzehn Meter von einem wasserreichen Fluss entfernt liegt, was sehr wohl der Ort gewesen sein könnte, an dem sich Moses nackt gebadet hatte, wie es in der soeben gelesenen Überlieferung beschrieben worden ist (Foto 37).

Später ist neben dem Stein eine hinduistische Grabstätte errichtet worden, in deren Zentralkammer ein herrlicher Mantra aufbewahrt wird. Dieser besteht aus elf Lingams, die in einem Fruchtbarkeitssymbol zusammengeschlossen sind. Die Anzahl der Lingams spielt somit auch auf die Zahl elf an, die für die Erhebung des Steines benötigt wird.

Zu sagen wäre noch, dass die Einwohner von Ladakh Moses «Ka Ka» nennen, und die Patanen eine erwachsene oder heilige Person ebenfalls mit «Ka Ka» bezeichnen.

In diesem Zusammenhang sei daran erinnert, dass der gleiche Begriff «Ka» im Ägyptischen «Seele» bedeutet, das «Zweifache des Körpers», also «was nach dem Tod weiterlebt». In der Maya-Sprache ist «Ka» eine Verdopplungssilbe; d. h., es hat philologisch seine Wurzel in dem «Ka» als das «Zweifache des Körpers» des Ägyptischen, und – um es noch deutlicher zu machen – «Khabaguil» wird der Maya-Quiche-Gott genannt, dessen Name soviel bedeutet wie «der Dunkle, Zweifache», der, den man nicht sieht, der sich aber gleichzeitig durch seine Offenbarung sichtbar macht. Hier wäre auch die «Kabala» zu nennen, die uralte Lehre, die auf die Propheten als das Gegenteil des Pentateucus angewandt wurde.

«Kabala» bedeutet auf Hebräisch «Empfang», «empfangene Lehren», mit denen die Mysterien der Göttlichkeit und Kosmogonie verbunden sind. Hier ist die Bedeutung «das, was man nicht sieht, was sich aber gleichzeitig durch seine Offenbarung sichtbar macht» klar.

Eigenartig an der ganzen Sache ist nur, dass man mir mitgeteilt hat, dass es in Japan auch einen sogenannten «Stein von Moses» gibt, der auch «Ka» genannt wird, aber die Besonderheit aufweist, dass in seine Oberfläche Inschriften eingemeisselt sind.

«Der Moses-Stab», auch bekannt als «Der Jesus-Stab»

In Aishmuqam, dem Ort, der bereits bei der Beschreibung der Route erwähnt wurde, die Jesus wählte, als er – auf seiner ersten Reise in den Orient – nach Kaschmir gelangte, wird ein Stab verwahrt, der als «Moses-» und auch als «Jesus-Stab» bekannt ist. Für einige ist es der Stab, den Jesus trug, für andere der von Moses, und für eine dritte Gruppe ist es ursprünglich der Stab von Moses, der später dann in die Hände von Jesus gelangte. Als wir im vorherigen Kapitel von dem «Stein von Moses» sprachen, konnten wir sehen, wie in dem aus dem «Rauzat-us-Safa» stammenden Text gesagt wurde, dass Wasser aus dem Stein floss, wenn man ihn mit dem «Stab von Moses» schlug. Dies ist wohl der Stab, den man hier in Aishmuqam aufbewahrt. Derselbe Stab, der in dem biblischen Text bereits Wunder wirkte. Sicher ist, dass der Stab dort unter Verschluss gehalten und niemandem gezeigt wird. Er wird lediglich bei schweren Epidemien, grosser Dürre, anderen Plagen oder ähnlichen Unglücken hervorgeholt. Die Wirkungskraft des Stabes ist berühmt, und die Ortsansässigen sagen, dass es wirklich regnet, wenn er in grossen Dürreperioden herausgeholt wird.

In Kaschmir ist der Stab unter dem Namen «Asâ-i-Isâ», auch «Asâ-i-Musâ», bekannt, je nachdem, ob er Jesus oder Moses zugeordnet wird. Den Überlieferungen Kaschmirs zufolge, wechselte der Stab mehrfach seinen Besitzer (und auch den Ort), bis er schiesslich in der Grabstätte von Hadrat Zain-ud-Dîn Wali in Aishmuqam abgelegt wurde. Man gibt ihm auch den Namen «Balagir», was wörtlich «Bezwinger oder Verhinderer von Schwierigkeiten» heisst.

Von seiner physikalischen Gestalt her ist der Stab aus Olivenholz und besitzt eine sehr dunkelbraune Farbe. Er ist 8 Fuss und 3 Zoll lang, und sein Durchmesser beträgt zwischen 1¾ und 1¼ Zoll.

Jesus und Buddha, parallele Persönlichkeiten

Zur Stützung der im Verlauf dieses Buches immer wiederkehrenden Hypothese, dass Jesus in seiner Jugend eine erste Reise unternommen habe, auf der er im Hinblick auf die spätere Ausführung seiner Mission lernte und sich bildete, und dass er später eine zweite Reise angetreten habe, bei der seine Flucht aus Palästina und der Aufbruch zur Suche der verlorenen israelitischen Stämme zusammenfielen, werden wir uns in diesem Kapitel kurz einige Berührungspunkte der beiden Figuren Jesus und Buddha und ihrer Lehren ansehen.

1897 erscheint in Deutschland ein Buch mit dem Titel «Vergleichende Übersicht der vier Evangelien», dessen Autor S. E. Verus ist. Beim Vergleich von Jesu Leben mit dem von Buddha stellt Verus fest, dass Buddha – genau wie Jesus – ein in einem menschlichen Körper zu Fleisch gewordener Gott ist; dass er auf übernatürliche Weise empfangen und geboren wurde, wobei seine Geburt auf wunderbare Weise im voraus angekündigt wurde; dass die Götter und Könige den Neugeborenen bewunderten und ihm Geschenke machten; dass ein alter Brahman in ihm sofort den Retter von allem Bösen erkannte; dass mit ihm Friede und Freude auf die Erde kamen; dass der junge Buddha verfolgt und auf wunderbare Weise gerettet wurde und dann feierlich im Tempel gezeigt wurde; dass er, gerade zwölf Jahre alt, verzweifelt von seinen Eltern gesucht und mitten in einem Kreis von Priestern gefunden wurde, wo er durch seine Intelligenz auffiel und seinen Lehrern an Weisheit überlegen war; dass er fastete und in Versuchung geführt wurde; dass er ein Bad der Weihe in dem heiligen Fluss nahm und einige Anhänger eines weisen Brahmanen mit ihm, da er sie mit dem Aufruf «Folgt mir!» eingeladen hatte; dass sich unter seinen zwölf Jüngern drei vorbildliche und ein falscher befanden; dass die ursprünglichen Namen der Jünger geändert wurden; dass Buddha seine Jünger entsprechend unterwies und jeweils zu zweit in die Welt aussandte, um dort zu predigen.

Dass Buddha als Meister auftrat und Glückseligkeit verbreitete; dass er sich gerne in Parabeln ausdrückte; dass seine Lehren überraschende Ähnlichkeiten mit denen von Jesus aufweisen, in denen oft sogar die gleichen Worte gebraucht werden; dass er die Wunder ablehnte; dass er die irdischen Güter verachtete; dass er Demut, Frieden, dem Feind Verzeihen, Selbsterniedrigung und Selbstüberwindung empfahl; dass er empfahl, sich vom fleischlichen Kontakt zurückzuhalten; dass er in seinen Vorahnungen vom Tod hervorhebt, dass er nach Hause, in den Himmel gehe, und dass er in seinen Abschiedsreden seine Jünger dazu aufforderte, die allgemeine Zerstörung der Welt zu verkündigen; dass er, ohne Vaterland und arm, als Arzt, Retter und Erlöser von einem Ort zum anderen zog; dass seine Gegner ihm vorwarfen, er ziehe den Umgang mit den Sündern vor; dass sich schliesslich bei seinem Tod wunderbare Zeichen abspielten: die Erde bebte, die Horizonte der Erde standen in Flammen, die Sonne erlosch und ein Meteorit fiel vom Himmel.

Hazrat Mirza Ghulam Ahmad fertigt seinerseits 1899 in seinem Buch «Masih Hindustan mein» eine aussergewöhnliche Studie über die Berührungspunkte von Buddha und Jesus an. Erstens stellt er fest, dass Buddhas Beinamen denen von Jesus ähneln und dass die Buddha in seinem Leben zugestossenen Ereignisse denen von Jesus ähnlich sind. So zum Beispiel nennt sich Jesus in seinen Predigten «Licht», wie Gautama «der Buddha» genannt wurde, was im Sanskrit «Licht» bedeutet. Genauso wie Jesus in den Evangelien «der Meister» genannt wurde, wurde Buddha «Sasta» genannt, was «der Meister» bedeutet. So wie Jesus «der Prinz» genannt wurde, ist auch Buddha «der Prinz» genannt worden. Wenn Jesus in den Evangelien bezeichnet wurde als «einer, der das Ziel seines Kommens erfüllt», so ist auch Buddha in buddhistischen Schriften als «Siddharta» bezeichnet worden, was «einer, der das Ziel seines Kommens erfüllt», bedeutet. Jesus ist in den Evangelien «der Zufluchtsort für die Schwachen» genannt worden. Auch Buddha ist in buddhistischen Schriften «Asarn Sarn» genannt worden, was soviel bedeutet wie «der Zufluchtsort für diejenigen, die keinen Zufluchtsort haben». Und wenn Jesus schliesslich in den Evangelien als «König» bezeichnet wurde, wobei man diesen König als Herrscher über das Königreich des Himmels interpretieren muss, so ist auch Buddha als «König» bezeichnet worden.

Jesus hatte keinen Vater, als er geboren wurde. Ganz genauso wie Buddha. So schreibt Rhys Davids in seinem Buch «Buddhism» (81):

Man sagt, dass die Mutter von Buddha eine Jungfrau war. Und an einer anderen Stelle:

Seine Mutter war die beste und reinste aller Töchter der Menschheit.

Es scheint so – sagt Hazrat Mirza Ghulam Ahmad – als hätten die Buddhisten sämtliche Bilder aus den vier Evangelien in ihre Bücher übertragen. Danach fasteten sowohl Jesus als auch Buddha 40 Tage lang, beide werden in Versuchung geführt, beide werden ohne Vater geboren, die moralische Lehre beider ist identisch, beide nennen sich selbst «Licht» und «Meister», ihre Freunde nennen sich «Jünger», beide lehren ihren Jüngern den Wert der Armut, beide treten für das Zölibat ein, und bei beiden gab es ein Erdbeben, als sie starben.

Die moralischen Lehren, sowohl die von Buddha als auch die von Jesus, sind die gleichen. So sagen beide, dass man die irdischen Güter nicht begehren soll, auch die Gesundheit nicht, noch soll man seine Feinde hassen, man darf niemandem etwas Schlechtes wünschen, das Schlechte muss durch das Gute besiegt werden, und man muss das, was man sich selbst wünscht, auch allen anderen wünschen.

Angesichts all dieser klaren Ähnlichkeiten von Jesus und Buddha – und ihrer jeweiligen Lehren – ist es angebracht, nach dem Grund dafür zu fragen. Die Meinungen darüber sind in zwei Lager gespalten. Einige neigen zu der Auffassung, dass Jesus auf seiner ersten Reise nach Indien die Lehren der weisen Orientalen lernte, um sie später bei seinem eigenen Auftrag anzuwenden, und im Gegensatz dazu wird die Ansicht vertreten, dass die Figur Jesus es ist, die den Buddhismus beeinflusst hat.

Die Verteidiger letzterer Hypothese, zu denen unter anderen Hazrat Mirza Ghulam Ahmad zählt, argumentieren, dass die buddhistischen Priester in Indien die Erscheinung des Buddha erwarteten. Genau zu diesem geeigneten Zeitpunkt taucht Jesus auf, ausgestattet mit Beinamen und einer Moral-Lehre, die mit denen Buddhas übereinstimmen. Und so wie es von Gautama Buddha vorausgesagt worden war, besass Jesus ein weisses Antlitz, was die buddhistischen Priester sofort glauben liess, er sei Buddha. Es ist deshalb möglich, dass einige der Beinamen und Lehren von Jesus erst von diesem Augenblick an – und nicht schon vorher – auf Buddha angewandt worden sind. Dabei ist zu bedenken, dass die Hindus niemals Belege über besondere persönliche Eigenschaften in ihrer Geschichtsschreibung aufnehmen. Die Ereignisse im Leben von Buddha waren bis zu Jesu Zeiten nicht registriert worden. So hatten die buddhistischen Priester Gelegenheit, Buddha irgendwelche Dinge nach Belieben zuzuschreiben. Es steht ausser Zweifel – sagen die Verteidiger dieser Hypothese –, dass der Buddhismus vor Christus Träger wertvoller Moral-Lehren war. Aber – so sagen sie – die Punkte, die mit den biblischen Evangelien völlig übereinstimmen, müssen den buddhistischen Lehren genau in dem Moment hinzugefügt worden sein, als sich Jesus in Indien aufhielt. Dazu gehören ihrer Meinung nach Buddhas Gang nach Benares, wo er mehrere Wunder wirkte, und die Predigt, die er auf einem Berg hielt, so wie Jesus seine Bergpredigt hielt. Das gleiche passierte mit den Parabeln von Buddha: er liebte es, geistige Themen mit körperlichen Beispielen und Analogien zu erklären. Schliesslich sind – so sagten sie weiter – auch die Zehn Gebote dazuzurechnen, die eine Zusammenfassung aus den Zehn Geboten von Moses darstellen:

1. *Du sollst kein lebendiges Tier töten.*
2. *Du sollst nicht stehlen.*
3. *Du sollst nicht ehebrechen.*
4. *Du sollst nicht lügen.*
5. *Du sollst keine allzu starken Getränke trinken.*
6. *Du sollst nur zu den festgesetzten Zeiten essen.*
7. *Du sollst keine Halsketten und keinen Schmuck tragen und keine Parfüme benutzen.*
8. *Du sollst kein besseres oder luxuriöses Bett benutzen, sondern nur eine Matratze auf dem Boden.*
9. *Du sollst auf Tanzen, Singen, Musik machen und den Besuch von weltlichen Veranstaltungen verzichten.*
10. *Du sollst weder Gold noch Silber irgendeiner Art in Besitz nehmen und es auch nicht annehmen (82).*

Die buddhistischen Texte zeigen auch, dass Gautama Buddha das Erscheinen eines zweiten Buddha, der «Metteyya» heissen sollte, prophezeite. Die Prophezeiung ist in der «Laggawati Sutatta», einem alten buddhistischen Text, enthalten. Es ist nützlich, darauf zu achten, dass der hebräische Begriff «Masiha» (Messias) dem Begriff «Metteyya» in der Pali-Sprache entspricht. Somit ist der von Buddha prophezeite «Metteyya» niemand anders als der «Messias», Jesus. Es war prophezeit worden, dass dieser «Metteyya» in 500 Jahren kommen würde. Jesus tauchte, nachdem er dem Kreuz entkommen war, genau 500 Jahre nach Buddha in Indien auf. So sahen die Buddhisten in ihm den versprochenen Buddha und erwiesen ihm ihre Referenz. Die Bücher «Pitakkatayan» und «Atha Katha» enthalten eine deutliche Prophezeiung bezüglich des Erscheinens eines zweiten Buddha, der 1000 Jahre nach der Zeit von «Gautama» oder «Shakhiya Muni» erscheinen sollte. Gautama sagt, dass es der fünfundzwanzigste Buddha sei und dass das Erscheinen von «Bagwa Metteyya» kurz bevorstehe. Nach ihm sollte dann der mit dem Namen «Metteyya» erscheinen, und er würde eine helle Gesichtsfarbe haben. In dieser Prophezeiung sagt Gautama Buddha klar und deutlich, dass in seinem Land, unter seinem Volk und seinen Anhängern ein Messias erscheinen würde. Buddha nannte ihn in seiner Prophezeiung «Bagwa Metteyya», weil «Bagwa» im Sanskrit «weiss» bedeutet. Und Jesus hatte, da er aus Syrien stammte, eine weisse Gesichtsfarbe. Die Menschen aus dem Land, in dem die Prophezeiung ausgesprochen wurde, nämlich das Magadh-Volk, zu dem auch «Bajagriha» gehörte, hatten, so wie auch Gautama Buddha selbst, eine dunkle Hautfarbe. Er gibt seinen Anhängern zwei deutliche Hinweise auf den zukünftigen Buddha: einmal, dass er «Bagwa» oder von weisser Hautfarbe sei; zum zweiten, dass er ein «Metteyya» sei, ein Reisender, der aus einem fremden Land komme.

Um nachzuweisen, dass diese Prophezeiung erfüllt wurde, ist auch anzumerken, dass im Tibet im 7. Jahrhundert Bücher gefunden wurden, die das Wort «Messias» enthielten und die den Namen von Jesus als «Mi-Shi-Hu» wiedergaben, was auch dem Begriff «Messias» entspricht. Die Person, die die Liste zusammengestellt hat, die den Namen «Mi-Shi-Hu» enthält, ist ein Buddhist. Genauere Angaben über diese tibetischen Texte finden sich in dem Buch «A Record of the Buddhist Religion» von I. Tsing (83).

In dem Buch «Buddhismus» von Sir Monier Williams steht auf Seite 45, dass der sechste Jünger von Buddha ein Mann mit dem Namen «Yasa» war. Da Jesus 500 Jahre, d. h. im sechsten Jahrhundert, nach Buddhas Tod auftrat, wurde er der «sechste Jünger» genannt.

Schliesslich sei noch das Buch «Buddha. Sein Leben, seine Lehre, sein Orden» von Doktor Hermann Oldenberg erwähnt, der in bezug auf das Buch «Mahawaga» auf Seite 54, erster Abschnitt, daran erinnert, dass Buddhas Nachfolger ein Mann namens «Rahula» sein sollte, der auch wie ein Jünger beschrieben wurde. Und hier ist anzumerken, dass dieser buddhistische «Rahula» eine verfälschte Form von «Ruhullah» ist, einem der Beinamen von Jesus im Hebräischen.

Ich wollte hier nur kurz auch diese Hypothese aufführen, um dieses Dossier über den möglichen Aufenthalt von Jesus auf asiatischem Boden zu vervollständigen.

Jesus und die Mayas

In der aussergewöhnlichen Studie mit dem Titel «Erzieher der Welt» (84) stellt Ignacio Megaloni Duarte die These auf, dass die Mayas in Urzeiten Indien und Ägypten sowie andere orientalische Länder besiedelt hätten. Sie hätten damit vor allem die Hindu-Kultur (sie selbst wären die in dem «Ramayana» erwähnten «Nagas»), die ägyptische (die Sais-Priester wären auch ihresgleichen) und die griechische Kultur fühlbar beeinflusst. Muss ich hier noch auf mein Buch «Priester oder Kosmonauten?» hinweisen, in dem ich bereits interessante Beziehungen zwischen der «Maia» der griechischen Mythologie, der «Maya» der hinduistischen Mythologie und den «Mayas» aufstelle und diese Beziehungen dann mit denen verbinde, die bereits zwischen dem «Atlas» der griechischen Mythologie und dem voramerikanischen «Atlanteotl», zwischen dem griechischen «Zeus» («Theos») und dem Begriff «Teo-» («Teotihuacan, Teocalli usw.), der von den Azteken für das Göttliche verwandt wird, existieren und engstens mit der grossen Familie der Maya verbunden sind.

Magaloni schreibt in seinem Buch, in dem er seine Behauptungen ständig mit Zitaten und Belegen stützt, folgendes über die erste Reise von Jesus in den Orient:

Es steht fest, dass die in Ägypten, Indien und im Tibet durch Christus bekannte Wissenschaft-Religion von den Mayas stammt. Die Maya besassen einen tiefgründigen

Okkultismus, den Christus zweifellos kannte. Er wählte ihre (Maya-)Symbole, um seine Ideen von der fruchtbaren Liebe zu unterstützen.

Im weiteren Text steht:

So lernte Christus Maya als Ritualsprache.

Und dann fährt er fort:

Es gilt als gesichert, dass die Ritualsprache von Christus im Tibet die Maya-Sprache war, aber viele staunen über die Behauptung von Le Plongeon und anderer grosser Forscher, derzufolge Christus am Kreuz in seiner Ritualsprache gesprochen habe. Zur Stützung dieser Behauptung lässt sich anführen, dass es allgemein bekannt ist, dass die vier Evangelisten sich in einem Zweifel einig waren: keiner wusste, welcher Sprache die Worte «Heli Lamah Zabac Tani» zuzuordnen seien. Matthäus sagt wörtlich, dass diese Worte «interpretiert werden müssen», und Johannes, der andere Evangelist, schliesst sich dieser Meinung an.

Am interessantesten ist, dass es für sie eine unbekannte Sprache war, da sie – ihnen selbst zufolge – interpretiert werden musste. Die bei der Kreuzigung anwesenden Evangelisten sagen also nicht, um welche Sprache es sich handelt. Würde man jedoch heutzutage einen hohen katholischen Geistlichen kreuzigen, dessen Ritualsprache Latein wäre, so würde sich wohl niemand darüber wundern, wenn er – kurz vor seinem Tod – Gott in seiner Ritualsprache anflehen würde. Viele Kommentatoren vermuten, dass es sich bei den Worten um einen ausgestorbenen hebräischen Dialekt handle. Komisch, und das in seiner Todesstunde! Diese Vermutung ist so, als ob heute ein hoher katholischer Geistlicher araukanisch spräche.

Papini kommt in seinem Buch «Geschichte von Christus» durch übertriebenes Nachforschen zu der abwegigen Vermutung, dass er die eine Hälfte in einem Dialekt und die andere in einem anderen gesprochen habe. Und das bei vier Worten! Das zeigt bereits an, wie aussichtslos es ist, diese Sprache zu verstehen. Während diese Worte nun in keiner antiken oder modernen Sprache existieren, hat jedes einzelne Wort im Maya, der Ritualsprache von Jesus, eine Bedeutung, und der sich so ergebende Satz ist grossartig, in sich abgeschlossen und eines gekreuzigten Meisters würdig. Werfen wir also einen Blick in das Wörterbuch Maya-Spanisch von Ticul und übersetzen wir die Worte:

HELI bedeutet «jetzt», «endlich», «schon».

LAMAH bedeutet «eintauchen».

ZABAC (sagt man): «Rauch», «vor der Morgendämmerung» (ein eingeborener Maya, den wir danach fragten, sagte uns, dass das Wort unter anderem auch «das braune Durchschimmern der Morgendämmerung» bedeute).

TANI ist ein zusammengesetztes Wort aus: tan = in Gegenwart von, und ni = Nase; Tani bedeutet «vor der Nase» und entspricht offenbar dem heutigen: vor sich, gegenüber, «in Gegenwart von».

Der so gestaltete Satz lässt sich übersetzen als:

JETZT VERSENKE ICH MICH IN DIE MORGENDÄMMERUNG DEINER GEGENWART.

Dennoch meinen einige Starrköpfe, dass Christus im Tibet die Naga-Sprache gelernt habe, dass diese jedoch mit dem voramerikanischen Maya nichts zu tun habe. Dazu folgen als grafischer Beweis die Namen der Zahlen in der Naga- und der Maya-Sprache, woraus ersichtlich wird, dass es sich bei den beiden scheinbar so verschiedenen Sprachen ohne Frage um ein und dieselbe handelt:

Zahl	Naga	Maya
1	Hun	Hun
2	Cas	Ca
3	Ox	Ox
4	San	Can
5	Ho	Ho
6	Usac	Uac
7	Uuac	Uuac
8	Uaxax	Uaxax
9	Bolan	Bolan
10	Lahun	Lahun

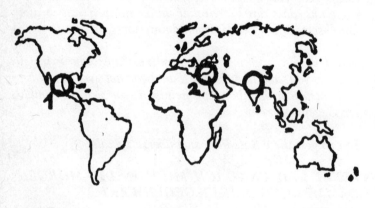

1 MAYAS   2 ÄGYPTEN   3 KASCHMIR

Lage des Maya-Imperiums, Ägyptens und Kaschmirs auf der Karte.

Ebenso geben wir die Ziffern in Naga und Maya wieder:

Zahl	Naga	Maya	Name
1	.	.	Hun
2	..	..	Cas y Ca
3	...	...	Ox
4	....	....	San y Can
5	—	—	Ho
6	.⁄	.⁄	Uac
7	..⁄	..⁄	Uuac
8	...⁄	...⁄	Uaxax
9	....⁄	....⁄	Bolan
10	—	—	Lahun

Die vorangegangenen Vergleiche beweisen ohne den geringsten Zweifel, dass die von Jesus im Tibet erlernte Naga-Sprache das zu voramerikanischer Zeit bis heute gesprochene Maya ist.

Die Ahmadija-Bewegung

Die «Ahmadija»-Bewegung wurde 1888 von Hazrat Mirza Ghulam Ahmad aus Quadian (Foto 50) gegründet. Dennoch wurde der Name «Ahmadija» erst zehn Jahre später angenommen. Am 4. November erscheint eine Erklärung, in der der Gründer ausführt, dass er den Namen «Ahmadija» unter Bezugnahme auf Ahmad auswählte, welcher einer der Namen ist, unter dem der Prophet des Islam, Mohammed, bekannt war. Der andere Name ist Muhammad. Muhammad ist der Name, der die Herrlichkeit anzeigte, die dem Propheten zuteil werden sollte, während Ahmad der Name war, der sich auf die Schönheit seiner Predigten und auf den Frieden bezog, den er auf der Welt durch seine Predigten verbreiten sollte. In diesem letztgenannten Zeitabschnitt – schreibt der Gründer später – hatte dieser Aspekt des Islam einen sehr viel höheren Stellenwert.

Dies war auch der Zweck, dem sein Werk gewidmet war: durch die Darbietung der geistigen Lehren des Islam den Frieden in eine im Krieg befindliche Welt zu bringen, was er damals als einzigen Weg ansah, um den Frieden wieder in den Köpfen der Menschen festzusetzen und sie fähig zu machen, mit Gott und ihresgleichen in Frieden zu leben.

Die Annahme des Namens «Ahmadija» schliesst die wahrhaftige Botschaft der Bewegung mit ein. Es ist eine Botschaft für die Mohammedaner, in der ihnen mitgeteilt wird, dass sie die Welt mit den ihnen gegebenen, grossen geistigen Kräften wiedererobern können: mit dem «Koran» und dem Propheten Mohammed. Gleichzeitig ist es eine Botschaft für die nichtmohammedanische, insbesonders für die westliche Welt: diese könne, nachdem sie einem übertriebenen Materialismus verfallen ist, den Frieden mit Gott und ihresgleichen nur durch die geistige Kraft des Islam wiedererlangen. Der Gründer widmete seine gesamte Aufmerksamkeit von Beginn an der Aufdeckung der Schönheit des «Koran» und des Propheten, und 1890 entstand die Bewegung, die besonders darauf ausgerichtet war, die Botschaft aus dem Islam in den Westen zu tragen. In dem Werk «Izâlah Auhâm» fasst er die Grundzüge der Bewegung zusammen und drückt seinen Wunsch aus, dass man den «Koran» ins Englische übersetzen möge, um die Botschaft aus dem Islam in den Westen zu bringen, der zu jener Zeit das Schicksal der Welt in der Hand hatte. Er war davon überzeugt, dass der Koran die stärkste geistige Kraft der Welt sei. Und dass man mit seiner Hilfe nicht nur die Mohammedaner zum Erwachen bringen, sondern auch eine Änderung der westlichen Welt in materieller Hinsicht bewirken könne. Die einzige persönliche Forderung, die der Gründer selbst stellte, war die, dass man ihm den Titel eines «Iman» verleihen sollte und dass seine Anhänger die Wahrheiten – die verdreht worden waren – auf der ganzen Welt verbreiten und das wahrhaftige Bild des Propheten, das so oft in Verruf gebracht worden war, wiedergeben sollten.

Der Gründer starb im Mai 1908, und nach seinem Tod gingen die gesamten Werke der Bewegung – seinem Wunsch entsprechend – in den Besitz des «Sadr Anjuman Ahmadiyyah» über, und die Führerschaft der Bewegung fiel Nûr al-Dîn zu. Bis zu dessen Tod im März 1914 gingen die Dinge ihren üblichen Weg. In diesem Zeitabschnitt machte die Bewegung grosse Fortschritte. Aus allen inneren Vorwärtsentwicklungen ragte besonders die Tatsache heraus, dass ihr eine wachsende Popularität innerhalb der Gesamtheit der Mohammedaner zukam. Scheinbar liessen sich keine Anzeichen einer Spaltung der Bewegung erkennen. Dennoch hatten sich die Meinungen über zwei konkrete Punkte schrittweise voneinander entfernt, wenn sie auch aufgrund der starken Persönlichkeit von Nûr al-Dîn nicht zu einem offenen Ausbruch gekommen waren. Einer dieser strittigen Punkte war das Verhältnis des Nachfolgers zu dem «Anjuman», und der andere war, dass diejenigen Mohammedaner der Untreue bezichtigt wurden, die nicht an den Gründer glaubten.

Da es sich bei dem ersten Punkt um eine innere Angelegenheit der Bewegung handelte, kam ihr weder damals noch später eine besondere Bedeutung zu, obwohl es einer der Diskussionspunkte bei der Spaltung sein sollte.

Im Gegensatz dazu war der zweite Punkt, der nicht nur mit den Lehren der Bewegung allein, sondern mit dem Grundprinzip des Islam zu tun hatte, schliesslich der Grund der Spaltung nach dem Tod von Nûr al-Dîn. Der Hauptpunkt der Auseinandersetzung zwischen den beiden Gruppierungen ist gegenwärtig die Frage, ob der Gründer der Bewegung als Prophet anzusehen sei oder nicht. Auf diesem Hintergrund spielte sich im März 1914 die Spaltung ab. Die erste Gruppierung, die meinte, dass dem Erscheinen von Propheten – von Mohammed an – die Türen offen stünden, legten ihren Sitz nach Qadian, während sich die andere Gruppierung in Lahore niederliess.

Genau wegen dieser überlauten Stimmen, die für die Anerkennung des Gründers als Propheten eintraten, trennte sich eine Gruppe von Qadian und machte sich als «Ahmadiyya Anjuman Isha'at-I-Islam» in Lahore selbständig. Sie halten sich an die ursprünglichen Lehren der «Ahmadija»-Bewegung und arbeiten weiterhin an dem geistigen Erwachen der Welt. Das Hauptziel des Programms der «Ahmadiyya Anjuman Isha'at-I-Islam» ist die Propagierung der wahren Kenntnis des heiligen «Koran» durch die Übersetzung in mehrere Sprachen und die Verbreitung des wahrhaftigen Bildes des Propheten. So gesehen, ist es eine etwas von der Abteilung in Qadian abweichende Bewegung.

Die «Ahmadija»-Bewegung hat – von der Existenz des Grabes von Jesus in Srinagar wissend – zahlreiche Studien darüber veröffentlicht und auf diese Weise in der westlichen Welt ihre Kenntnisse bezüglich der Kaschmir-Etappe im Leben von Jesus verbreitet.

Um die diesbezüglichen Informationen abzuschliessen, gebe ich hier die Adresse des in Pakistan befindlichen Hauptsitzes der «Ahmadija»-Bewegung an:

«Ahmadiyya Anjuman Isha'at-I-Islam»
Ahmadiyya Buildings
Brandreth Road
Lahore

Diese Bewegung besitzt Niederlassungen in der ganzen Welt.

Personen, die mit dem Thema dieses Buches zu tun haben

Damit alle Wissbegierigen weiterforschen können, gebe ich die Adressen derjenigen Personen an, die am direktesten von dem in diesem Buch behandelten Thema betroffen sind:

– *Prof. Fida M. Hassnain*
 «Dastgir House», No. RD. 377
 New Housing Colony, Chanapora
 Srinagar – 190015
 Kashmir
 Indien

– *Sahibzada Basharat Saleem*
 «Nashaiman»
 7 Raj Bagh
 Srinagar (Kashmir)
 Indien

«Ich lege Zeugnis ab»

Da nun der Augenblick gekommen ist, den Bericht über das unbekannte Leben von Jesus abzuschliessen, möchte ich hier meine persönliche Meinung abgeben und das bestätigen, was ich gesehen habe.

Vorher möchte ich jedoch noch ein wenig beschreiben, wie ich auf die Idee gekommen bin, dieses Buch zu schreiben.

Ich hatte – wie viele Leute – gehört, dass Jesus möglicherweise nicht am Kreuz gestorben sei, und dass er möglicherweise in Richtung Osten geflüchtet und an irgendeinem Ort auf dem asiatischen Kontinent begraben sei. Es war eins von jenen Dingen, von denen man weiss, denen man aber keine grössere Bedeutung gibt, weil sie einen nicht berühren und weil man – ehrlich gesagt – auch nicht genügend Daten hat, um ihnen Interesse entgegenzubringen. Eines schönen Tages erfuhr ich jedoch, dass es in Spanien ein Foto mit dem Grab von Jesus in Kaschmir gab. Das war bereits eine konkrete Angabe. Ich besorgte mir eine Kopie dieses Fotos und begann von diesem Augenblick an, eine grundlegende Dokumentation zusammenzustellen. Ich war noch mit dieser Aufgabe beschäftigt, als mir ein Freund einen Artikel aus dem «Stern» auslieh, in dem die gesamte Problematik der vermeintlichen Flucht von Jesus nach Kaschmir, seines längeren Aufenthaltes und seines dortigen Todes zusammengefasst veröffentlicht wurde.

Bereits von allen Zweifeln befreit, nahm ich Verbindung zu dem «Stern»-Reporter in New York, Klaus Liedtke, und zu dem Fotografen Jay Ullal in Hamburg auf, die den erwähnten Artikel verfasst hatten und die die ausserordentliche Freundlichkeit besassen, mir ihre gesamten Informationen und ihr Material zukommen zu lassen.

So ergab sich zunächst der Kontakt zu den Missionen der Ahmadija-Bewegung in Deutschland, dann mit ihrem Hauptsitz in Pakistan; und ich traf auf die beiden Personen, die mich am meisten interessierten: Prof. Fida M. Hassnain, ein Gelehrter aus Kaschmir, dessen Studien und Nachforschungen sich genau auf dieses Thema richteten, und Herrn Basharat Saleem, angeblicher Nachfahre von Jesus, der ebenso in Srinagar wohnt.

In dem Masse, wie ich bei meinen Nachforschungen vorwärtskam, wurde mir klar, dass diese Angelegenheit nicht unbekannt war. Sie war wohlbekannt und wurde sowohl von Forschern als auch auf der Ebene der Sekten untersucht. Sie war bloss nicht bis an die grosse Mehrheit der Öffentlichkeit vorgedrungen – oder man hatte sie nicht vordringen lassen.

Ausser den Quellen des Altertums und den zahlreichen Veröffentlichungen der Ahmadija (die sich gelegentlich den Verdacht der Voreingenommenheit gefallen lassen mussten, da sie – letzten Endes – an einer religiösen Propaganda teilnahmen), erscheint gegen Ende des letzten Jahrhunderts, zunächst in Paris, dann in New York, Chicago und London, das Buch «La vie inconnue de Jésus Christ» oder «The unknown life of (Jesus) Christ» (Das unbekannte Leben von Jesus Christus) von dem Russen Nikolai Notowitsch, der sich der Bedeutung der Angelegenheit bewusst ist und sie an die Öffentlichkeit bringt.

In den Jahren 1938 und 1939 veröffentlicht die Tageszeitung «Sunrise» in Lahore in Form von Fortsetzungen das

Buch «Maish Hindustan mein» von Hazrat Mirza Ghulam Ahmad, dem Gründer der Ahmadija-Bewegung, das als erstes Buch die Problematik von der Nicht-Wiederauferstehung von Jesus aufgreift. Die Lektüre dieses Buches brachte den Rektor der Al-Azhar-Universität in Kairo auf den Gedanken, ein «Fatwa» (Verdikt) auszusprechen, in dem es hiess, dass Jesus – in Übereinstimmung mit dem heiligen «Koran» – eines natürlichen Todes gestorben sei.

Etwas näher zur Gegenwart, erschien – von J. N. Sadhu unterzeichnet – am 2. April 1970 in der hinduistischen Wochenzeitschrift «The Illustrated Weekly of India» der Artikel «Is Jesus Christ buried in Kashmir?» (Ist Jesus Christus in Kaschmir begraben?).

Dann wird in der Nummer 16/1973 der deutschen Wochenzeitschrift «Stern» der bereits erwähnte Artikel «Jesus starb in Indien» veröffentlicht, von Klaus Liedtke unterzeichnet, mit Fotos von Jay Ullal.

Schliesslich unternahm mein guter Freund Erich von Däniken im Sommer 1975 eine lange Forschungsreise nach Indien, Kaschmir, Pakistan, Afghanistan, in den Iran, in die Türkei usw. Während seines Aufenthalts in Kaschmir bemerkte er zufällig die Existenz des Grabes von Jesus, ohne sich dies jedoch vorgenommen zu haben, weil er von diesem Thema überhaupt nichts wusste. Darüber veröffentlichte er dann auch mehrere Artikel – «Flüchtete Jesus nach Indien?» und «Das Geheimnis des Grabes von Srinagar» – in der deutschen Zeitschrift «Hörzu».

Trotz all dieser Artikel und Bücher, die in verschiedenen Ländern veröffentlicht wurden, haben die in ihnen enthaltenen Entdeckungen kein Echo bei der öffentlichen Meinung gefunden. Das Thema wurde nicht kommentiert. Die These wurde von der Durchschnittsbevölkerung nicht diskutiert, ebensowenig wurde irgendeine These verteidigt. Weil die breite Öffentlichkeit offensichtlich nicht davon wusste, dass der Körper von Jesus Tausende von Kilometern von Palästina – seiner biblischen Wirkungsstätte – entfernt begraben liegen konnte, während das gesamte Christentum glaubte, er sei zum Himmel aufgestiegen und es deshalb auch keine Grabstätte auf der Erde geben könne.

Angesichts der Dokumentation, die ich mittlerweile gesammelt hatte, aber auch angesichts einer Öffentlichkeit, die nichts von seiner Existenz wusste, fehlte jetzt nur noch eine Sache, um den Zweifel auszuräumen, den ich meinen Forschungen gegenüber besass. Ob alles nicht doch nur ein Produkt der Phantasie war? Gab es wirklich das so oft genannte Grab? Ich musste also losgehen und nachsehen.

Das war es, was meine Frau Mercedes und ich dann auch taten. Während der langen Reise Barcelona–Srinagar hatten wir reichlich Gelegenheit, neue Eindrücke zu gewinnen. Zunächst einmal wurde die zweite Etappe (Paris–Frankfurt–Kuwait–Bombay) im Inneren des Jumbos «Emperor Rajendra Chola» von der Air India bewältigt, das mehr der malerischen und freundlichen Stimmung eines Festzeltes als der keimfreien Kabine eines Düsenflugzeugs ähnelte.

Bombay – der erste «direkte» Eindruck Indiens – empfing uns kurz nach Tagesanbruch mit einer tropisch heissen, dicken und aufdringlichen Stimmung. Die Luft stand absolut still, und es herrschte eine erdrückende Hitze, die von allen Seiten und aus allen Menschen herausquoll. Hier wird einem klar, warum die westlichen Eroberer nicht über das Indus-Tal hinauskamen.

Bei Sonnenaufgang stiegen wir in eine Boeing 707 der Indian Airlines, die die nationalen Flüge abdeckt, so wie die Air India für die internationalen Flüge zuständig ist. Die 1155 Kilometer Bombay–Delhi sind das gleiche wie eine Fahrt ans Meer in einem Nahverkehrszug, an irgendeinem Sonntagmorgen im Sommer. Es fehlte nur noch, dass jemand seinen Picknickkorb auspackte...

Indien ist von Süden nach Norden eine riesige Ebene, aus der die Hauptstadt Delhi plötzlich hervorspringt. Tausend Jahre alt, interessant, mysteriös, exotisch, voller Getöse und jeder Art Verkehr.

Dort trafen wir auf die ersten Bücher und Karten, die uns für unser Ziel interessierten: Lagepläne und Bücher, die von der Geschichte, den Denkmälern und den Legenden Indiens im allgemeinen und Kaschmirs im besonderen handelten.

Schliesslich die letzte Etappe der Reise. Die letzte, die völlig anders war, von Delhi nach Srinagar, mit Zwischenlandung in Amritsar, Grenzposten zu Pakistan; es ist eine wunderbar erholsame Strecke – abgedeckt von der Indian Airlines –, bei dem die Ausläufer des grossen Himalaja überflogen werden. Eine Reise, bei dem einem langsam klar wird, dass Indien nichts mit Kaschmir, seiner Verlängerung im Norden zu tun hat. Ein Eindruck, der erst voll zur Entfaltung kommt, wenn man den kleinen Landeplatz von Srinagar betreten hat und man die Einwohner Kaschmirs einige Tage lang beobachtet und mit ihnen geplaudert hat. Ein Volk, das aus zahlreichen Kreuzungen verschiedener Rassen zusammengeschmiedet ist, ein Volk, das ursprünglich aus dem Westen, aus Pakistan, aus dem Iran und aus Palästina stammt. Ein Volk, das in seiner überwältigenden Mehrheit – aus Gründen der geschichtlichen Herkunft – zu Pakistan gehören möchte, was auch die ausgeprägte Militarisierung Kaschmirs und die häufigen Strassenkontrollen (ein und dieselbe Polizeipatrouille hat uns innerhalb von vier Tagen dreimal auf verschiedenen Strassen angehalten) erklärt sowie die Unmöglichkeit, die Grenze zwischen Kaschmir und Pakistan auf legalem Wege zu überqueren. Ein Volk, das es geschafft hat, die Formel von dem friedlichen Zusammenleben in die Tat umzusetzen, was sogar soweit geht, dass hier Juden und Mohammedaner eng zusammenarbeiten und tiefe Freundschaften pflegen, wobei weder die eine noch die andere Seite der «Sechs-Tage-Krieg» berührt, ebensowenig wie ihre Herkunft und ihre Religionszugehörigkeit. Und das, weil sie ursprünglich alle Juden sind. Ich habe diesen Punkt etwas ausführlicher behandelt, weil es interessant ist, sich ihn bei der Beurteilung der in diesem Buch aufgezeigten Problematik zu vergegenwärtigen. Die Mohammedaner in Kaschmir sind also alle zum Islam bekehrte Juden.

Und dort, in diesem fruchtbaren und wirklich paradiesischen Tal, das in verdeckter Opposition zu Indien lebt, für das es immer ein Fremdkörper bleiben wird, spielen sich heutzutage Szenen und Situationen ab, die wie aus den Seiten der Bibel entnommen scheinen. Das ist wichtig. Abgesehen davon ist das ganze Land von einer sehr tiefen Religiosität durchdrungen. Juden, Mohammedaner, Hindus, Buddhisten und Christen leben friedlich und respektvoll in einer bunten Gemeinschaft zusammen. Wenn auch im ganzen Land die Gesetze des Stärksten, Schlausten und Bestechlichsten die einzigen sind, die Erfolg versprechen. Da dies jedoch alle wissen und ihnen nichts anderes übrigbleibt als die Regeln dieses Spiels zu lernen, befindet sich das Zusammenleben weiterhin in einem Gleichgewicht, und die Wellen der Freundschaft schlagen einem überall entgegen.

Dort waren wir schliesslich angelangt. Zunächst in einem exzellenten Hotel von internationalem Rang. Uns wurde jedoch klar, dass wir so nicht unter das Volk kamen, welches wir kennenlernen wollten. Aus diesem Grund zogen wir nach zwei Tagen in ein Hausboot um, das mitten auf dem Nagin-See verankert war. Um wegzugehen oder nach

«Hause» zu kommen, musste man den See in einem Boot oder «Shikara» überqueren. Dies war jedoch der richtige Weg, um mit dem Volk zusammenzuleben und es gründlich kennenzulernen.

Und die lange Reise hatte sich gelohnt. Denn wir sahen wirklich das Grab von Jesus, und nicht nur das, sondern auch das von Moses, und wir konnten uns bei den ständigen Spaziergängen über Land und durch die Berge davon überzeugen. dass in der Erinnerung an Urzeiten der alten Einwohner Kaschmirs der Gedanke noch gegenwärtig ist, dass Jesu Weg durch ihr Land führte. Dort liegen die verschiedenen Dörfer, Wiesen oder einfach Orte, die den Namen von Jesus tragen. Dort befindet sich nicht nur sein Grab, sondern auch sein Stab, den er vielleicht von Moses erbte. Und das Gehörn eines seiner Schafböcke. Und ebenso ergeht es der Figur des Moses

Kaschmir, heiliges Land? Kaschmir, das gelobte Land? Dort beginnt man, sich diese Frage ernsthaft zu stellen.

Mehr noch. Wir hatten die Gelegenheit, viele lange und unvergessliche Stunden mit Professor Hassnain zu diskutieren und zu arbeiten, der für die Archive, Museen und Denkmäler Kaschmirs zuständig ist. Ausserdem ist er Professor an drei japanischen Universitäten, Archäologe und Anthropologe, der seine Arbeit liebt, der geborene und begeisterungsfähige Forscher, der nicht aufhört, seine Heimat Kaschmir kreuz und quer nach den Spuren der verschiedenen Völker abzusuchen, die es im Verlauf seiner umfassenden Geschichte zu dem gemacht haben, was es heute ist: sein Kaschmir. Er ist vielleicht, neben Al-Haj Khwaja Nazir Ahmad, dem Autor des Buches «Jesus in Heaven on Earth», die Person, die mit der meisten Hingabe und am auffälligsten nach und nach die verschiedenen Elemente herausgeschält hat, die ernsthaft zu dem Verdacht Anlass geben, dass in Srinagar, im Herzen Kaschmirs, der Körper von Jesus ruht. Im «Paradies auf Erden», wie paradoxerweise auch das paradiesische Kaschmir genannt wird.

Und dort machten wir schliesslich auch die ungewöhnliche Erfahrung, die sich ergibt, wenn man Basharat Saleem, dem Nachfahren von Jesus, die Hand reicht und dabei eine ganze Weile mit ihm in allerhöflichster Weise spricht.

Die vorangegangenen Seiten sind die Zusammenstellung der vor Ort gemachten Interviews, Kontakte und Nachforschungen und der Untersuchung der grossen Anzahl von Dokumenten und Literatur, die wir über das faszinierende «zweite Leben» und den menschlichen Tod von Jesus – Grundpfeiler des Christentums – zusammengetragen haben.

Unsere überraschendste Feststellung: die «Kaschmir-Geschichte» von Jesus und Moses widerspricht in keiner Weise den biblischen Texten. Eher hilft sie noch, deren unverständliche Lücken mit logischen Argumenten zu vervollständigen.

All dies bestätige ich hiermit. Ich bestätige, dass es «Rozabal», das Grab von Yuz Asaf, gibt und wir in ihm waren. Ich bestätige, dass ich den Berg Nebo bestiegen habe, um persönlich das Grab von Moses zu sehen. Ich bestätige, dass wir den Stein von Moses gesehen und berührt haben. Ich bestätige, dass wir im Yusmarg waren, der Wiese, über die Jesus nach Kaschmir gelangte. Ich bestätige, dass wir in Aishmuqam waren, wo der Jesus- oder Moses-Stab aufbewahrt wird. Ich bestätige, dass die von uns befragten Personen absolut ehrlich antworteten. Einige, die überzeugt waren, dass Jesus und Moses dort gewesen seien. Andere, die lediglich aussagten, dass dort Yuz Asaf und Moses gewesen seien. Andere wiederum, die mit historischer Genauigkeit sagen konnten, dass sie seit 3500 Jahren das Grab von Moses bewachten, während sie andererseits, zum Beispiel, noch nicht einmal erfahren hatten, dass Hitler tot war und er einen Grossteil ihrer eigenen Rasse umgebracht hatte. Andere schliesslich versuchten uns mit Händen und Füssen Legenden und Überlieferungen ihres Volkes zu erklären, während ihre kulturelle Ausbildung so gering war, dass sie davon überzeugt waren, dass wir uns im Süden Indiens befänden und Ceylon im Norden liege. Ein derartiges Unwissen kann nicht Geschichten mit so vielen Angaben hervorbringen. Behalten kann es sie aber auch nicht, wenn man davon ausgeht, dass sie ihm jemand erzählt hat. Zumindest die einfachen Leute, denen nicht einmal ihre eigenen aktuellen Lebensumstände bewusst waren, besassen nicht die Fähigkeit, Tatsachen zu erfinden oder zu verfälschen, die sich Jahrhunderte zuvor oder manchmal Tausende von Kilometern entfernt zugetragen hatten. Ihre Legenden, ihre Überlieferungen und die Weisheit ihrer Vorfahren mussten sich auf wahre Begebenheiten stützen. Was die gebildeteren Leute angeht, die in diesen Dingen weitaus belesener und bewanderter sind, so schienen uns Professor Hassnain und Herr Sahibyada Basharat Saleem zwei von Grund auf ehrliche Personen zu sein, jeder in seinem besonderen Bereich. Professor Hassnain ist ein Gelehrter, der sich um nichts in der Welt selbst betrügen würde. Er kann sich zwar irren, aber niemals wissentlich. Was er uns gesagt hat, ist das, was er glaubt, und das, was er glaubt, basiert auf jahrelangem Nachforschen und Studieren, sowohl in der Literatur als auch vor Ort. Was Herrn Basharat Saleem betrifft, so ist er jemand, der sich voll und ganz seinen Geschäften widmet, der sich wegen seiner Beschäftigung dazu gezwungen sieht, die Verpflichtungen der Familientradition ein wenig zu vernachlässigen, die er aufgrund der Erklärungen seines Vaters kennt. Er ist ein Mann, der unter gar keinen Umständen Publicity, Skandale und einen öffentlichen Bekanntheitsgrad für das Geheimnis seiner Familie wünscht. In diesem Sinne schien mir das, was er uns erzählt hat, ohne jeden Zweifel der Wahrheit zu entsprechen.

In Anbetracht der Texte, Legenden, Gräber, Personen, in Anbetracht des Landes und seiner Leute glaube ich – und das ist meine ganz persönliche Meinung –, dass die Hypothese einer ersten Reise und einer zweiten endgültigen Reise von Jesus nach Indien, die Hypothese seines Todes und seiner Grabstätte an jenem Ort, die Hypothese des Todes und der Grabstätte von Moses ebenfalls in Kaschmir mit grosser Wahrscheinlichkeit der Wahrheit entsprechen.

Es fehlt noch der letzte Beweis. Das Grab muss noch geöffnet werden, um zu sehen, was sich in ihm befindet. Es müssen sicherlich noch viel mehr alte Texte verglichen und das Thema muss noch unter einer Vielzahl von Gesichtspunkten untersucht und behandelt werden. Ich würde von hier aus, um der wissenschaftlichen Objektivität willen, die Einberufung eines Weltkongresses vorschlagen, an dem Fachleute für die Heilige Schrift, Orientalisten, Kenner des Islam und des Altertums – die Linguisten nicht zu vergessen – teilnehmen sollten, um gemeinsam mögliche Vorurteile auszuräumen und die Wahrheit über das für mich sehr wahrscheinliche «zweite Leben» von Jesus herauszufinden.

Das Ziel dieses Buches ist einzig und allein, eine grosse Zahl von Lesern über einige Tatsachen zu informieren, von denen bis heute nur einige wenige Bescheid wussten und die mir wichtig genug schienen, da sie die Beurteilung von Jesus verändern können, der unzweifelhaft die Persönlichkeit darstellt, deren Bild die Entwicklung der westlichen Kultur am ausgeprägtesten beeinflusst hat. Dieses Buch ist ein «Dossier» über das, was man heute über die Möglichkeit weiss, sagt und glaubt, dass Jesus weder am Kreuz gestorben noch körperlich zum Himmel aufgestiegen ist.

Reisebeschreibung

Im folgenden werde ich schematisch die Reiserouten von Srinagar aus, der Hauptstadt Kaschmirs, zu den wichtigsten der in diesem Buch behandelten Orte angeben.

«Das Grab von Moses»: Es liegt ungefähr 59 Kilometer in nord-nordwestlicher Richtung von Srinagar. Dabei müssen die folgenden Ortschaften in der genannten Reihenfolge passiert werden: Shalateng, Shadipur, Sumbal, der See Manasbal, Safapur und Bandipur. Von Bandipur aus muss man noch ein paar Kilometer bis nach Aham Sharif weiterfahren. Dort muss man dann den Wagen stehenlassen und den Aufstieg zu Fuss fortsetzen, um nach etwa zwei Stunden das Grab von Moses zu erreichen.

«Der Stein Moses» oder «Ka Ka Pal» in «Bijbihara»: Er befindet sich etwa 43 Kilometer in süd-südwestlicher Richtung von Srinagar. Von Srinagar aus sind die Orte Pandrathan, Pampur, Awantipur, Sethar, Sangam und Bijbihara zu durchqueren. Der Stein von Moses liegt in etwa 50 Meter Entfernung von der linken Strassenseite, unmittelbar bevor man zum Fluss kommt.

«Aishmuqam»: Es liegt etwa 72 Kilometer in süd-südöstlicher Richtung von Srinagar. Von Srinagar aus kommt man durch die Orte Pandrathan, Pampur, Awantipur, Sethar, Sangam, Bijbihara, Khanabal, Anantnag, Bawan und Aishmuqam. Den Wagen muss man unten auf der Strasse zurücklassen und dann einen kleinen Berghang hinaufsteigen. Von dort aus erreicht man nach insgesamt 20 Minuten Fussweg über eine lange Vortreppe das Heiligtum.

«Yusmarg» oder «Jesuswiese»: Sie liegt etwa 40 Kilometer in südwestlicher Richtung von Srinagar. Man muss die Strasse in Richtung Südwesten fahren, wobei man über die Dörfer Neugam und Nilnag nach Yusmarg gelangt.

«Pahalgam»: Dies befindet sich etwa 96 Kilometer von Srinagar entfernt, und zwar zunächst in Richtung Südosten, danach fährt man in nordöstlicher Richtung nach Pahalgam hinauf. Es liegt genau in einer geraden Linie im Osten Srinagars. Von der Hauptstadt aus kommt man durch folgende Orte: Pandrathan, Pampur, Awantipur, Sethar, Sangam, Bijhibara, Salar und Pahalgam.

«Das Grab von Maria» in Murree (Pakistan): Es liegt etwa 160 Kilometer in westlicher Richtung von Srinagar. Es ist nicht möglich, Murree von Srinagar aus über die Strasse zu erreichen. Man muss bis nach Amritsar hinunterfahren und dort die Grenze nach Pakistan überqueren, um von dort aus über Rawalpindi nach Murree zu gelangen. Das Grab befindet sich auf dem Gipfel eines Hügels an einer Stelle, die als Pindi Point bekannt ist.

Anhang

Anhang 1: Der Weltkongress in London

Dem Thema von der Möglichkeit, dass Jesus nicht am Kreuz gestorben ist und später nach Kaschmir flüchtete, wo er in hohem Alter einem natürlichen Tode erlag, wurde im Sommer 1978 ein grossartiger Weltkongress gewidmet, auf dem man sich mit dieser Angelegenheit beschäftigte.

Von der London Mosque organisiert, fand vom 2. bis 4. Juni in den Räumen des «Commonwealth Institute» in London ein internationaler Kongress zum Thema «Jesu Rettung vom Kreuz» statt.

Es wurden Arbeiten verschiedener Fachleute aus unterschiedlichen Ländern vorgestellt, und es nahmen über 1500 Vertreter aller Herren Länder teil. Sie kamen aus Pakistan, Deutschland, von den Mauritius-Inseln, aus Ghana, Nigeria, Trinidad, aus den Vereinigten Staaten, Guyana, Bangla Desh, Indonesien, Kanada, Indien, aus dem Iran, der Schweiz, Schweden, Dänemark, Holland, Frankreich, Jugoslawien und Spanien. Ebenso waren – in der Eigenschaft als Beobachter – offizielle Vertreter verschiedener europäischer Kirchen dabei.

Hazrat Mirza Nasir Ahmad – Khalifatul Masih III. –, der dritte Nachfolger von Hazrat Mirza Ghulam Ahmad, dem Gründer der mohammedanischen Ahmadija-Bewegung, wohnte dem Kongress persönlich bei. Seine Anhänger – von denen es auf der ganzen Welt Millionen und allein in England 10 000 gibt – sehen ihn als den «gelobten Messias» an.

Ebenso erwähnenswert ist die Tatsache, dass die erste Sitzung des Kongresses unter dem Vorsitz von Hazrat Muhammad Zafrullah Khan stattfand, der 1947 Pakistans Aussenminister war und dann jahrelang die pakistanische Delegation bei den Vereinten Nationen leitete, wo er bei der 17. Tagung der Hauptversammlung als Präsident auftrat. Ausserdem bekleidete er zweimal das Richteramt am Internationalen Gerichtshof in Den Haag, dessen Vizepräsident (1958 bis 1961) und Präsident (1970 bis 1973) er war.

Fahrt nach London untersagt

Unser guter Freund Professor Fida Muhammad Hassnain, der zu der Zeit noch die Archive und die Archäologische Abteilung der Regierung Kaschmirs leitete, konnte dem Kongress nicht persönlich beiwohnen, denn die Regierung sah von dem Moment an Schwierigkeiten, als die Presse ihre Anwesenheit bei dem Londoner Kongress ankündigte. Die Folge dieser Schwierigkeiten war die Einbehaltung seines Reisepasses mit dem darauffolgenden Hinweis, dass man ihm eine Rückkehr nach Kaschmir verweigern würde, falls er sich dazu entschliessen sollte, nach London zu fahren. So blieb er lieber zu Hause.

Sehr vermisst wurde auch Hans Naber, bekannt unter seinem Pseudonym Kurt Berna, der immer wieder mit grossem Einsatz versucht hatte zu beweisen, dass die Spuren auf dem Turiner Linnen anzeigten, dass Jesus unmöglich am Kreuz gestorben sein kann. Von 1976 bis nach dem Londoner Kongress verbrachte Hans Naber seine Zeit der

Freiheitsberaubung in Deutschland als Pendler zwischen dem Gefängnis Stuttgart-Stammheim und einem Gefängniskrankenhaus. Er hatte keine Wahl und er blieb hinter Gittern. Gehen wir jedoch zu dem über, was gesagt wurde.

Beiträge

Der Kongress begann mit einem Diavortrag (1) von mir, in dem ich 500 Dias zeigte, die Kaschmir, Orte und Themen veranschaulichen, die mit dem «zweiten Leben» von Jesus in Verbindung stehen. Darauf wurden folgende Referate vorgetragen:

Muhammad Zafrullah Khan, ehemaliger Präsident des Internationalen Gerichtshofs von Den Haag und Experte für Islam und vergleichende Religionswissenschaften, hielt eine lange Rede, in der er Jesus die Göttlichkeit absprach und seine Figur als die eines Propheten darstellte.

Mirza Muzzafar Ahmad, Enkel des Mannes, der von den Ahmadijas als der «gelobte Messias» angesehen wird, 1972 Direktor der Weltbank, ausserdem 1966 Abgeordneter der Planungskommission der Regierung Pakistans und 1971 Finanzberater des pakistanischen Präsidenten, sprach von der Ansiedlung der verlorenen Stämme Israels auf dem Boden Kaschmirs, dem Ort, zu dem sich später Jesus aufmacht.

Ich selbst – und für diejenigen, die nur lächeln, sage ich noch einmal, dass ich weder Ahmadija noch sonst etwas Ähnliches bin, dass meine Beziehung zu dieser Bewegung (die ich in irgendeiner Weise als rückschrittlich ansehe) nur die einer guten persönlichen Freundschaft mit vielen ihrer Mitglieder ist, die ich als Individuen und nicht als Ahmadijas betrachte, die an einem Thema arbeiten wie ich auch, nur schon sehr viel länger als ich –. Ich selbst analysierte also die verschiedenen Umstände, die uns zu der Schlussfolgerung führen, dass Jesus nicht am Kreuz gestorben ist.

Im Namen von Professor Fida Muhammad Hassnain, Direktor der Archive und der Archäologie in Kaschmir, wurde seine Arbeit über das Grab von Yuz-Asaph (Jesus?) vorgelesen, das sich in Srinagar, der Hauptstadt Kaschmirs, befindet.

Bashir Ahmad Rafiq, Iman der London Mosque, der ersten in London errichteten Moschee, Experte in vergleichenden Religionswissenschaften und islamischem Recht, stellte eindeutige Bibelstellen vor, die auf Jesu Rettung vom Kreuz hinweisen.

Abdus Salam Madsen, Sohn eines Vikars der dänischen Lutheraner, der an der Kopenhagener Universität und am Hartfort Theological Seminary of Connecticut in den Vereinigten Staaten Theologie studierte und den Koran ins Dänische übersetzte, stellte offensichtliche Stellen aus dem Koran und dem Islam dar, in denen von der Rettung Jesu vor dem Kreuzestod die Rede ist.

Reginald Charles Everard Skolfield, Engländer, Held der RAF, der in den Vereinigten Staaten, im Mittleren Orient, in Indien und Birma diente, der nach dem Krieg in den Vereinigten Staaten und Australien lebte und ein Fachmann für vergleichende Religionswissenschaften ist, zeichnete das Leben von Jesus nach und kam zu der Schlussfolgerung, dass dieser nicht am Kreuz starb, wenn er auch hinzufügte, dass nicht bewiesen werden kann, dass er bis nach Kaschmir gelangte.

Shaikh Abdul Qadir, weltweit anerkannter Forscher und Autor von Themen, die mit dem Islam und dem Koran zu tun haben, sprach von den Reisen, die Jesus nach Indien und Kaschmir unternommen hat.

Hans Naber (Kurt Berna) sandte ein Schreiben aus seiner Zelle im Gefängnis Stuttgart-Stammheim, in dem er erklärte, dass man ihn 1976 der Unterschlagung von Geldern der «International Foundation for the Holy Shroud» (Internationale Stiftung für das Heilige Grabtuch) beschuldigte und inhaftierte. Er sagte aus, dass seine Inhaftierung lediglich ein Versuch gewesen sei, ihn – und damit seine Untersuchungen, in denen er nachgewiesen hatte, dass Jesus nicht am Kreuz gestorben war – in Misskredit zu bringen. Er verteidigte einmal mehr seine These, dass Jesus die Kreuzesleiden überlebt habe, und argumentierte im Sinne der These eines späteren Todes von Jesus in Kaschmir.

Doktor Ladislav Philip, Tschechoslowake, Chefarzt des Prager Staatskrankenhauses, der sich auf das Studium des historischen Jesus spezialisiert und dabei aktiv mit dem Institut für Orientalistik der Akademie der Wissenschaften und der Prager Charles-Universität zusammengearbeitet hatte, steuerte einige neue Gesichtspunkte über die Aktivitäten von Jesus jenseits von Palästina bei.

Schliesslich noch eine Arbeit von Anna M. Tolano – vorgelesen von dem Dänen Svend Hansen –, in der auf die Möglichkeit hingewiesen wurde, dass Jesus am Kreuz einen «Scheintod» erlitten habe.

Resolution

Der Kongress von London wurde mit der im folgenden wörtlich abgedruckten «Resolution» beendet:

«Auf dem Internationalen Kongress über ‹Jesu Rettung vom Kreuz›, der vom 2. bis 4. Juni 1978 in London abgehalten wurde und an dem Persönlichkeiten aus aller Welt teilnahmen, wird von den Abgeordneten folgende Resolution einstimmig verabschiedet:

Wir, die Abgeordneten des Internationalen Kongresses ‹Jesu Rettung vom Kreuz› bitten die Regierung von

Kaschmir, dem ‹Rozabal› in der Khanyar-Strasse in Srinagar, Kaschmir – den die Mitglieder der islamischen Ahmadija-Bewegung für das Grab eines direkten Propheten Gottes, nämlich Jesus von Nazareth, halten –, den Rang eines religionsgeschichtlichen Denkmals zuzuordnen. Ebenso bitten wir darum, dass entsprechende Massnahmen zur Reinigung und ständigen Pflege ergriffen und die nötigen Reparaturen und Restaurierungsarbeiten dringend durchgeführt werden, um dem Grab den gewünschten Konservierungszustand zurückzugeben.

Eine Kopie dieser Resolution wird dem Sekretär der United Educational Scientific and Cultural Organisation (Unesco) mit der Bitte zugestellt, dass man den indischen Behörden die im Zusammenhang mit diesem Thema notwendige Unterstützung gewähren möge.

Im Namen aller Delegierten.»

Anhang 2: Prophet oder Gott?

Der Präsident des vom 2. bis 4. Juni 1978 in London abgehaltenen Internationalen Kongresses über «Jesu Rettung vom Kreuz», Muhammad Zafrullah Khan, ist ein studierter Kenner der Weltreligionen. 1947 war er Aussenminister von Pakistan, und viele Jahre lang war er – wie ich bereits sagte – Kopf der Delegation seines Landes in der Hauptversammlung der Vereinten Nationen, wobei er in der 17. Sitzung besagter Hauptversammlung den Vorsitz einnahm. Er war von 1954–1961 und von 1964 bis 1973 Richter, von 1958 bis 1961 Vizepräsident sowie von 1970 bis 1973 Präsident am Internationalen Gerichtshof in Den Haag.

Muhammad Zafrullah Khan ist ausserdem Autor mehrerer Bücher über den Islam. Eines seiner bekanntesten Werke, «Islam – Its Meaning for Modern Man» (Der Islam – Seine Bedeutung für den modernen Menschen), wurde von Harper & Row in New York veröffentlicht. Er hat auch den Koran und die Lehre des Propheten Mohammed ins Englische übersetzt. Kurz vor dem obengenannten Kongress veröffentlichte er sein Buch «Deliverance from the Cross» (Befreiung vom Kreuz).

Ich gebe im folgenden das gesamte Referat wieder, das er dem Internationalen Kongress über «Jesu Rettung vom Kreuz» vortrug.

Jesus, Prophet oder Gott?
von Muhammad Zafrullah Khan

Doktor Aba Eban, ein bedeutsamer Gelehrter, der Lektor für hebräische, arabische und persische Literatur an der

Cambridge-Universität und später israelischer Aussenminister war, fasst auf Seite 105 seines bemerkenswerten Buches «My People» seine Meinung über Jesus folgendermassen zusammen:

«Jesus war ein pharisäischer Jude. Er lebte unter den einfachen Menschen Galiläas und war ihr Wortführer. Galiläa war zu jener Zeit das Bollwerk eines starken jüdischen Patriotismus, der sich auch auf die Lehren von Jesus auswirkte, indem diese Lehren sich den Vorbildern der alten Propheten anpassten. Ausserhalb des jüdischen Umfelds hat er sich nie als universeller Prophet ausgegeben. Man kann auch nicht sagen, dass ihm die äussere Form der Religion völlig gleichgültig war. Er hielt die jüdischen Gesetze peinlich genau ein, zum Paschafest machte er eine Wallfahrt nach Jerusalem, er ass Sauerteigbrot und sprach einen Segen aus, wenn er Wein trank. Er war Jude in Wort und Tat... In der Bergpredigt erklärte er, dass er nicht gekommen sei, das Gesetz zu brechen, sondern es zu erfüllen.»

Vor einem Monat hat ein angesehener anglikanischer Theologe, Hochwürden Dr. Cupit vom Emmanuel College, Cambridge, in einem Fernsehinterview erklärt, dass Jesus ein Heiliger, ein Prophet gewesen sei, aber nicht Gott.

Rodney Hoare meint in seinem Buch «The Testimony of the Shroud», das in Kürze auf den Markt kommen wird, dass Jesus im synoptischen Evangelium als ein echter, vollständiger Mensch beschrieben wird, durch den Gott handeln und sprechen konnte, wie es bereits bei den Propheten und Heiligen der Fall war. Und er sagt:

«Bei objektiver Betrachtung findet man in den Evangelien zahlreiche Hinweise darauf, dass Jesus nicht nur ein ganz

normaler Mensch seiner Zeit, sondern dass er insbesondere auch Jude war. Seine Kenntnisse waren vielfach auf sehr menschliche Weise beschränkt, und er war – im wahrsten Sinne des Wortes – ein Jude des ersten Jahrhunderts. In Wirklichkeit ist es sein mächtiger Judaismus, der am stärksten dagegenspricht, dass er ein Teil Gottes war. Er richtete seine Predigten nicht an die Kreaturen der göttlichen Schöpfung im allgemeinen, sondern vor allem an sein eigenes Volk. Soweit es ihm möglich war, verkehrte er in ausschliesslich jüdischen Kreisen. Seine Lehren bewegten sich immer innerhalb des Umfelds der jüdischen Religion. Wie jüdische Schriften andeuten, betrachtete er sein Leben sogar als Opfer für die vergangenen, gegenwärtigen und zukünftigen Sünden des Volkes Israel. Wäre er ein Teil Gottes gewesen, so hätte dies zweifellos lächerlich gewirkt. Wie hätte Gott mit den Sünden dieser Rasse zufrieden sein können, wenn ein Teil von ihm selbst geopfert wurde? Der Judaismus von Jesus offenbarte sich in seinen Taten und Worten, und manchmal lässt die Art und Weise, wie er die Heiden beschreibt, die Vorstellung aufkommen, dass es sich bei ihnen um Menschen zweiter Klasse handelt. Wenn er auch gelegentlich den Glauben lobt, den er bei einem Samariter oder Römer angetroffen hat, so lebte seine ausgesprochene Bevorzugung der Juden auch nach seinem Tod noch unter seinen Jüngern weiter. Es hat einige Zeit gedauert und viel Überzeugungskraft gekostet, bis die Kirche von Jerusalem akzeptierte, dass seine Botschaft sowohl an die Heiden als auch an die Juden gerichtet war. Diese Einzelheiten beweisen, dass Jesus eher ein vollkommener Jude als ein Teil eines universellen Gottes war.»

«*Jesus war zweifellos ein reiner Mensch und auf irgendeine Weise seines irdischen Lebens ein Teil Gottes ... Christus ähnelt mehr einem Menschen. In Wahrheit war er der Sohn*

Gottes, und er hatte zu ihm ein Verhältnis wie zu einem Vater, aber er war auch ein Menschensohn und bestand darauf, dass wir alle Kinder Gottes sind.»

(Seite 95)

«... Die Mohammedaner, die glauben, dass Jesus ein grosser Prophet Gottes gewesen sei, brauchen sich nicht dadurch angegriffen zu fühlen, dass die Christen dogmatisch auf seiner Göttlichkeit bestehen.»

(Seite 118)

Jesus war der letzte Prophet Israels. Man nannte ihn Gottessohn, ein Ausdruck, der oft in den Schriften benutzt wurde, aber im metaphorischen Sinn und in keinem Fall mit der Konnotation «göttlich». Es gibt keinen Textabschnitt in den Evangelien oder den Paulusbriefen, der explizit oder implizit andeutet, dass Jesus sich selbst als Gott bezeichnet. Es ist richtig, dass er oft als Herr bezeichnet wird, es gibt jedoch keinen Grund anzunehmen, dass diejenigen, die diesen Ausdruck für ihn gebrauchten, glaubten oder zu verstehen geben wollten, dass er Gott sei. Sie benutzten ihn eher als Synonym für Meister.

Die Abwandlung des Ausdrucks «Sohn Gottes» in «Gottessohn» fand erst viel später statt, was bedeuten sollte, dass Jesus der zweite Teil der Dreifaltigkeit war. Der Gesamtbegriff der Dreifaltigkeit war Jesu Denken fremd. Er nannte sich selbst immer einen Gesandten Gottes, im Sinne eines göttlichen Boten. Zum Beispiel:

Das aber ist das ewige Leben, dass sie dich erkennen, den allein wahren Gott, und den du gesandt hast, Jesus Christus. (Johannes, 17, 3)

Ich vermag nichts zu tun aus mir selbst; so wie ich höre, richte ich, und mein Gericht ist gerecht; denn ich suche nicht meinen Willen, sondern den Willen dessen, der mich gesandt hat. (Johannes 5, 30)

Ich aber habe ein grösseres Zeugnis als das des Johannes. Denn die Werke, die zu vollbringen mir der Vater gegeben hat, ja, diese Werke, die ich tue, sie bezeugen von mir, dass der Vater mich gesandt hat. (Johannes, 5, 36)

Und der Vater, der mich sandte, er selbst gab Zeugnis über mich. (Johannes 5, 37)

Auch sein Wort habt ihr nicht in euch wohnen, weil ihr dem, den er sandte, nicht glaubt. (Johannes 5, 38)

Doch der mich gesandt hat, ist wahr. (Johannes 8, 26)

Da sagte Jesus zu ihnen: «Wäre Gott euer Vater, hättet ihr Liebe zu mir, denn von Gott bin ich ausgegangen und komme von ihm; nicht von mir aus bin ich gekommen, sondern er hat mich gesandt.» (Johannes 8, 42).

Und sie glaubten, du hast mich gesandt. (Johannes 17, 8)

Denn ich bin vom Himmel herabgekommen, nicht um meinen Willen zu tun, sondern den Willen dessen, der mich gesandt hat. Das aber ist der Wille dessen, der mich sandte ... Denn das ist der Wille meines Vaters, der mich gesandt hat ... (Johannes, 6, 38–40)

Es ist also klar, dass Jesus sich immer als jemand darstellte, der von Gott gesandt worden war, d.h. als Gottes Bote. In Wirklichkeit wurde seine Aufgabe als solcher, sogar schon vor seiner Geburt, durch göttliche Verfügung festgelegt, so wie es sowohl in den Evangelien als auch im Heiligen Koran dargestellt wird. Der Engel, der Maria erschien und ihr ankündigte, dass sie einen Sohn namens Jesus haben würde, teilte ihr auch mit, dass diesem Sohn der Thron seines Vaters David gegeben werden und er über das Haus Jakobs herrschen würde (Lukas, 1, 32–33). Im Koran wird gesagt, dass Maria gesagt worden sei, dass Gott Jesus das Buch, die Weisheit, die Tora und das Evangelium lehren und dass er aus ihm einen Boten für das Volk Israel machen würde (3, 49–50). Es stimmt, dass er bei Lukas der Sohn des Allerhöchsten genannt wird und im Vers 1, 35 der Sohn Gottes, aber in der biblischen Sprache tragen diese Ausdrücke nicht alle die Bedeutung Göttlichkeit oder Teilhaben an der Göttlichkeit. In den Psalmen steht (82, 6): Ich hatte gedacht: Ihr seid Götter und lauter Söhne des Höchsten.

Vielfach wird der Ausdruck Sohn Gottes für die Propheten, die Gerechten und die Gläubigen gebraucht. Sehen wir uns – unter vielen anderen – die folgenden Beispiele an:

Mein erstgeborener Sohn ist Israel (Exodus 4, 22).

Und er (David) wird mein Erstgeborener sein, der höchste unter den Königen der Erde (Psalmen 88, 2).

Er (Salomon) wird mein Sohn und ich sein Vater sein (I Paralipomenos 22, 10).

Der Herr sei mit dir, mein Sohn, und errichte das Haus des Herrn, wie er es von dir vorhergesagt hat (I Paralipomenos 22, 11).

Selig die Friedensstifter, denn sie werden Söhne Gottes genannt werden (Matthäus 5, 9).

Auf dass ihr Söhne eures Vaters im Himmel werdet (Matthäus 5, 45).

Allen aber, die ihn aufnahmen, gab er Vollmacht, Kinder Gottes zu werden, denen, die an seinen Namen glauben, die nicht aus dem Blut und nicht aus dem Wollen des Fleisches und nicht aus dem Wollen des Mannes, sondern aus Gott geboren wird (Johannes 12–13).

Denn, die vom Geiste Gottes geleitet werden, die sind Söhne Gottes. Ihr habt ja nicht den Geist der Knechtschaft empfangen, um euch von neuem zu fürchten, sondern den Geist der Sohnschaft, in dem wir rufen: Abba, Vater! Eben dieser Geist bezeugt es unserem Geist, dass wir Kinder Gottes sind. Sind wir aber Kinder, dann auch Erben, Erben Gottes und Miterben Christi, sofern wir mit ihm leiden, um mit ihm auch verherrlicht zu werden (Römer 8, 14–17).

Bedeutsamer als all das ist die folgende Erklärung von Jesus selbst:

Da hoben die Juden wiederum Steine auf, um ihn zu steinigen. Jesus entgegnete ihnen: «Viele gute Werke liess ich euch sehen von seiten meines Vaters, für welches dieser Werke steinigt ihr mich?» Die Juden erwiderten ihm: «Nicht eines guten Werkes wegen steinigen wir dich, sondern der Lästerung wegen, weil nämlich du, der du ein Mensch bist, dich selber zu Gott machst» (Johannes 10, 34–33).

Hier wurde Jesus die entscheidende Frage gestellt. Nannte er sich also Gott, zweite Person der Dreifaltigkeit, so wie er später dargestellt wird?

Jesus entgegnete ihnen: «Steht nicht in eurem Gesetz geschrieben: ⟨Ich habe gesagt: Ihr seid Götter!⟩? Wenn ich jene Götter nannte, an die das Wort Gottes erging, und wenn die Schrift nicht ausser Geltung kommen kann, wie wollt ihr von dem, den der Vater geheiligt und in die Welt gesandt hat, sagen: Du lästerst!, weil ich sagte, Sohn Gottes bin ich?» (Johannes 10, 34–37).

Wir sind ja sogar von seinem (Gottes) Geschlecht (Apostelgeschichte 17, 28).

Hier wird deutlich, dass der Ausdruck «Sohn Gottes» – wenn Jesus damit bezeichnet wird – keinesfalls mehr bedeutet, als es bedeuten würde, wenn er in den Schriften für andere Personen benutzt wird. Wir haben dafür soeben einige Beispiele gegeben. In diesem Sinne war er der Sohn Gottes, aber auf irgendeine Art auch Gott, der Sohn, die zweite Person der Dreifaltigkeit, als den man ihn heute ansieht.

Dennoch ist es richtig, dass Jesus in demselben Zusammenhang auch gesagt hat: «Ich und der Vater sind eins!» (Johannes 10, 30). Und: «... dass in mir der Vater ist und ich im Vater bin.» (Johannes 10, 38).

Diese Aussagen legen die Behauptung nahe, dass er – im Sprachgebrauch der Bibel – nicht nur der Sohn Gottes war, sondern dass ihn seine Beziehung zu Gott auf die Ebene der Göttlichkeit emporhob, an der er – auf der Grundlage der Gleichberechtigung – zusammen mit Gott Anteil hat. Im folgenden versuche ich zu beweisen, dass diese Ausdrücke in der Sprache der Bibel weder irgendeine tiefere Bedeutung in dieser Frage haben, noch die geringste Sicherheit von Jesu Göttlichkeit vermitteln. Zum Beispiel:

An jenem Tag werdet ihr erkennen, dass ich in meinem Vater bin und ihr in mir und ich in mir (Johannes 14, 20).

Damit alle eins seien wie du, Vater, in mir und ich in dir, dass sie eins seien in uns, damit die Welt glaube, dass du mich gesandt hast. Ich habe die Herrlichkeit, die du mir gabst, ihnen gegeben, damit sie eins seien, wie wir eins sind: Ich in ihnen und du in mir, auf dass sie vollkommen seien in Einheit und die Welt erkenne, dass du mich gesandt und sie geliebt hast, wie du mich geliebt hast (Johannes 17, 21–23).

Wer den Sohn nicht ehrt, der ehrt auch nicht den Vater, der ihn gesandt hat (Johannes 5, 23).

Wer auf mein Wort hört und dem glaubt, der mich sandte, hat ewiges Leben (Johannes 5, 24).

Ein Gott und Vater aller, der über allen ist, und vor allen und in allen (Epheser 4, 6).

Die Jünger und die ersten Christen verstanden es sehr wohl, zwischen Gott und Jesus zu unterscheiden, wie man den folgenden Stellen entnehmen kann:

Denn wir sind die Beschneidung, wir, die im Geist Gottes den Dienst verrichten, und uns in Christus Jesus rühmen und nicht auf das Fleisch unser Vertrauen setzen (Philipper 3, 3).

So existiert für uns nur ein einziger Gott, der Vater, aus dem alles ist und für den wir sind, und ein einziger Herr, Jesus Christus, durch den alles ist und wir durch ihn (1 Korinther 8, 6).

Jesus selbst hob den Unterschied deutlich hervor, indem er die Göttlichkeit nur Gott zuschrieb, der auch sein Gott war. Zum Beispiel:

Geh aber zu meinen Brüdern und sage ihnen: Ich fahre auf zu meinem Vater und zu eurem Vater, zu meinem Gott und zu eurem Gott (Johannes 20, 17).

Jesus schwankte keineswegs, als er die Einheit Gottes bestätigte:

Da kam einer der Schriftgelehrten daher und fragte ihn: «Welches Gebot ist das erste von allen?» Jesus antwortete: «Das erste ist: Höre Israel! Der Herr, unser Gott, ist der einzige Herr. Du sollst den Herrn, deinen Gott, lieben aus deinem ganzen Herzen, aus deiner ganzen Seele, aus deinem ganzen Denken und aus deiner ganzen Kraft.» Da sagte der Schriftgelehrte zu ihm: «Trefflich, Meister; du hast nach Wahrheit gesagt: Ein einziger ist er und kein anderer ist ausser ihm.» (Markus 12, 28–30 und 32).

Das zur rechten Zeit herbeiführen wird der selige und allein machtvolle Gebieter, der König der Könige und der Herr der Herren, er, der allein Unsterblichkeit besitzt und in unzugänglichem Licht wohnt, den kein Mensch je gesehen hat noch zu sehen vermag. Sein ist Ehre und ewige Macht! Amen. (1 Timotheus 6, 15–16).

Die Lehre von der Dreifaltigkeit setzt notwendigerweise die völlige Gleichheit der drei Personen voraus, die sie zusammensetzen, denn sie könnten nicht Gott sein, wenn es zwischen ihnen eine Ungleichheit gäbe, da dies die Überlegenheit einer über die anderen beiden bedeuten würde. Nur die den anderen überlegene Person könnte Gott des Uni-

versums sein und schlösse die anderen beiden dann ein.
Selbst ein flüchtiges Studium der Evangelien und der Apostelgeschichte auf die Attribute hin, die regelmässig auftauchen, zeigt, dass der Vater der höchste ist, und dass bei Jesus auf solche Attribute verzichtet wird.

So ist zum Beispiel nur Gott die Quelle der wahren Grösse:

Wie vermögt ihr zu glauben, dass ihr Ehre annehmt von einander und die Ehre von dem einen Gott nicht sucht? (Johannes 5, 44).

Dies bekräftigt der Koran:

Wer die Grösse sucht, muss wissen, dass alle Grösse zu Gott gehört (35, 11).

Alle Heiligkeit gehört nur zu Gott:

Und siehe, da trat einer hinzu und sagte zu ihm: «Meister! Was muss ich Gutes tun, damit ich ewiges Leben erlange?» Er antwortete ihm: «Was fragst du mich über das Gute? Einer ist das Gute. Willst du aber zum Leben eingehen, so halte die Gebote.» (Matthäus 19, 16, 17).

Jesus verzichtete auf die absolute Macht. Als die Mutter der Söhne des Zebedäus ihn darum bittet, er möge ihren Söhnen zusichern, dass sie zu seiner Rechten und Linken in seinem Reich sitzen könnten, war seine Antwort:

Doch das Sitzen zu meiner Rechten oder Linken habe nicht ich zu vergeben, sondern ist für die, denen es bereitet ist von meinem Vater (Matthäus 20, 20–23).

Sein Wissen stimmte nicht mit dem Wissen Gottes überein. Bezüglich des Tages und der Stunde seiner Wiederkehr sagt er, nachdem er bestimmte Zeichen von sich gegeben hat:

Jenen Tag aber und jene Stunde weiss niemand, auch nicht Engel im Himmel und auch nicht der Sohn, sondern nur der Vater.

Im Koran steht, dass Gottes Weisheit alles einschliesst, was sich im Himmel und auf der Erde befindet, dass die Weisheit des Menschen sich jedoch auf das beschränkt, was Gott ihm zugesteht:

Er weiss, was zwischen ihren Händen ist und was hinter ihnen, und sie begreifen nicht etwas von seinem Wissen, ausser was er will. Weit reicht sein Thron über die Erde, und nicht beschwert ihn beider Hut, denn er ist der Hohe, der Erhabene (2, 256).

Anscheinend war Jesus nicht nur von Gott verschieden, sondern auch von der dritten Person der Dreifaltigkeit, dem heiligen Geist. So sagte er:

Darum sage ich euch: Jede Sünde und Lästerung wird den Menschen vergeben; aber die Lästerung des Geistes wird nicht vergeben werden. Wer ein Wort gegen den Menschensohn redet, dem wird vergeben werden; wer aber gegen den heiligen Geist redet, dem wird nicht vergeben werden, nicht in dieser Welt noch in der zukünftigen Welt (Matthäus 12, 31–32).

Im Koran ist zu lesen, dass alle Gebete an Gott gerichtet werden sollen:

Ihm gebührt die Anrufung. Das Gebet der Ungläubigen geschieht nur im Irrtum (13, 15).

Jesus betete regelmässig. So heisst es, zum Beispiel:

Er aber hielt sich zurückgezogen an einsamen Plätzen auf und betete (Lukas, 5, 16).

Da nahm er den Petrus, Johannes und Jakobus mit sich und stieg auf den Berg, um zu beten (Lukas, 9, 28).

Und alles, was ihr glaubensvoll im Gebet erfleht, werdet ihr erlangen (Matthäus, 21, 22).

Als Jesus einmal an einem Ort im Gebet verweilte und es beendete, sagte einer seiner Jünger zu ihm: «Herr, lehre uns beten, wie auch Johannes seine Jünger lehrte.» Er sagte zu ihnen: «Wenn ihr betet, so sprecht: Vater, geheiligt werde dein Name, dein Reich komme...» (Lukas, 11, 1–2).

So richteten sich also all seine Gebete und die seiner Jünger an Gott. Es wird deutlich, dass zwischen dem Betenden und demjenigen, an den sich die Bitten richteten, keine Gleichheit herrschte. Gott besass die Macht, auf diese Bitte zu antworten und die erbetene Gnade zu erteilen. Es ist wohl klar, dass Jesus diese Macht nicht besass, denn hätte er sie besessen, so hätten seine Gebete keinen Sinn gehabt. Als zweite Person der Dreifaltigkeit hätte er niemanden anflehen müssen, denn er hätte die Macht geniessen können, nach eigenem Belieben zu handeln. Dies wird sehr deutlich, als er im Garten Getsemani – mit dem Gesicht zum Boden – in seinem Gebet mehrfach fleht:

Mein Vater, wenn es möglich ist, so gehe dieser Kelch an mir vorüber, doch nicht wie ich will, sondern wie du willst (Matthäus, 26, 39).

Daraus lässt sich entnehmen, dass die Beziehung zwischen Jesus und Gott die eines ergebenen Dieners und seinem barmherzigen Herrn war. «Doch nicht wie ich will, sondern wie du willst.»

Dies ist eine klare Bestätigung der Überlegenheit des göttlichen Willens über den von Jesus. Wie er selbst sagt, ist er nicht gesandt worden, um seinen, sondern um Gottes Willen auszuführen (Johannes, 6, 38), was einer genauen Beschreibung des Verhältnisses zwischen Gott und einem Propheten entspricht.

Im Gegensatz dazu gibt es keine Stelle, an der der Vater einmal den Sohn anfleht: Ein klarer Beweis dafür, dass der Vater der Höchste und der Sohn ihm – wie ein Diener seinem Herrn – untergeordnet ist.

Vorausgesetzt, die drei Personen der Dreifaltigkeit wären in allen Belangen – Rang, Weisheit, Macht und allen anderen Eigenschaften der Göttlichkeit – gleich gewesen, so würde das nur zu Verwechslungen und Streitereien führen, ähnlich denen, die in den Mythologien bestimmter Glaubensrichtungen zu finden sind. Es ergäbe sich also ein unlösbares Dilemma. Wenn einer von ihnen die Autorität besässe, die anderen zu kontrollieren, so müssten sich die anderen ihm unterordnen, womit die Gleichheit aufgehoben wäre. Ohne Kontrolle jedoch gäbe es Streit. Wenn der Wille der drei untereinander und mit allen anderen Dingen vollständig übereinstimmten, gäbe es Redundanz. So wie der Koran sagt: Gäbe es im Himmel und auf der Erde Götter ausser Allah, so wären sie beide verdorben. Doch Preis sei Allah, dem Herrn des Throns, der erhaben ist ob dem, was sie aussagen (21, 23–24).

Jesus fiel seinen Gegnern besonders dadurch ins Auge, dass er bereits von Moses prophezeit worden war. Und er sagte:

Denn, wenn ihr Mose glaubtet, würdet ihr auch mir glauben; denn über mich hat er geschrieben. Wenn ihr aber seinen Schriften nicht glaubt, wie werdet ihr meinen Worten glauben? (Johannes 5, 46–47).

Man sagt, dass es in der Tora und anderen Büchern der Bibel mehrere Prophezeiungen bezüglich Jesu Ankunft gab und dass die Juden auf den Messias warteten, als Jesus mit der Erfüllung seiner Aufgabe begann. Auf diese Prophezeiungen wollte er hinweisen, als er sich auf die Schriften von Moses bezog. Im Sinne dieser Darstellung ist es weitaus eher anzunehmen, dass sich all diese Prophezeiungen eher auf die Ankunft eines Propheten bezogen als auf die Ankunft Gottes als zweite Person der Dreifaltigkeit.

Wahr an alledem ist, dass Jesus der letzte Prophet Israels war und an Moses und alle Propheten seines Volkes glaubte. Er war von dem Mosaischen Gesetz vorhergesehen worden und eng mit ihm verbunden. Es stimmt, dass er oft mit seiner Meinung von den Buchstaben des Gesetzes abwich, er tat dies jedoch im Rahmen seines prophetischen Wirkens. Er wollte nicht das Mosaische Gesetz oder irgendeinen seiner Teile zerstören – wozu er auch gar nicht die Autorität besass. Daran lässt er in seiner entschiedenen Erklärung keinen Zweifel:

Denkt nicht, ich sei gekommen, das Gesetz oder die Propheten aufzuheben, sondern zu erfüllen. Denn wahrlich, ich sage euch: Bis der Himmel und die Erde vergehen, wird nicht ein einziges Jota oder ein einziges Häkchen vom Gesetz vergehen, bis alles geschehen ist. Wer daher eines von diesen kleinsten Geboten aufhebt und so die Menschen lehrt, der wird als Kleinster gelten im Himmelreich; wer sich aber im Tun und Lehren an sie hält, wird als Grosser gelten im Himmelreich (Matthäus 5, 17–19).

Aus diesem Grund antwortet er dem einzigen, der ihn fragt, was er Gutes tun könne, um das ewige Leben zu erlangen, er solle die Gebote der Mosaischen Gesetze einhalten.

Seine Aufgabe, als Prophet zu wirken, bleibt auf die Söhne Israels beschränkt. Er war der Erbe von Davids Thron und sollte im Hause des Jakobus herrschen (Lukas, 1, 32–33). Seine eigene Auffassung von dem Charakter seiner Aufgabe kommt in der folgenden Begebenheit gut zum Ausdruck:

Und siehe, da kam eine kanaanäische Frau aus der dortigen Gegend und rief: «Erbarm dich meiner, Herr, Sohn Davids! Meine Tochter wird arg von einem Dämon geplagt.» Er aber antwortete ihr nicht ein Wort. Da traten seine Jünger hinzu und baten ihn: «Erlöse sie doch; denn sie schreit hinter uns her!» Da entgegnete er: «Ich bin nur zu den verlorenen Schafen des Hauses Israel gesandt.» Sie aber kam, fiel vor ihm nieder und sprach: «Herr, hilf mir!» Er antwortete: «Es ist nicht recht, das Brot der Kinder zu nehmen und es den jungen Hunden vorzuwerfen.» Sie aber sagte: «Doch, Herr; denn auch die jungen Hunde fressen von den Brosamen, die vom Tisch ihrer Herren fallen.» Da antwortete ihr Jesus: «Frau, gross ist dein Glaube; es geschehe dir, wie du verlangst.» Und ihre Tochter war gesund von jener Stunde an (Matthäus 15, 22–28).

Diese Geschichte sagt deutlich und in positiver Form aus, dass Jesus ein von Gott zu den verirrten Schafen des Hauses Israel gesandter Bote ist und dass der Zweck seines Auftrages sich nicht auf alle Söhne Israels erstreckte. Zu einem bestimmten Zeitpunkt bewundert ihn die kanaanäische Frau, wobei jedoch ihre Bewunderung nur dem Zweck dient, ihn um Hilfe zu bitten. Deshalb benutze ich auch den Ausdruck «sie bewunderte ihn» anstatt «sie flehte ihn an». Dieser Vers hätte auch genauso gut lauten können: Sie kam daher und bat ihn, ihr zu helfen. Jedenfalls spricht die übertriebene Reverenzerweisung der Frau Jesus gegenüber ihm keine Göttlichkeit zu, und seine Antwort auf ihre Bitte steigert noch den hochtrabenden Ton, wobei er einen hohen Grad von Geringschätzung den Heiden gegenüber an den Tag legt. Er fand es nicht angemessen, das Brot den Söhnen wegzunehmen, um es den Hunden vorzuwerfen. Abgesehen von der Geringschätzung nimmt Jesus hier den Spekulationen darüber den Boden, ob jemand, der nicht zum Hause Israel gehörte, bei seiner Mission Berücksichtigung fand. Dass er dem Bitten der Frau letztendlich nachgibt, heisst weder, dass er die Ziele seiner Mission falsch ausgelegt, noch, dass er ihre Tragweite besser verstanden hätte. Es bedeutet lediglich, dass er aufgrund ihres tiefen und ehrlichen Glaubens, den diese Frau in ihn hatte, Mitleid mit ihr bekam. Seine Mission war es, Gutes zu tun, und wenn ein Nicht-Israelit an ihn glaubte, dann fügte er ihm keinen Schaden zu. Seine Haltung brachte nur Gutes mit sich.

Bei einer anderen Gelegenheit fordert er seine Jünger dazu auf, seine Botschaft in allen Dörfern und Städten, unter allen Leuten zu verbreiten; aber es gibt keinen Hinweis darauf, dass er, wenn er von Dörfern und Städten redet, andere als die Israels meint, oder dass die Leute andere als die des jüdischen Volkes waren.

Er bereitete seine Jünger auf diese Mission vor, wie im folgenden wiedergegeben wird:

Diese zwölf sandte Jesus aus und gebot ihnen: «Geht nicht den Weg zu den Heiden und betretet nicht eine Stadt der Samariter, geht vielmehr zu den verlorenen Schafen des Hauses Israel!» (Matthäus 10, 5–6).

Somit findet das Konzept von der Dreifaltigkeit keinen Rückhalt in den angeblich von Jesus gemachten Bemerkungen. Es ist also ein Konzept, das den Verstand durcheinanderbringt, das Gewissen angreift und sich der göttlichen Hoheit entgegenstellt. Es steht dem Konzept von Göttlichkeit unvereinbar gegenüber.

Eine Gruppe anerkannter anglikanischer Theologen hat es als einen Mythos beschrieben und unterstreicht dabei folgendes:

Es ist eine Geschichte, die man sich erzählte, die jedoch – wörtlich genommen – nicht wahr ist; eine Idee oder ein Bild, das einer Person oder einem Wesen zugeordnet wird, ohne dass diese Zuordnung wörtlich zu nehmen wäre, aber dennoch beim Hörer eine besondere Zuordnung vermuten lässt... Dass Jesus Gott war, der zu Fleisch gewordene Sohn, ist – wörtlich genommen – auch nicht richtig, weil eine wörtliche Bedeutung keinen Sinn hat. Vielmehr handelt es sich um das auf Jesus angewandte mythische Konzept, dessen Funktion der des Begriffes von der göttlichen Abstammung ähnlich ist, die man im Altertum einem König zuschrieb (1).

Die Autoren dieses Buches sind davon überzeugt, dass in den letzten Jahren des 20. Jahrhunderts eine weitgreifende theologische Entwicklung notwendig ist. Diese Notwendigkeit ergibt sich aus den wachsenden Kenntnissen um den Ursprung des Christentums und setzt voraus, dass man Jesus – wie er in der Apostelgeschichte beschrieben wird – als einen «von Gott ermächtigten Menschen» anerkennt, der eine spezielle Mission im Einklang mit dem göttlichen Vorhaben auszuführen hatte, und dass die spätere Vorstellung

---

(1) The Myth of God Incarnate. Vorwort, S. IX.

vom zu Fleisch gewordenen Gott oder der zweiten Person der heiligen Dreifaltigkeit mit einem menschlichen Leben lediglich in mythologischer oder poetischer Form ausdrückt, was dies für uns bedeutet. Diese Erkenntnis ist im Sinne der Wahrheitsfindung notwendig, besitzt aber gleichzeitig eine wichtige praktische Bedeutung bezüglich unserer Beziehung zu den Völkern, die die anderen grossen Religionen ausüben (2).

Gott ist nicht an die Ereignisse der Geburt und des Todes gebunden. Er ist ewig und zeugt nicht und wurde auch nicht gezeugt. Der Koran stellt ihn als tatsächliches Konzept dar, das weder vermindert, begrenzt noch beschränkt wird. Zum Beispiel:

Der ewige Gott; er zeugt nicht und wird nicht gezeugt; und keiner ist ihm gleich (112, 2–5).

Und vertraue auf den Lebendigen, der nicht stirbt, und lobpreise ihn (25, 59).

Der Koran lehnt klar und deutlich das Konzept von der Dreifaltigkeit ab. So heisst es zum Beispiel:

Und sie sprechen: «Gezeugt hat der Erbarmer einen Sohn.» Wahrlich, ihr behauptet ein ungeheuerlich Ding. Fast möchte der Himmel darob zerreissen, und die Erde möchte sich spalten und es möchten die Berge stürzen in Trümmer. Dass sie dem Erbarmer einen Sohn beilegen, dem es nicht geziemt, einen Sohn zu zeugen. Keiner in den Himmeln und auf Erden darf sich dem Erbarmer anders nahen wie als Sklave (19, 89–94).

(2) Ibidem, S. 178.

Gelobt sei Allah, der das Buch auf seinen Knecht hinabsandte und es nicht gekrümmt machte, sondern (2) gerade, um strenge Strafe von ihm anzudrohen und um den Gläubigen, die das Gute tun, schönen Lohn zu verheissen, verweilend in ihm immerdar. Und um jene zu warnen, die da sprechen, Allah habe einen Sohn gezeugt. Wovon weder ihnen noch ihren Vätern Wissen ward. Ein schlimmes Wort, das aus ihrem Munde kommt! Sie sprechen nichts als Lüge (18, 2–6).

Und nicht entsandten wir vor dir einen Gesandten, dem wir nicht offenbart: «Es gibt keinen Gott ausser mir, so dienet mir.» Und sie sprechen: «Der Erbarmer hat Kinder gezeugt.» Preis Ihm! Es sind nur geehrte Diener. Sie sprechen von ihm kein Wort und tun nach seinem Geheiss. Er weiss, was vor ihnen ist und was hinter ihnen, und nicht können sie Fürsprache einlegen, ausser für den, an dem er Wohlgefallen hat; und sie zagen vor Furcht. Und wer zu ihnen spricht: «Siehe, ich bin ein Gott neben ihm» – solches lohnen wir mit Dschehannam. Also lohnen wir die Frevler (21, 26–30).

Und wenn Allah sprechen wird: «O Jesus, Sohn der Maria, hast du zu den Menschen gesprochen: ‹Nehmet mich und meine Mutter als zwei Götter neben Allah an?›» Dann wird er sprechen: «Preis sei dir! Es steht mir nicht zu, etwas zu sprechen, was nicht wahr ist. Hätte ich es gesprochen, dann wüsstest du es. Du weisst, was in meiner Seele ist, ich aber weiss nicht, was in deiner Seele ist. Siehe, du bist der Wisser der Geheimnisse.» Nichts anderes sprach ich zu ihnen, als was du mich hiessest, nämlich: «Dienet Allah, meinem Herrn und euerm Herrn.» Und ich war Zeuge wider sie, solange ich unter ihnen weilte. Seitdem du mich aber zu dir nahmst, bist du ihr Wächter und du bist aller Dinge Zeuge. Wenn du sie strafst, siehe, so sind sie deine Diener, und wenn du ihnen verzeihst, so bist du der Mächtige, der Weise (5, 117–119).

Volk der Schrift, überschreitet nicht euern Glauben und sprechet von Allah nur die Wahrheit. Der Messias Jesus, der Sohn der Maria, ist der Gesandte Allahs und sein Wort, das er in Maria legte, und Geist von ihm. So glaubet an Allah und an seinen Gesandten und sprechet nicht: Drei. Stehet ab davon, gut ist's euch. Allah ist nur ein einiger Gott; preist ihn, dass ihm sein sollte ein Sohn! Sein ist, was in den Himmeln und was auf Erden, und Allah genügt als Beschützer. Nimmer ist der Messias zu stolz, ein Diener Allahs zu sein, und nicht auch die nahestehenden Engel. Und wer zu stolz ist, ihm zu dienen und voll Hoffart ist, versammeln wird er sie zu sich insgesamt (4, 172–173).

Wahrlich, ungläubig sind, welche sprachen: «Siehe, Allah, das ist der Messias, der Sohn der Maria.» Und es sprach doch der Messias: «O ihr Kinder Israels, dienet Allah, meinem Herrn und eurem Herrn.» Siehe, wer Allah Götter an die Seite stellt, dem hat Allah das Paradies verwehrt, und seine Behausung ist das Feuer; und die Ungerechten finden keine Helfer. Wahrlich, ungläubig sind, welche sprachen: «Siehe, Allah ist nur ein dritter von drei.» Aber es gibt keinen Gott, denn einen einzigen Gott. Und so sie nicht ablassen von ihren Worten, wahrlich, so wird den Ungläubigen unter ihnen schmerzliche Strafe. Wollen sie denn nicht umkehren zu Allah und ihn um Verzeihung bitten? Und Allah ist verzeihend und barmherzig (5, 73–75).

Nicht ist der Messias, der Sohn der Maria, etwas anderes als ein Gesandter; voraus gingen ihm Gesandte, und seine Mutter war aufrichtig. Beide assen Speise. Schau, wie wir ihnen die Zeichen deutlich erklären! Alsdann schau, wie sie sich abwenden. Sprich: «Wollt ihr anbeten neben Allah, was euch weder schaden noch nützen kann?» Und Allah, er ist der Hörende, der Wissende. Sprich: «O Volk der Schrift, übertretet nicht in eurem Glauben die Wahrheit und folgt nicht den Gelüsten von Leuten, die bereits zuvor abgeirrt sind und viele irregeführt haben und abirrten von dem ebenen Weg (5, 76–78).

Das Thema von Gott und seinen Sinnbildern – über die allein es möglich ist, sich ein wahres Bild von ihm zu machen – ist weitgefächert und hat keine Grenzen. Der Koran enthält eine grosse Anzahl von Lehren, die sich auf die göttlichen Sinnbilder und deren Anwendung beziehen. Es hat keinen Zweck, hier die Kleinigkeiten im einzelnen zu diskutieren. Zur Illustrierung weisen wir jedoch auf die folgende Passage hin, die es wert ist, genau untersucht und überdacht zu werden:

Er ist Allah, ausser dem es keinen Gott gibt, der König, der Heilige, der Friedensstifter, der Getreue, der Beschützer, der Mächtige, der Hocherhabene. Preis sei Allah, der erhaben ist ob dem, was sie ihm beigesellen. Er ist der Allah, der Schöpfer, der Erschaffer, der Bildner. Ihn preiset, was in den Himmeln und auf Erden ist, denn er ist der Mächtige, der Weise (59, 23–25).

Der Mensch wünscht sich Nachkommen, damit sie ihm im Alter helfen, damit sie seinen Namen weitergeben und damit sie ihn nach dem Tod ehren. Gott ist ewig, existiert und lebt von sich aus weiter. Alles, was es im Himmel und auf Erden gibt, gehört ihm, gehorcht ihm und verherrlicht ihn. Wozu braucht er einen Sohn? Was kann ein Sohn für ihn tun, was er nicht schon selbst kann? Die schlimmste Beleidigung, die man ihm zufügen kann, besteht darin, ihm einen Sohn als Mitteilhaber an der Göttlichkeit zuzuordnen.

Literatur

Abbot, S., *The Fourfold Gospels;* Cambridge, University Press, 1917.
Abdul Qadir bin Qazi-ul Quzzat Wasil Ali Kahn, *Hashmat-i-Kashmir;* M.S. núm. 42, Asiatic Society of Bengal, Kalkutta.
Allcroft, A. Hadrian, *The Circel and the Cross;* London, Macmillan & Co., 1917.
Allen, Bernard M., *The Story behind the Gospels;* London, Mathven & Co., Ltd., 1919.
Andrews, A., *Apocryphal Books of the Old and New Testaments;* London, The Theological Translation Library, 1906.
Ansault, Abate, *La croix avant Jésus-Christ;* Paris, Retaux, 1894.
The ante-nicene Chistian Library, 25 vol.; Edinburgh, T. & T. Clark, 1869.
Arbuthnot, James, *A trip to Kashmir;* Calcuta, Thacker Sping & Co., 1900.
At-Tabri, Imam Abu Ja'far Muhammad, *Tafsir Ibn-i-Jarir at-Tabri;* Kairo, Kubr-ul-Mar'a Press.
Augstein, Rudolf, *Jesus, Menschensohn;* Munich, Gütersloh, Wien, Verlagsgruppe Bertelsmann, 1972.
Avicenna, *Canon of Avicenna;* Lucknow, Newal Kishore Press.
Bacon, B. W., *The Four Gospels in Research and Debate;* New Haven, 1918.
Barbet, Pierre, *A Doctor at Calvary;* New York, 1953.
Bardtke, H., *Die Handschriftenfunde am Toten Meer; Die Sekte von Qumran;* Berlin, 1958.
Bardtke, H., *Die Handschriftenfunde in der Wüste Juda,* Berlin, 1962.
Basharat Ahmad, Dr., *Birth of Jesus;* Lahore, Dar-ul-Kutab-i-Islamia, 1929.
Bauer, B., *Kritik der Evangelien,* 2 vol.; Berlin, 1850–1851.
Baur, F. C., *Kritische Untersuchungen über die Kanonischen Evangelien;* Tübingen, 1847.
Bell, Maj. A. W., *Tribes of Afghanistan;* London, George Bell & Sons, 1897.
Bellew, H. W., *The New Afghan Question or Are the Afghans Israelites?;* Simla, Craddock & Co., 1880.
Bellew, H. W., *The Races of Afghanistan;* Kalkutta, Thacker, S. Pink & Co.
Bengalee, Sufi Matiur Rahman, *The Tomb of Jesus;* Chicago, the Muslim Sunrise Press, 1946.
Berna, Kurt, *Jesus nicht am Kreuz gestorben;* Stuttgart, Verlag Hans Naber, 1957.

Bernier, François, *Travels in the Moghul Empire*, übersetzt von Archibald Constable, 1891.

Beruni-Al, *Indian Travels* (trad. Dr. Edward Sachan), 2 vols.: London, Trubner & Co., 1888.

Betz, Otto, *Offenbarung und Schriftforschung der Qumrantexte;* Mohr, Tübingen, 1960.

Bhavishya Maha Purana; Bombay, 1959.

La Biblia (versió dels textos originals i comentari pels monjos de Montserrat); Monestir de Montserrat, 1955.

Biscoe, Rvdo., C. E., *Kashmir in Sunlight and Shade;* London, Service Co., 1922.

Blinzler, Josef, *El proceso de Jesús;* Barcelona, Editorial Litúrgica, Española, S. A., 1959.

Bornkamm, G., *Jesus von Nazareth;* Stuttgart, 1968.

Boys, Henry S., *Seven Hundred Miles in Kashmir;* Kalkutta, Church Mission Congregation Press, 1886.

Braun, H., *Gesammelte Studien zum Neuen Testament und seiner Umwelt;* Tübingen, 1962.

Braun, Herbert, *Jesús, el hombre de Nazaret y su tiempo;* Salamanca, Ediciones Sigueme, 1975.

Braun, H., *Qumran und das Neue Testament;* Tübingen, 1966.

Braun, H., *Spätjüdisch-häretischer und frühchristlicher Radikalismus: Jesus von Nazareth und die essenische Qumrânsekte;* Tübingen, 1957.

Bruce, Hon. Mrs. C. G., *Kashmir* (Peeps at Many Lands Series); London, A. & C. Black Ltd., 1911.

Bruhl, Rev. J. H., *The Lost ten Tribes, where are they?;* London, The Operative Jewish Converts Institution Press, 1893.

Buchanan, Rev. Claudius, *Christian Researches of Asia;* Edinburgh, J. Ogle, 1912.

Buhl, F., *Canon and Text of the Old Testament* (Tr. W.J.M. Macherson); Edinburgh, T. & T. Clark, 1908.

Bultmann, R., *Das Verhältnis der urchristlichen Christus-Botschaft zum historischen Jesus* (en «Exegetica); Tübingen, 1967.

Bultmann, R., *Die Geschichte der synoptischen Tradition;* Göttingen, 1921.

Bultmann, R., *Jesus;* Tübingen, 1926.

Burkitt, F. C., *The Earliest Sources for the Life of Jesus;* London, Archibald Constable, 1910.

Burkitt, F. C., *The Four Gospels, a study of origins;* London, Macmillan & Co., 1924.

Burkitt, F. C., *The Gospel History and its Transmission,* Edinburgh, T. & T. Clark, 1906.

Cadoux, C. J., *The Life of Christ;* London, Pelican Books, 1948.

Campenhausen, H. von, *Der Ablauf der Osterereignisse und das leere Grab;* Heidelberg, 1958.

Clemen, C., *Der geschichtliche Jesus;* Giessen, 1911.

Cole, Mayor H. H., *Illustrations of Ancient Buildings in Kashmir;* London, W. H. Allen & Co., 1869.

Conzelmann, Hans, *Grundriss der Theologie des Neuen Testaments;* München, 1968.

Cook, Edward, *The Holy Bible with Commentary;* London, John Murray, 1899.

Cools, P. J. (Hrsg)., *Geschichte und Religion des Alten Testaments;* Olten, 1965.

El *Corán;* Barcelona, José Janés, editor, 1953.

Cordan, W., *Das Buch des Rates, Mythos und Geschichte der Maya* (Popol Vuh); Düsseldorf, Diederichs, 1962.

The Crucifixion by an Eye-Witness; Los Angeles, Austin Publishing Co., 1919.

Chadurah, Khwaja Haidar Malik, *Waqiat-i-Kashmir o Tarikh-i-Kashmir;* Lahore, Muhammadi Press.

Chandra Kak, Ram, *Ancient Monuments of Kashmir;* New Delhi, Sagar Publications, 1971.

Chatterjee, J. C., *Kashmir Saivism;* Srinagar, 1911.

Chwolson, D., *Über die Frage, ob Jesus gelebt hat;* Leipzig, 1910.

Daniélov, Jean, *Qumran und der Ursprung des Christentums;* Mainz, 1959.

Davids, Mrs. Rhys, *Buddhism;* London, Williams, 1912.

Davids, T. W. Rhys, *Buddhism, its History and Literature;* New York und London, G. P. Putanams's Sons, 1896.

Dautzenberg, Gerhard, *Der Jesus-Report und die neutestamentliche Forschung;* Würzburg. Karlheinz Müller, 1970.

Denys, F. Ward, *One Summer in the Vale of Kashmir;* Washington, James William Bryan Press, 1915.

Dibelius, M., *Die Formgeschichte des Evangeliums;* Tübingen, 1919.

Docker, M. A., *If Jesus did not die on Cross, a Study in Evidence;* London, Roland Scott, 1920.

Dodd, C. H., *Historical Tradition in the Fourth Gospel;* Cambridge, 1963.

Doughty, Marion, *A foot through the Kashmir Valley;* London, Sands & Co., 1902.

Drew, A., *Le Mythus du Christ;* Paris, 1926.

Drew, Frederic, *The Jammoo and Kashmir Territories;* London, Edward Stanford, 1875.

Drioton, Etienne, *Las religiones del antiguo Oriente;* Andorra, 1958.

Dummellow, Rev. J. R., *Commentary on the Holy Bible;* London, Macmillan & Co., 1917.

Dupont, André, *Les écrits esseniens découverts prés de la Mer Morte;* Payot, 1959.

Dutt, Jagdish Chandra, *The King of Kashmir;* Kalkutta, Bose & Co., 1879.

Edersheim, Dr. Alfred, *The Life and Times of Jesus,* the Messiah; London, 1906.
Edkins, Joseph, *Chinese Buddhism;* London, K. Paul, French and Trubner & Co., 1890.
Edmunds, Albert Joseph, *Buddhist and Christian Gospels;* Philadelphia, Innes & Sons, 1908–1909.
Edmunds, Albert Joseph, *Gospel Parallels from Pali Texts;* Chicago, Open Court Publishing, Co., 1900–1901.
Eissfeldt, Otto, *Einleitung in das Alte Testament;* Tübingen, 1964.
Eifel, E. J., *Three Lectures on Buddhism;* London, Trubner, 1873.
Elliot, Sir H. N., *History of India as told by its own Historians,* 8 vols.; Kalkutta, Thacker Spinck & Co., 1849.
Emerson, E. R., *Indian Myths;* Londres, Trubner & Co., 1885.
Faber Kaiser, Andreas, *¿Sacerdotes o cosmonautas?;* Barcelona, Ediciones A. T. E., 1971; Plaza & Janés Editores, 1974.
Farquhar, Dr. J. N., *The Apostle Thomas in South India;* Manchester, University Press, 1927.
Farrar, Dean, F. W., *The Life of Christ;* London, Paris und New York, Cassell, Petter & Galpin, 1874.
Fazlullah, Rashiduddin, *Jami-ut-Tawarikh.*
Feilson, Col. W., *History of Afghanistan;* Deansgate, John Rylands Library Bulletin, 1927.
Ferrier, J. E., *History of the Afghans;* London, Murray, 1858.
Flusser, D., *Jesus in Selbstzeugnissen und Bilddokumenten;* Hamburg, 1968.
Geiselman, J. R., *Jesus der Christus;* Stuttgart, 1951.
Ghulam Ahmad, Hazrat Mirza, *Jesus in India;* Rabwah (Pakistán), The Ahmadiyya muslim foreign missions department, 1962.
Ghulam Ahmad, Hazrat Mirza, *Masih Hindustan Mein* (Urdu); Qadian, 1908.
Gillabert, Emile, *Paroles de Jésus et Pensée Orientale;* Marsanne (Montélimar), Editions Métanoia, 1974.
Girard, Rafael, *Los mayas, su historia y su civilización;* México, Ed. Costa-Amic, 1966.
Goddard, Dwight, *Was Jesus influenced by Buddhism?;* Thetford, Vt. 1927.
Goguel, M., *Jésus;* Paris, 1950.
Gore, Charles and Leighton, H., *A new Commentary on the Holy Scriptures including the Apocrypha;* London, Thorton & Butterworth, 1928.
Gorion, Emanuel bin (Hrsg), *Die Sagen der Juden;* Frankfurt, 1962.
Greg, William, *The Creed of Christendom;* London, MacMillan & Co., 1907.
Gregory, A., *The Canon and Text of the New Testament;* New York, A. Bellson & Co., 1907.
Guignebert, Ch., *Le monde juif vers le temps de Jésus;* Paris, 1935.
Haag, H., de Ausejo S.-Born, A. van den, *Diccionario de la Biblia;* Barcelona, Herder, 1967.

Haenchen, Ernst, *Der Weg Jesu;* Berlin, 1968.
Haig, Sir T. W., *The Kingdom of Kashmir;* Cambridge, University Press, 1928.
Hanna, William, *The Life of Christ;* New York, American Tract Society, 1928.
Harlez, C. de, *«Avesta», livre sacré du Zoroastrisme;* Paris, 1881.
Harnack, A. von, *Das Wesen des Christentums;* reedición, München, 1964.
Haadland, A. C., *The Miracles of the New Testament;* London, Logman, Green & Co., 1914.
Hengel, Martin, *Die Zeloten;* Leiden, 1961.
Hennecke, Edgar y Schneemelcher, Wilhelm, Neutestamentliche Apokryphen in deutscher Übersetzung; Tübingen, 1959–1964.
Hirn, Yrjo, *The Sacred Shrine;* London, MacMillan & Co., 1912.
Hodson, Geoffrey, *The Christ Life from Nativity to Ascension;* Illinois, The Theosophical Publishing House.
Holtzmann, H. J., *Die synoptischen Evangelien;* Leipzig, 1863.
Hugh, Rev. James, *History of Christians in India from the Commencement of the Christian Era;* London, Seeley & Burnside, 1839.

Instinsky, H. U., *Das Jahr der Geburt Jesu;* München, 1957.
Jeremias, Joachim, Abba. *Studien zur neutestamentlichen Theologie und Zeitgeschichte;* Göttingen, 1966.
Jeremias, J., *Jerusalem zur Zeit Jesu;* Göttingen, 1958.
Jeremias, Joachim, *Die Gleichnisse Jesu;* Göttingen, 1970.
John, Sir William, *Journey to Kashmir* (in «Asiatic Researches»); Kalkutta, Baptist Mission Press, 1895.
Kak, R. B. Pandit Ram Chand, *Ancient Monuments of Kashmir;* London, The India Society, 1933.
Kamal-ud-Din, Al-Haj Hazrat Khwaja, *A Running Commentary on the Holy Qur'-an,* Woking, M. M. & L. Trust, 1932.
Kamal-ud-Din, Al-Haj Hazrat Khwaja, *Islam & Christianity;* Woking, M. M. & L. Trust, 1921.
Kamal-ud-Din, Al-Haj, Hazrat Khwaja, *The Sources of Christianity;* Lahore, Woking Muslim Mission & L. T., 1922.
Kaul, Pandit Anand, *The Geography of Jammu & Kashmir;* Kalkutta, Thacker Spink & Co., 1913.
Kaul, Pandit Anand, *The Kashmir Pandits;* Kalkutta, Thacker Spink & Co., 1924.
Kaul, Pandit Ghawasha, *A Short History of Kashmir;* Srinagar, 1929.
Kautsky, K., *Der Ursprung des Christentums;* Stuttgart, 1908.
Kautzsch, E., (Hsg.), *Die Apokryphen und Pseudepigraphen des Alten Testaments;* Tübingen, 1900.
Kähler, Martin, *Der sogenannte historische Jesus und der geschichtliche, biblische Christus;* München, E. Wolf, 1969.
Käsemann, E., *Exegetische Versuche und Besinnung;* Göttingen, 1964.

Kehimkar, Halom Samuel, *Bani Israel of India;* Tel Aviv, Dayag Press Ltd., 1937.
Keller, W., *Und die Bibel hat doch recht;* Düsseldorf, 1955.
Kennett, R. H., *Ancient Hebrew Social Life and Customs as indicated in Law, Narrative and Metaphor;* Oxford, University Press, 1933.
Kenyon, Sir Frederick, *Our Bible and the Ancient Manuscripts being a History of the Texts and Translations;* London, Eyers & Spottiswood, 1939.
Khaniyari, Mufti Ghulam Mohammed Nabi, *Wajeez-ut-Tawarikh;* Srinagar, Research Library.
Klausner, Joseph, *Jesus of Nazareth;* London, George Allen & Unwin Ltd., 1925.
Klijn, A. F. J., *The Acts of Thomas;* Leiden, E. J. Brell, 1962.
Krassa, Peter, *Gott kam von den Sternen;* Freiburg, Verlag Hermann Bauer, 1974.
Kroll, G., *Auf den Spuren Jesu;* Leipzig, 1963.
Küng, Hans, *Christ sein;* München, Piper & Co. Verlag, 1974.

Lake, Kirsopp, *The Historical Evidence for the Resurrection of Jesus Christ;* London, G. P. Putnam & Sons, 1907.
Lauenstein, Diether, *Der Messias:* Stuttgart, 1971.
Lawrence, Sir Walter, *The Valley of Kashmir;* London, Henry Frowde, 1895.
Lehmann, Johannes, Jesus-Report, *Protokoll einer Verfälschung;* Düsseldorf, 1970.
Leipoldt, J., *Hat Jesus gelebt?;* Leipzig, 1920.
León-Dufur, X., *Los Evangelios y la historia de Jesús;* Barcelona, Estela, 1966.
Le Plongeon, Augustus, *Los Sagrados misterios entre los mayas y los quechuas;* übersetzt von R. Quijano, México, 1956.
Lewis, Spencer H., *Mystical Life of Jesus;* S. José, California, USA, Supreme Grand Lodge of AMORC, 1929.
Loewenthal, Rvdo. I., *Some Persian Inscriptions found in Kashmir;* Kalkutta, J. A. S. Bengal, 1865.
Lohse, E., *Die Texte aus Qumran;* Kösel, 1964.
Lord, Rev. James Henry, *The Jews in India and the Far East;* Bombay, S. P. C. K., 1907.
Luther, Martin (Übersetzung), *Die Bibel;* Wien, 1972.

MacKenzie, Donald, A., *Myths of Pre-Columbian America;* London, The Gresham Publishing Co., 1926.
Magaloni Duarte, Ignacio, *Educadores del Mundo;* México, Costa-Amic, 1971.
Maier, Johann, *Die Texte vom Toten Meer;* München, 1960.
Malleson, Col. G. B., C. S. I., *The History of Afghanistan from the Earliest Period to the Outbreak of the War of 1878;* London, W. H. Allen & Co., 1879.
Marx and A. H. Francke, Moravian Mission doctors, *Tagebuch;* Ms. en Leh (Ladakh).

Marxen, Willi, *Die Auferstehung Jesu als historisches und theologisches Problem;* Gütersloh, 1965.

Marxen Willi, *Einleitung in das Neue Testament;* Gütersloh, 1964.

Masterman, Dr. E. W. G., *The Holy Land.*

Mayer, R. y Reuss, J., *Die Kumranfunde und die Bibel;* Regensburg, 1959.

McCasland, S. V., *The Resurrection of Jesus;* London und New York, T. Nelson & Sons, 1932.

McNeil, A. H., *The Gospel according to St. Matthew;* London, Macmillan & Co., 1927.

Meffert, F., *Die geschichtliche Existenz Christi;* Mönchengladbach, 1920.

Merrick, Lady Henrietta S., *In the World's Attic;* London, G. P. Putnan, 1931.

Meyer, Dr. Arnold, *Jesus or Paul* (trad. F. A. Wilkinson); London, Harper Bros., 1909.

Milligan, William, *The Resurrection of Our Lord,* London, The Macmillan Co., 1905.

Mir Khwand, *Rauzat-us-Safa,* translated by E. Rehatsek; London, F. F. Arbuthnot, M. R. A. S., 1891.

Morle, Sylvanus G., *La civilización maya;* México, 1956.

Moore, George, *The Lost Tribes;* London, Logman Green, Logman & Roberts, 1861.

Mourre, Michel, *Religiones y filosofías de Asia;* Barcelona, Zeus, 1962.

Mozumdar, A. K., *The Hindu History* (B. C. 3000 to 1200 A. D.); Dacca, 1917.

Muhammad Ali, Maulvi, *History of the Prophets;* Lahore, A. A. Isha'at-i-Islam, 1945.

Muhammad Ali, Maulvi, *The Religion of Islam;* Lahore, A. A. Isha'at-i-Islam, 1936.

Mulla, Nodiri, *Tarikh-i-Kashmir.*

Mumtaz Ahmad Faruqui, Al-Haj, *The crumbling of the Cross;* Lahore, Ahmadiyya Anjuman Isha'at-i-Islam, 1973.

Nazir Ahmad, Al-Haj Kwaha, *Jesus in Heaven on Earth;* Lahore, Azeez Manzil, 1952.

Noerlinger, Henry S., *Moses und Ägypten;* Heidelberg, 1957.

Notovich, Nicholas, *The Unknown Life of Jesus Christ* (übersetzt aus dem Französischen von Heyina Loranger); Chicago, New York, Rand, Menally & Co., 1894.

Oldenberg, H. *Buddha;* deutsche Übersetzung von Hoey; London, Edinburgh, Williams and Norgate, 1883.

Otto, Rudolf, *Reich Gottes und Menschensohn;* München, 1940.

Palmer, E. H., *The Qur'-an* (The Sacred Books of the East Series); Oxford, Clarendon Press, 1880.

Pande, K. C., *Abhinavagupta; an historical and philosophical study;* Benares, 1936.

Pannenberg, Wolfhart, *Grundzüge der Christologie;* Gütersloh, 1964.
de Quincy, D., *The Apocryphal and Legendary Life of Christ* (Übersetzung); New York, A. G. Nathan Bros., 1903.
Ragg, Lonsdale & Laura, *The Gospel of Barnabas;* Oxford, Clarendon Press, 1907.
Ramsay, Sir William, *Was Christ born in Bethlehem?;* London, Hodder & Stoughton, 1905.
Rangacharya, V., *History of Pre-Musulman India;* Madrás, The Indian Publishing House, 1937.
Rapson, Prof. E. J., *The Ancient India;* Cambridge, University Press, 1911.
Ray, Dr. Sunil Chandra, *Early History and culture of Kashmir;* New Delhi, Munshiram Manoharlal, 1969.
Ray, H. C., *The Dynastic History of Northern India;* 2 Vol.; Kalkutta, Thacker, Spink & Co., 1931.
Reicke, B., *Neutestamentliche Zeitgeschichte;* Göttingen, 1965.
Rengstorf, K. H., *Die Auferstehung Jesu;* Berlin, 1955.
Riedmann, A., *Die Wahrheit des Christentums;* Freiburg i. Br., 1951.
Rietmüller, O., *Woher wissen wir, dass Jesus gelebt hat?;* Stuttgart, 1922.
Ristow, H. y Matthiae, K., *Der geschichtliche Jesus und der Kerygmatische Christus;* Berlin, 1961.
Robinson, J. M., *The New Quest of the historical Jesus;* London, 1959.
Robinson, Forbes, *The Coptic Apocryphal Gospels;* London, Mathven & Co., 1902.
Rockhill, W. W., *The Life of Buddha;* London, Trubner & Co.
Rodgers, Robert William, *A History of Ancient India;* London, Charles Scribners Sons, 1929.
Rose, Rt. Hom. Sir George H., *The Afghans: the Ten Tribes and the Kings of the East;* London, Operative Jewish Converts Institution Press, 1852.

Santos, Aurelio de, *Los evangelios apócrifos;* Madrid, Editorial Católica, 1963.
Schelkle, K. H., *Die Gemeinde von Qumran und die Kirche des Neuen Testaments;* Düsseldorf, «Die Welt der Bibel», 1960.
Schelkle, K. H., *Die Passion Jesu in der Verkündigung des Neuen Testaments;* Heidelberg, 1949.
Schick, E., *Formgeschichte und Synoptiker Exegese;* Münster, 1940.
Schmid, J., *El Evangelio según San Lucas;* Barcelona, 1968.
Schmidt, K. L., *Der Rahmen der Geschichte Jesu;* Berlin, 1919.
Scholem, Gershom, *Von der mystischen Gestalt der Gottheit* (Kabbala); Frankfurt, 1973.
Schubert Kurt, *Der historische Jesus und der Christus unseres Glaubens;* Wien, Freiburg, Basel, 1962.
Schubert, Kurt, *Die Gemeinde vom Toten Meer;* München, Basel.
Schubert, Kurt, *Vom Messias zum Christus;* Wien, Freiburg, Basel, 1964.

Schürer, Emil, *Geschichte des jüdischen Volkes im Zeitalter Jesu Christi;* Leipzig, 1901–1909.

Schwegler, Th., *Die Biblische Urgeschichte;* München, 1962.

Schweitzer, A., *Das Messianitäts- und Leidensgeheimnis;* Tübingen, 1901.

Schweitzer, A., *Geschichte der Leben-Jesu-Forschung;* München, 1966.

Schweizer, E., *Jesus Christus im vielfältigen Zeugnis des Neuen Testaments;* München, Hamburg, 1968.

Seydel, Prof., *Das Evangelium von Jesu in seinen Verhältnissen zu Buddha's Sage und Budda's Lehre;* Leipzig, 1880.

Shams, J. D., *Where did Jesus die?;* London, Baker & Witt, 1945.

Sheen, Fulton J., *Vida de Cristo;* Barcelona, Editorial Herder, 1968.

Simon, M., *Les sectes juives au temps de Jésus;* Paris, 1960.

Sing, T. I., *A Record of the Buddhist Religion,* Übersetzung von J. Takakusu; Oxford, the Clarendon Press, 1896.

Smith, G. B., *A Guide to the Study of the Christian Religion;* Chicago, University Press, 1922.

Smith, Roberts, G., *Early Relations between India and Iran;* London, 1937.

Smith, Vincent Arthur, *The Early History of India;* Oxford, Clarendon Press, 1904.

Stanton, W. H., *The Gospels as Historical Documents;* Cambridge, University Press, 1927.

Stauffer, Ethelbert, *Jesus Gestalt und Geschichte;* Bern, 1957.

Stein, M. A., traductor, *Kalhana's Chronicle of the Kings of Kashmir* (2 vols.); Westminster, 1900.

Steinhäuser, Gerhard R., *Jesus Christus – Erbe der Astronauten;* Wien, Verlag Kremayr & Scherian, 1973.

Strauss, D. F., *Das Leben Jesu, kritisch bearbeitet;* Tübingen, 1835–1836.

Stroud, William, *On the Physical Cause of the Death of Christ;* London, Hamilton & Adams, 1905.

Sufi, G. M. D., *Kashmir being a history of Kashmir from the earliest Times to our own* (2 vols.); New Delhi-Jammu, Light & Life Publishers, 1974.

Sumi, Tokan D., and Oki, Masato and Hassnain, F. M., *Ladakh, the Moonland;* New Delhi, Jammu, Rohtak, Light & Life Publishers, 1975.

Sutta, Pandit, *Bhavishya Maha Purana;* (M. S. State Library, Srinagar), Bombay, Venkate Shvaria Press, 1917.

Tomás, *L'Evangile selon Thomas;* Marsanne (Montélimar), Editions Métanoia, 1975.

Thomas, P., *Epics, myths and legends of India;* Bombay, D. B. Taraporevala Sons & Co., 13. ed., 1973.

Tola, Fernando, *Doctrinas secretas de la India – Upanishads;* Barcelona, Barral Editores, 1973.

Trilling, Wolfgang, *Jesús y los problemas de su historicidad;* Barcelona, Edit. Herder, 1975.

Trocmé, Etienne, *Jésùs de Nazareth vu par les témoins de sa vie;* Neuchâtel, Delaclaux et Niestlé, 1971.

Valmiki, *El Ramayana;* Barcelona, José Janés Editor, 1952.

Vögtle, A., *Exegetische Erwägungen über das Wissen und Selbstbewusstsein Jesu* (Gott in Welt I); Freiburg i. Br., 1964.

Waddell, L. Austine, *Lhasa and its mysteries;* Delhi, Sanskaran Prakashak, reedición 1975.

Warechaner, J., *The Historical Life of Christ;* London, T. Fischer Unvin, 1927.

Weiss, J., *Die Predigt Jesu vom Reiche Gottes;* Göttingen, 1892–1900.

Weigall, Arthur, *Paganism in our Christianity;* London, Hutchinson & Co., 1916.

Whitney, Dean, *The Resurrection of the Lord;* London, Hamilton & Adams, 1906.

Wikenhauser, A., *El Evangelio según San Juan;* Barcelona, Herder, 1967.

Williams, Sir Monier, *Buddhism;* New York, The Macmillan Co., 1889.

Wilson, H. H., *History of Kashmir* (in «Asiatic Researches»); Kalkutta, Baptist Mission Press, 1841.

Wright, Dudley, *Studies in Islam and Christianity;* Woking, M. M. & L. Trust, 1943.

Wright, William, *The Apocryphal Acts of the Apostles;* London und Edinburgh, William & Norgate, 1871.

Wuenshel, Edward, *Self-Portrait of Christi;* New York, Esopus, 1954.

Yasin, Mohammad, *Mysteries of Kashmir;* Srinagar, Kesar Publishers, 1972.

Younghusband, Sir Francis, *Kashmir;* London, A. & C., Black Ltd., 1909.

Zahrnt, Heinz, *Es begann mit Jesus von Nazareth;* Gütersloh, 1969.

Zimmermann, H., *Jesus Christus: Geschichte und Verkündigung;* Stuttgart, 1973.

Zimmern, H., *Zum Streit um die «Christus Mythe»;* Berlin, 1910.

Zöckler, Otto (Edit.), *Die Apokryphen des Alten Testaments;* München, 1891.

Bemerkungen

(1) Dummelow, *Commentary on the Holy Bible*, p. 717; William Hanna, *The Life of Christ*, III, 328–329; Stroud, *On the Physical Cause of Death of Christ*, p. 123–124.
(2) Stroud, *On the Physical Cause of Death of Christ*, p. 55; Wiser, *Bible Realworteb*, I, 672.
(3) Mazrat Mirza Ghulam Ahmad, *Masih Hindustan mein*, 1899.
(4) Eliade, Mircea, *El mito del eterno retorno;* Paris, Editions Gallimard, 1951.
(5) Al-Haj Khwaja Nazir Ahmad, Autor der umfangreichen Studie *Jesus in Heaven on Earth,* Lahore, Azeez Manzil, 1952.
(6) Thomas Ledlie, *More Ledlian*, «Calcutta Review», January 1898.
(7) Catrou, *General History of the Moghul Empire*, 195.
(8) Hazrat Abu Huraira, *Kanz-al-Ummal*, Vol. II, 34.
(9) Ibn-i-Jarir, *Tafsir-Ibn-i-Jarir-at-Tabri*, Vol. III, 197.
(10) *Biblioteca Cristiana Ante-Nicena*, Vol. XX (*Documentos Siriacos*, 1).
(11) Josephus, *Antigüedades*, XVIII, 9, 1–8.
(12) Mir Khwand, *Rauzat-us-Safa*, Vol. I, 134.
(13) Faqir Muhammad, *Jami-ut-Tawarikh*, Vol. II, 81.
(14) Shaikh-ul-Imam Shahab-un-Din-Abi Abdullah Yaqub bin Abdullah al-Hamdi al-Rumi al-Baghdadi, *Majma-ul-Buldan*, Vol. VIII, 290.
(15) Faqir Muhammad, *Jami-ut-Tawarikh*, Vol. II, 81.
(16) *Farhang-i-Jahangiri*, 108.
(17) Raza Quli, *Anjuman-i-Arae-Nasiri*, XXIV, Col. I.
(18) *Burhan-i-Qute*, 34, Col 2.
(19) Muhammad Badshah, *Farhang-i-Anand Raj*, Vol. VIII, 487, Sammlung 3.
(20) *Farhang-i-Asafia*, Vol. I, 91.
(21) Agha Mustafai, *Ahwali Ahalian-i-Paras*, 219.
(22) Al-Haj Khwaja Nazir Ahmad, *Jesus in Heaven on Earth;* Lahore, Azeez Manzil, 1952.
(23) *Acta Thomae, Biblioteca Cristiana Ante-Nicena*, Vol. XX, 46 vgl. auch *The Early History of India*, 219, von V. A. Smith.
(24) Mir Khwand, *Rauzat-us-Safa*, Vol. I, 124. vgl. auch *Ancient Syriac Documents*, Vol. XXII, 141, von Dr. Cureton.

(25) Shaikh Al-Said-us-Sadiq, *Kamal-ud-Din,* 359.
(26) Kashmir Postal Rules, «Punjab Gazette», Nr. 673, 1869. Vgl. auch *Jummeo and Kashmir Territories,* p. 527. von Drew.
(27) Kwaja Haidar Malik Chadura, *Tarikh-i-Kashmir,* f. 11, 12, 56. Vgl. auch *Tarikh-i-Kashmir,* von Peerzada Ghulam Hasan, III, f. 25 (b).
(28) *Bhavishya Mahapurana,* Bombay, 1959, Verse 17–32.
(29) *The Rauzat-us-Safa,* Part I, Vol. II, F. F. Arbuthnot, M.R.A.S., London, 1892, p. 182–183.
(30) Mumtaz Ahmad Faruqui, *The Crumbling of the Cross,* Lahore, Ahmadiyya Anjuman Isha'at-I-Islam, 1973, p. 70.
(31) Lalou, Marcelle, *Las religiones del Tibet,* Barcelona, Barral Editores, S. A., 1974, p. 27–31.
(32) *The Archaeological Reports of India,* 1903–1904.
(33) Prof. E. J. Rapson, *Ancient India,* 174.
(34) Sir Vincent Smith, *The Early History of India,* 217.
(35) Sir Vincent Smith, *The Early History of India,* 235.
(36) Prof. E. J. Rapson, *The Cambridge History of India,* Vol. I, 582.
(37) James Prinsep, *Essay on Indian Antiquities,* Vol. II, 154.
(38) J. H. Wheeler, *History of India,* 239.
(39) Pirzada Ghulam Hasan, *Tarik-i-Hasan,* Vol. I, f. 77 (b).
(40) Major H. H. Cole, *Illustrations of Ancient Buildings in Kashmir,* 8.
(41) Pandit Ram Chand Kak, *Ancient Monuments of Kashmir,* 74.
(42) Kwaja Hasan Malak, Chaduarah, *Tarikh-i-Kashmir,* f. 56.
(43) Pirzada Ghulam Hasan, *Tarikh-i-waslimir,* Vol. I, 65.
(44) Pandit Har Gopal Khasta, *Guldasta-i-Kashmir,* Teil I, 68.
(45) Mulla Nadri, *Tarikh-i-Kashmir,* f. 69.
(46) Mufti Ghulam Nabi Khaniyari, *Wajeez-ut-Tawarikh,* Vol. I, f. 36.
(47) Mirza Saif-ud-Din Baig, *Khulasat-ut-Tawarikh,* f. 7 (b).
(48) Pandit Naragan Kaul Ajiz, *Tarikh-i-Kashmir,* f. 31 (a).
(49) Haidar Malak, *Tarikh-i-Kashmir,* f. II.
(50) Tarikh-i-Jadul, f. 49–51.
(51) Pirzada Ghulam Hasan, *Tarikh-i-Hasan,* Vol. III, f. 74.
(52) George Nathaniel, *Historical Persons in Ancient India,* 358.
(53) Khwaja Muhammad Azam, *Waqiat-i-Kashmir,* f. 18–19.
(54) Mufti Ghulam Nabi Khaniyari, *Wajeez-ut-Tawarikh,* Vol. I, f. 37.
(55) Saif-ud-Din Pandit, *Lub-i-Tarikh,* f. 6 (b).
(56) Mirza Said-ud-Din Baig, *Khulasat-tut-Tarikh,* f. 8 (b).
(57) *Diccionario de la Biblia,* Barcelona, Herder, 1975, 967.
(58) Peake, *Commentary on the Bible,* 235.
(59) *Cruden's Concordance,* 578.
(60) *Tarikh-i-Hasan,* Vol. I, 150 ff.
(61) *Rajatarangini,* VIII, 2431.
(62) Survey of India, *Topo Sheet,* Nr. 43-J/10.

(63) Vreese, *Nilamata*, p. 75, v. 889.
(64) Survey of India, *Topo Sheet*, Nr. 43-J/15.
(65) Dummelow, *Commentary on the Holy Bible*, 115.
(66) *Ibid.*
(67) Newall, *The Highlands of India*, II, 78, 79, 84, 86, 87, 90.
(68) Survey of India, *Topo Sheet*, Nr. 43-J/11.
(69) Masterman, *The Holy Land*, 7–12.
(70) Abdul Qadir, *Hashmat-i-Kashmir*, f. 7, Asiatic Society of Bengal MS., Nr. 192.
(71) Hazrat Abu Hurairah, *Bokhari*, Vol. II, 16.
(72) Kwaja Muhammad Azam, *Tarikh-i-Azami*, 84.
(73) Pandit Har Gopal, *Guldasta-i-Kashmir*, 17.
(74) Majeez-ut-Tawarikh, Vol. I, 28.
(75) Tarikh-i-Hasan, Vol. III, 74.
(76) Francis Bernier, *Travels in India*, 174.
(77) George Moore, *The Lost Tribes*, 137.
(78) Lt.-Col. H. D. Torrens, *Travels in Ladakh, Tartary and Kashmir*, 268.
(79) Mrs. Harvey, *The Adventures of a Lady in Tartary, Thibet, China and Kashmir*, Vol. II, 154.
(80) Sir Aurel Stein, *Rajataraughi*, Vol. I, 70; und *The Ancient Geography of Kashmir*, 166.
(81) P. A. Rhys Davids, *Buddhism*, London, The Society for Promoting Christian Knowledge, 1887.
(82) Sir Monier Monier Williams, *Buddhism*, p. 126.
(83) I. Tsing, *A Record of the Buddhist Religion practised in India and the Malaya Archipelago*.
(84) Magaloni Duarte, Ignacio, *Educadores del mundo*, México, Costa Amic, 1971.
(85) Faber Kaiser, Andreas, ¿*Sacerdotes o cosmonautas?*, Barcelona, Ediciones ATE, 1971, y Plaza & Janés Editores, 1974.
(86) Blumrich, Josef F., *Da tat sich der Himmel auf*, Düsseldorf, Econ-Verlag, 1973.

Quellennachweis der Abbildungen

Die Fotografien Nr. 43, 44, 45, 46, 47, 51 und 52 sind uns freundlicherweise von Professor Hassnain aus Srinagar (Kaschmir) zur Verfügung gestellt worden.

Die Fotografie Nr. 49 hat uns Jay Ullal von der Zeitschrift «Stern», Hamburg (Deutschland), überlassen.

Die Fotografien Nr. 39, 40, 41, 42 und 50 stammen aus Veröffentlichungen der Ahmadija von Lahore (Pakistan).

Die Abbildung auf Seite 203 ist von J. F. Blumrich, Laguna Beach (Kalifornien).

Alle weiteren Fotografien sind vor Ort von Mercedes Castellanos und Andreas Faber-Kaiser aufgenommen worden, die während ihres Aufenthalts in Kaschmir auch die Zeichnungen und Pläne entworfen haben, die die grafische Dokumentation vorliegenden Buches ergänzen.